V&R

Inhalt

Vorwort 9

Übersicht über das Buch 13

PROPÄDEUTIK

Unterschiede zwischen einer therapeutischen Gruppe und einer Gruppe von Menschen, die sich informell treffen 19

Unterschiede zwischen einer therapeutischen Gruppe und einer Arbeitsgruppe des Alltagslebens 21

THEORETISCHE GRUNDLAGEN DER PRAXIS

Vorbemerkungen zum "Göttinger Modell" der psychoanalytischen Gruppentherapie 31

Die psychoanalytische Wahrnehmung von Gruppengeschehen 36

Wenn der Therapeut die Gruppe nicht versteht 41

Verbale und nonverbale Kommunikation 45

Allgemeines zu Übertragung und projektiver Identifizierung 52

Übertragung in Gruppen 55

Übertragungsauslöser und Gruppenverläufe 61

Gegenübertragung und Übertragungen des Therapeuten 70

Neutralität als dynamisches Konzept 76

Arbeitsbeziehungen 78

Das Konzept und seine Anwendungen 78
Zum Anteil des Therapeuten und der Patienten an der therapeutischen Arbeit 86

Widerstand 90

Interventionen 101

Das Kontinuum zwischen Deutung und Antwort 101
Zum Gegenstand, zur Form und zum Inhalt von Interventionen 102
Der Gebrauch von Rekonstruktionen 107
Der Umgang mit szenischen Spontandarstellungen, die durch eine Erzählung induziert werden 112
Zum Umgang mit Träumen 116
Zum Umgang mit Regression in der analytisch orientierten und in der analytischen Gruppenpsychotherapie 120
Zur Arbeitsweise des Therapeuten in der psychoanalytisch-interaktionellen Gruppentherapie . . . 121

Gruppentherapeutische Konzepte und der praktizierte Umgang mit ihnen 130

Spezielle Praxis

Struktur- und übertragungsspezifisches Patienten- und Therapeutenverhalten 135

Besonders schwierige Patienten 149

Zur Vorbereitung und Einleitung einer analytischen Gruppenpsychotherapie 155

Die Vorgespräche 155
Die ersten Sitzungen 162

Zur Beendigung einer Gruppenpsychotherapie 170

Das Ende als integraler Bestandteil des gesamten therapeutischen Prozesses 170
Faktoren, die das Therapieende bestimmen 170
Die Beendigung in unterschiedlichen Settings 179
Technische Fragen 182
Mißerfolge 189
Unterbrechung der Gruppenbehandlung 191
Post-gruppale Entwicklung 191

Stationäre Psychotherapie unter dem Gruppenaspekt 192

Das Setting 192
Besonderheiten der Kleingruppentechnik in einer Klinik 198
Therapeutenwechsel während einer laufenden Gruppe 199

Indikationen: Welcher Patient in welche Gruppe? 203

Gruppenpsychotherapie und Gruppendynamik 215

Gruppen mit körperlich Kranken und medizinischem Personal 217

Zum Menschenbild in der psychoanalytischen Gruppentherapie 222

Literatur 226

Sachregister 235

Vorwort

Dies ist ein Buch für die gruppenpsychotherapeutische Praxis. Unsere Hinweise für die Praxis werden theoretisch begründet. Die praktischen Erfahrungen haben wir überwiegend bei der Anwendung des sogenannten Göttinger Modells der Gruppenpsychotherapie gesammelt, das 1973 von HEIGL-EVERS und HEIGL publiziert wurde. Seither sind wir beide an der Vermittlung des Göttinger Modells in Kursen beteiligt, die Selbsterfahrung, Supervision und Theorie anbieten. Wir möchten den Teilnehmern dieser Kurse dafür danken, was wir in der Zusammenarbeit mit ihnen lernen konnten.

Dieses Buch ist aber nicht nur eine Darstellung des Göttinger Modells; seine Sichtweise ist schulenübergreifend. Wir wenden allgemeine psychoanalytische und sozialpsychologische Konzepte auf unsere klinischen Erfahrungen an, auch wenn sie im Göttinger Modell ursprünglich nicht berücksichtigt waren. Die Ergebnisse intensiver und fruchtbarer Diskussionen mit Vertretern der S.H. FOULKESschen Schule sind in das Buch eingegangen. Wir haben beide an Workshops der Londoner Group Analytic Society teilgenommen, König zuletzt (1991) als Mitglied der Veranstalterteams. Im Jahre 1987 wurde er als erster deutschsprachiger psychoanalytischer Gruppentherapeut eingeladen, die jährlich in London stattfindende öffentliche FOULKES-Gedächtnisvorlesung zu halten.

Die Diskussionen mit den Vertretern der FOULKESschen Schule konnten auch deshalb fruchtbar sein, weil das FOULKESsche Netzwerkmodell und das Göttinger Modell sowohl psychoanalytische als auch sozialpsychologische Gesichtspunkte berücksichtigen. Die Modelle sind miteinander kompatibel. Grundsätzliche Sichtweisen der FOULKESschen Konzepte werden dem Leser dieses Buches immer wieder begegnen. Besonders in der Betonung einer sinnvollen Verteilung der therapeutischen Aufgaben zwischen Gruppenleiter und Gruppenmitgliedern fühlen wir uns S.H. FOULKES nahe und verpflichtet. Unsere hauptsächlichen

Diskussionspartner in London waren neben S.H. FOULKES und seiner Frau ELIZABETH FOULKES MALCOLM PINES, LISEL HEARST, JAMES HOME, ADELE MITTWOCH, HERTA REIK, WALTER SCHINDLER und in den letzten Jahren auch HANS COHN.

FOULKES (1974) spricht von Therapie *durch* die Gruppe (by the group), im Unterschied zu einer Psychoanalyse *der* Gruppe, wie BION (1974) sie vertrat und wie sie von ARGELANDER (1972) und OHLMEIER (1975, 1976) vertreten wird, im Unterschied auch zu Psychoanalyse *in* der Gruppe, wie sie von WOLF (1971), W. SCHINDLER (1980) und neuerdings von SANDNER (1990) konzeptualisiert wurde.

Wir sind der Auffassung, daß es sich bei den genannten Konzepten jeweils um verschiedene Perspektiven handelt, aus denen der Gruppenprozeß betrachtet und von denen aus er genutzt wird. Die verschiedenen genannten Perspektiven schließen einander nicht aus. Wir sind der Meinung, daß Therapie *durch die* Gruppe, Therapie *in der* Gruppe und Therapie *der* Gruppe in verschiedenen Stadien eines Gruppenprozesses angezeigt sein können: Therapie der Gruppe mehr zu Beginn einer Gruppentherapie, Therapie durch die Gruppe im Mittelteil und in der Endphase. Psychoanalyse *in* der Gruppe ist besonders dann wichtig, wenn sich an einem Patienten die Konfliktlage der Gruppe deutlich zeigt. Sie stellt dann ein Übergangsstadium zur Therapie *der* Gruppe oder *durch* die Gruppe dar.

Wir arbeiten im Hier und Jetzt, halten es aber auch für notwendig, daß die Lebensgeschichte der Patienten[1] und die Objektbeziehungen außerhalb der Gruppe in der Therapie zur Sprache kommen. Die Lebensgeschichte dient dem Verständnis von Übertragung und Übertragungswiderstand, die Objektbeziehungen außerhalb der Gruppe geben unter anderem Auskunft darüber, ob und wie Patienten in der Gruppe gewonnene Erkenntnisse und Erfahrungen in das Alltagsleben hineingenommen haben (Transfer).

Wir betrachten eine therapeutische Gruppe auch als ein *alternatives System*, das mit anderen Systemen in Konkurrenz steht, in denen die Patienten leben (GARLAND 1982). Die Patienten versuchen in der Therapiegruppe, Vergangenes zu inszenieren. Da-

---

1 Wenn wir Patientinnen und Patienten, Therapeutinnen und Therapeuten meinen, verwenden wir meist das verallgemeinernde Maskulinum. Nur wenn es auf den Geschlechtsunterschied inhaltlich ankommt, differenzieren wir.

mit, wie sie bestimmte Beziehungsformen herzustellen suchen, werden sie aber von Mitpatienten und dem Therapeuten konfrontiert. Es wird ihnen im weiteren verständlich gemacht, woher die Inszenierungen kommen, welche Bedeutung und welche Funktion sie haben. Wenn die Inszenierungen transparent gemacht und aufgearbeitet werden, entsteht für jedes Gruppenmitglied ein alternatives System, das neue Erfahrungen ermöglicht und dessen Auswirkungen sich in anderen Systemen bemerkbar machen.

Die ursprünglichen Texte der Kapitel *Wahrnehmung von Gruppengeschehen, Umgang mit dem Traum* und *Beendigung einer Gruppe* stammen von Wulf-Volker Lindner, die Kapitel *Widerstand* und *Gruppen mit körperlich Kranken und medizinischem Personal* von beiden Autoren, alle übrigen von Karl König. Die Autoren haben ihre Manuskripte aber gegengelesen, diskutiert, korrigiert und ergänzt, so daß beide Autoren das ganze Buch vertreten können.

Für anregende Diskussionen im deutschsprachigen Raum möchten wir MOHAMMAD ARDJOMANDI, RAYMOND BATTEGAY, TOBIAS BROCHER, KLAUS FRANK, PETER FÜRSTENAU, MICHAEL HAYNE, FRANZ HEIGL, ANNELISE HEIGL-EVERS, ALBRECHT HERING, REINHARD KREISCHE, ALICE RICCARDI-VON PLATEN, ELISABETH ROHR, RAOUL SCHINDLER, MARGARETHE SEIDL, JOSEPH SHAKED und ULRICH STREECK herzlich danken.

Einzelne Kapitel dieses Buches waren ursprünglich für eine gemeinsame Publikation mit FRANZ HEIGL und ANNELISE HEIGL-EVERS gedacht. Ihre Anregungen zu den Kapiteln Wahrnehmungseinstellung, Widerstand, Arbeitsbeziehungen, Vorbereitung und Initialphase einer Gruppe und Beendigung einer Gruppentherapie haben wir hier berücksichtigt.

Unser Dank gilt auch ELISABETH WILDHAGEN und RITA RIVERA, die unsere Manuskripte mehrfach geschrieben und korrigiert haben; am Schreiben vorangegangener Publikationen, die zu einem Teil in das Buch integriert worden sind, war ERIKA DZIMALLE beteiligt.

Beim Suchen von Literatur halfen SUSAN LATHE, THOMAS STAHLBERG und ANGELIKA STICHERLING.

Unseren Frauen, die beide Berufskolleginnen sind, GISELA KÖNIG und INGRID LINDNER, danken wir für Verständnis, Anregungen und Geduld.

Da die 1. Auflage erst vor einem Jahr erschienen ist, haben wir uns bei der 2. Auflage darauf beschränkt, Druckfehler zu korrigieren und ein paar stilistische Unebenheiten zu glätten.

Karl König
Wulf-Volker Lindner

Übersicht über das Buch

Im Buchteil *Propädeutik* wird dargestellt, was therapeutische Gruppen von informellen Gruppen und nichttherapeutischen Arbeitsgruppen unterscheidet. Im Buchteil *Theoretische Grundlagen der Praxis* wird die Wahrnehmung von verbalen und nonverbalen Formen der Kommunikation in Gruppen beschrieben. Die Abschnitte über Übertragung in Gruppen ebenso wie auch Gegenübertragungen betonen die verschiedenen Formen der projektiven Identifizierung: die Übertragungsform, die Konfliktentlastungsform und die kommunikative Form. Besonderen Wert wird auch auf die Darstellung der Gruppe als eines komplexen Systems von Übertragungsauslösern und die Wandlungen dieses Systems im Gruppenverlauf gelegt.

Gegenübertragung und Übertragung des Therapeuten werden voneinander abgegrenzt. Ihr Einfluß auf verschiedene Formen des therapeutischen Handelns von der Indikation zur Intervention wird beschrieben. Dabei wird die Neutralität des Therapeuten als ein dynamisches Konzept aufgefaßt, das eine gewisse Variationsbreite des Therapeutenverhaltens zuläßt.

Die Arbeitsbeziehungen stellen wir in ihrer gruppenspezifischen Form dar. Wir beschreiben den Anteil der Patienten an der therapeutischen Arbeit und die Schwierigkeiten, die ein Therapeut haben kann, den Patienten nicht zu wenig, aber auch nicht zu viel Arbeit zu überlassen. Soweit Widerstände bisher noch nicht behandelt wurden, werden sie dann in einem gesonderten Kapitel besprochen. Dabei wird die Notwendigkeit herausgestellt, nicht ein minimales, sondern ein optimales Widerstandsniveau zu fördern, das ein optimales Fortschreiten des Gruppenprozesses ermöglicht.

Die Interventionen werden im Buchteil *Spezielle Praxis* noch einmal genauer bezüglich ihres Gegenstandes, ihrer Form und ihres Inhaltes dargestellt. Hier geht es zum Beispiel um die Unterscheidung von beschreibenden und methaphorischen Interventionen. Interventionen können sich auf einzelne Untergruppen oder die Gesamtgruppe richten und in Konfrontation, Klärung und Deutung bestehen. *Deutung* und *Antwort*, letztere im Sinn der psychoanalytisch-interaktionellen Therapie des Göttinger Modells, werden in einem Kontinuum gesehen: Es gibt weder eine *Deutung* ohne Antwort des Therapeuten noch eine *Antwort* ohne Interpretation der Beziehung.

Die Auswirkungen von Interventionen, die das Gemeinsame betonen, und von Interventionen, die Unterschiede betonen, werden beschrieben. Dieser Aspekt wird später noch einmal in einem Abschnitt über den Umgang mit der Regression aufgenommen. Weitere Kapitel sind dem Gebrauch von Rekonstruktionen in der analytischen Gruppenpsychotherapie und dem Umgang mit szenischen Spontandarstellungen gewidmet, die durch eine Erzählung eines Patienten induziert werden.

Die Arbeitsweise des Therapeuten in der psychoanalytisch-interaktionellen Gruppenpsychotherapie stellen wir in einem gesonderten Kapitel dar, die Arbeitsweise des Therapeuten in einer analytisch orientierten Gruppe im Zusammenhang mit dem Umgang mit Regression.

Im Teil *Spezielle Praxis* gehen wir auf Schweigen und Sprechen von Patient und Therapeut in der Gruppe ein und bringen beides mit den Persönlichkeitsstrukturen in Verbindung. Dabei wird Schweigen nicht immer nur als Widerstand gesehen, sondern auch unter dem Aspekt nonverbaler Kommunikation: Im Schweigen können gemeinsame unbewußte Phantasien durch nonverbale Signale aufgebaut werden.

Ein gesondertes Kapitel ist den besonders schwierigen Patienten gewidmet: kränkenden, kastrierenden, agierenden und monopolisierenden Patienten.

In ausführlichen Kapiteln werden die *Vorbereitung* und *Einleitung* einer analytischen Gruppenpsychotherapie mit Berücksichtigung auch der Sonderformen des Göttinger Modells, der analytisch orientierten und der psychoanalytisch-interaktionellen Gruppenpsychotherapie beschrieben und diskutiert; ebenso die *Beendigung* einer Gruppenpsychotherapie, wobei zwischen offenen und geschlossenen Gruppen unterschieden wird.

Die Anwendung der Gruppenverfahren in speziellen Settings wird in einem Kapitel über *stationäre Psychotherapie* unter dem Gruppenaspekt dargestellt, nachdem in einem ausführlichen Kapitel die Indikation für *ambulante* Gruppenpsychotherapie in den verschiedenen Verfahren behandelt wurde.

Weitere Kapitel befassen sich mit der Unterscheidung von

Gruppenpsychotherapie und *Gruppendynamik* und der Arbeit eines analytischen Gruppentherapeuten mit körperlich Kranken und auch mit medizinischem Pflegepersonal. In einem letzten Kapitel gehen wir schließlich auf das *Menschenbild* in der Gruppenpsychotherapie ein.

Alle Phänomene in Gruppen hängen miteinander zusammen. Die Kapitelüberschriften benennen jeweils die Perspektive, von der aus der Gruppenprozeß betrachtet wird.

Da Lehrbücher auch zum Nachlesen benutzt werden, haben wir uns bemüht, die einzelnen Kapitel so abzufassen, daß jedes für sich verständlich ist. Dabei haben wir, besonders im Kapitel über Indikationen, Wiederholungen nicht gescheut.

Propädeutik

Unterschiede zwischen einer therapeutischen Gruppe und einer Gruppe von Menschen, die sich informell treffen

Auf einer Party, an der acht oder zehn Personen teilnehmen, unterhält man sich in Dyaden oder kleinen 'Grüppchen'. Gelegentlich hören auch alle einem Einzelnen zu, nicht nur, wenn etwa eine Rede gehalten wird, sondern auch, wenn jemand etwas besonders Interessantes erzählt. Es besteht aber nicht die Regel, daß immer nur einer sprechen soll.

Die implizit, selten explizit vereinbarte Regel, daß *immer nur einer* sprechen soll, bestimmt den Kommunikationsstil einer therapeutischen Gruppe in hohem Maße. Diese Regel tritt meist in Kraft, wenn der Therapeut den Gruppenraum betritt; in manchen Gruppen tritt sie auch erst in Kraft, wenn die Gruppe vollständig ist. Das hängt unter anderem von der Übertragungssituation ab, besonders was die Übertragungsposition des Therapeuten angeht. In einer Gruppe kann sich aber auch eine bestimmte Vorgehensweise normativ etablieren und dann stabil bleiben, wenn die Übertragungssituation sich verändert. In der Gruppe entsteht dann so etwas wie eine Tradition, zum Beispiel die Tradition, nicht anzufangen, bevor nicht alle da sind. Solche Traditionen begrenzen mögliche Konflikte. Sie können sich bilden, wenn eine Gruppe sich in gleicher oder nur wenig variierender Zusammensetzung regelmäßig trifft.

Auf einer Party kommt man vom Hundertsten ins Tausendste, die Gespräche ähneln einer freien Gruppenassoziation (FOULKES 1974). Der Kundige kann aus einer solchen "freien Gruppenassoziation" diagnostische Schlußfolgerungen ziehen. Im Unterschied zu einer therapeutischen Gruppe folgen die Teilnehmer aber nicht der Regel der freien Interaktion (HEIGL-EVERS u. HEIGL 1968), die eine Offenheit impliziert, wie sie einer Alltagssituation nicht angemessen wäre, und nicht nur eine Aufforderung darstellt, sondern gleichzeitig auch die *Erlaubnis* gibt, offener zu sein als im Alltagsleben. Dies bedeutet nun nicht, daß es auf einer Party nicht möglich sei, sehr offen miteinander zu sprechen; offene Gespräche finden aber in der Regel eher in Zweier- oder Dreiergrüppchen statt.

Auf einer Party kann es sein, daß sich jemand vorwiegend als Ratgeber oder Fachmann geriert, durchaus auch für Psychisches, er hat aber keinen formellen Auftrag dazu: Rollenasymmetrie ist nicht eingeplant. Schließlich beginnen und enden Partys nicht zu genau festgesetzten Zeiten, und die Teilnehmer reden nicht nur, sie essen und trinken auch; man ist nicht immer nur aufeinander konzentriert.

Die Ziele einer Party sind andere als die einer therapeutischen Gruppe. Auf einer Party möchte man sich unterhalten, Informationen austauschen, in einer therapeutischen Gruppe soll gearbeitet werden. Ähnlich wie in einer therapeutischen Gruppe gibt es aber während einer Party keine Wortmeldungen - es sei denn, es werden formelle Reden gehalten. Wenn jemand zu allen sprechen will, macht er sich bemerkbar, zum Beispiel klopft er an sein Glas. Damit bittet er auch darum, die Regel einzuführen, daß nur einer gleichzeitig spricht. In einer therapeutischen Gruppe gilt diese Regel während der gesamten Sitzung.

Unterschiede zwischen einer therapeutischen und einer Arbeitsgruppe des Alltagslebens

Wie eine Therapiegruppe hat auch eine *Arbeitsgruppe* einen verantwortlichen Leiter. Wie in einer Therapiegruppe gilt in einer Arbeitsgruppe gewöhnlich die Regel, daß nur einer gleichzeitig sprechen soll. Sprechen mehrere gleichzeitig, entscheidet der Leiter, wer zuerst spricht. Eine Arbeitsgruppe hat meist eine festumrissene Aufgabe. Die Reihenfolge, in der einzelne Aspekte eines Problems oder, wenn mehrere Probleme anliegen, die Reihenfolge, in der diese Probleme bearbeitet werden sollen, wird meist durch einen Arbeitsplan oder eine Tagesordnung festgelegt. Das Maß an Struktur, das vorgegeben wird, ist entsprechend den Aufgaben und den Traditionen der Arbeitsgruppe unterschiedlich. Vorstandssitzungen oder Mitgliederversammlungen von Vereinen arbeiten gewöhnlich mit einer Tagesordnung, die vorher verschickt wird; für aktuelle Fragen, die nicht mehr in die Tagesordnung aufgenommen werden konnten, ist der Punkt 'Verschiedenes' vorgesehen. Eine Arbeitsgruppe, die sogenanntes *brain storming* betreibt, sammelt Einfälle zu einem Thema; die Einfälle werden von einem der Mitglieder oder von allen Mitgliedern notiert. Dabei gibt es relativ wenig Struktur.

In einer *psychoanalytischen Therapiegruppe* gibt es keine Tagesordnung, und das Thema ist vorher nicht abgesprochen. Es wird implizit vorgeschlagen, indem einer der Teilnehmer über etwas spricht, was ihn interessiert oder beschäftigt, was ihn bedrückt oder was ihm Freude macht. Gehen genügend Gruppenmitglieder auf das Thema ein, bleibt die Gruppe dabei; sonst kann sich ein anderes Thema durchsetzen. Der Leiter der Therapiegruppe leitet nicht in der traditionellen Weise. Er hält sich gewöhnlich im Hintergrund und eröffnet nicht explizit die Sitzung, wie es der Leiter einer Arbeitsgruppe meist tut. Beginnt die Gruppe, wird die Norm wirksam, daß immer nur eine Person und dann zu allen sprechen soll. Da der Gruppenleiter nicht im traditionellen Sinne leitet, bilden sich informelle Anführer der Gruppe heraus, die durch eine Gefolgschaft unterstützt werden (R. SCHINDLER 1957/58, HEIGL-EVERS 1978). Oft kommt es zu Konflikten zwischen Untergruppen oder zwischen einem Gruppenmitglied und der Gesamtgruppe. Obwohl der Gruppenleiter weder das Thema vorschlägt oder bestimmt, noch das Wort erteilt, vermittelt er durch das, was er aufgreift und was er beiseite läßt, wie in der Gruppe gearbeitet werden sollte; das heißt, wie das in der Gruppe Erlebte und Erfahrene reflektiert werden soll. Interventionen bestehen in *Konfrontationen, Klärungen, Deutungen* und "*Antworten*"; der Gruppenleiter kann sich an einzelne Gruppenmitglieder, an Untergruppen und an die Gesamtgruppe richten. Dabei hören in der Regel alle zu, obwohl es vorkommen kann, daß Gruppenmitglieder innerlich abwesend sind.

Nichts, was in der Gruppe geschieht, ist von Kommentaren des Leiters ausgenommen. Er kann verbale und nonverbale Interaktionen ansprechen. Verläßt ein Gruppenmitglied den Raum, um auf die Toilette zu gehen, kann der Leiter ansprechen, warum das gerade jetzt der Fall war. Das wäre in einer Arbeitsgruppe eher ungewöhnlich.

Im Unterschied zu vielen Arbeitsgruppen wird in analytischen Therapiegruppen in der Regel weder geraucht noch getrunken. Während in Arbeitsgruppen Rauchen, Trinken und Essen der Spannungsabfuhr dienen dürfen, soll in Therapiegruppen eine Spannungsabfuhr auf diesen Wegen gerade nicht erfolgen. Statt dessen sollen die Gruppenmitglieder über innere und interpersonelle Spannungen *sprechen*. Konflikte dürfen, wie in Arbeitsgruppen, nicht über Tätlichkeiten ausgetragen werden. Auch Sympathiekundgebungen sollten verbal erfolgen und nicht durch körperliche Berührung: Die Kommunikation konzentriert sich auf den akustischen und den optischen Kanal, wobei das Averbale auf Mimik, Gestik und Körperhaltung beschränkt bleibt. Obwohl es von den meisten Gruppentherapeuten zu Beginn der Sitzung nicht vereinbart wird, besteht meist die Regel, daß jedes Gruppenmitglied während der gesamten Gruppenzeit auf seinem Platz bleiben soll. Wenn jemand innerlich bewegt oder angespannt ist, soll er nicht durch Umherlaufen seine Spannungen abreagieren.

Manche Gruppentherapeuten bitten ihre Patienten, sich zwischen den Sitzungen nicht zu treffen, andere lassen private Kontakte zu, erwarten aber, daß darüber in der Gruppe dann gesprochen wird, - was in einer normalen Arbeitsgruppe weder erwartet wird noch zugelassen würde, da die Aufgabe einer *Arbeits-*

gruppe ja nicht die Klärung der Beziehungen zwischen den Mitgliedern ist, sondern die Bewältigung der sachlichen Arbeitsaufgabe. Innere und interpersonelle Spannungen stören den Arbeitsprozeß. Wenn sie nicht durch Rauchen, Essen oder Trinken begrenzt werden können, versucht der Leiter der Arbeitsgruppe, durch Hinweise und Ermahnungen Konflikte zurückzudrängen; vielleicht spricht er nach der Sitzung mit einzelnen darüber. In der *analytischen Gruppe* sind die interpersonellen Vorgänge aber selbst Thema. Sie sollen sich entfalten und geklärt werden.

Bei Arbeitsgruppen, die nach der Methode der sogenannten Themenzentrierten Interaktion von RUTH COHN (1984) ablaufen, soll über interpersonelle Spannungen gesprochen werden ("Störungen haben Vorrang"), sie werden aber nur insoweit geklärt, als sie die Bewältigung der Arbeitsaufgabe, des "Themas", stören. In einer analytischen Therapiegruppe sind die interpersonellen Vorgänge das Thema.

Scheinbar paradoxerweise ist der Einfluß eines Gruppentherapeuten in seiner Gruppe in der Regel größer als der Einfluß des expliziten Leiters einer Arbeitsgruppe. Gerade weil der Therapiegruppenleiter nicht in traditioneller Weise leitet, wird auf sein Verhalten in besonderer Weise geachtet. Die Gruppenmitglieder suchen bei ihm Orientierung. Ein *informeller Leiter*, der sich in der Gruppe herausbildet, besetzt die Position des Gruppenleiters nicht wirklich. Weil er die Position des explizit Leitenden nicht einnimmt, kann er darin nicht angegriffen werden und braucht sie nicht zu verteidigen. Damit wird er fast unangreifbar. Ein informeller Leiter einer Gruppe ist nicht der Therapeut, er wird allenfalls als sogenannter Hilfstherapeut anerkannt. Interessanterweise werden Macht und Einfluß des Gruppenleiters in einer analytischen Gruppe von dem Gruppentherapeuten selbst häufig bagatellisiert. Man kann Gruppentherapeuten sagen hören, daß sie ja nicht leiten und deshalb keine Macht in der Gruppe hätten; in Wahrheit ist ein Freilassen der Leiterposition im traditionellen Sinne und ein Rückzug auf die Rolle des Kommentierenden ein wirksames Mittel, seinen Einfluß zu vergrößern. Der Gruppentherapeut kommt so auch in die Rolle eines "Bundespräsidenten", auf den gehört wird, der aber nicht beweisen muß, daß das, was er sagt, praktikabel ist. Was er sagt, wird, weil es keine direkten Anweisungen enthält, von politisch Verantwortlichen eventuell umgesetzt, wobei aber die Art und Weise der Umsetzung für ein Mißlingen verantwortlich gemacht werden kann.

Natürlich kann man eine solche Position mehr oder weniger geschickt und kompetent ausfüllen. Würde ein Gruppentherapeut dummes Zeug reden, verlöre er bald seine Autorität. Hält er sich in seinen Kommentaren aber zurück und wird auch auf Anforderung nicht direktiver, werden die Gruppenmitglieder annehmen, daß er Kompetenz hat, sie aber nicht einsetzt, weil er das Nichteinsetzen seiner Kompetenz für zweckmäßig hält.

Zu den oben beschriebenen, auf bewußter Ebene ablaufenden psychischen Vorgängen kommen die Auswirkungen unbewußter Phantasien hinzu. Die Übertragung von Elternfiguren kann die Autorität des Therapeuten verstärken, sie kann sie allerdings auch vermindern, nämlich dann, wenn Elternfiguren wenig Autorität hatten. Ein Patient, der den Therapeuten als inkompetent erlebt, kann von diesem darauf hingewiesen werden, daß die vermutete Inkompetenz des Therapeuten eine Unterstellung ist, die auf Erfahrungen mit einer Elternfigur zurückgeht. Nun könnte der Therapeut dennoch real inkompetent sein, der erste Augenschein spricht aber doch dafür, daß die Vermutung der Inkompetenz aus der Übertragung kommt.

Wirklich inkompetente Psychotherapeuten würden sich natürlich mit der Zeit entlarven; irgendwann kommen die Gruppenmitglieder dahinter, daß der Therapeut sie nicht gut versteht. Sie würden sich nicht gehalten fühlen, die Gruppe würde desintegrieren, denn das Halten des Therapeuten besteht ja zu einem großen Teil in mitgeteiltem Verstehen. Die Hoffnung, daß sich der Therapeut dennoch als kompetent erweisen könnte, dürfte eine solche Gruppe aber länger zusammenhalten, als es der wahren Kompetenz des Therapeuten entspricht.

Dagegen zeigt ein Arbeitsgruppenleiter seine Kompetenz unmittelbarer. Die Mitglieder einer Arbeitsgruppe teilen mit ihrem Leiter meist ein Gutteil Fachkompetenz. Sie können die Arbeit des Gruppenleiters schon deshalb beurteilen. In einer Therapiegruppe, die sich nicht aus Therapeuten zusammensetzt, haben die Gruppenmitglieder diese Kompetenz im allgemeinen nicht. Sie geben dem Gruppentherapeuten einen Vertrauensvorschuß, bis sie sich von seiner Kompetenz überzeugt haben.

Natürlich macht es auch einen Unterschied, ob jemand in Therapie kommt, sich durch seine psychische oder psychosomatische Krankheit schwach oder geschwächt fühlt und Hilfe erwartet, ob jemand als Psychotherapeut an einer Selbsterfahrungsgruppe teilnimmt und schon therapeutische Vorerfahrung hat - beginnt er seine Selbsterfahrung erst, hat er oft selber dringende Probleme, für die er in der Selbsterfahrung Hilfe erwartet - oder ob jemand an einer Arbeitsgruppe teilnimmt, die eine Aufgabe kompetent erledigen soll und in der erwartet wird, daß er sich kompetent zeigt.

Nun erfordert die Aufgabe des Mitglieds einer therapeutischen Gruppe auch bestimmte Fähigkeiten. Sie beziehen sich aber zum Teil auf Inhalte, die dem in einer Arbeitsgruppe Relevanten gerade entgegengesetzt sind. Das Einräumenkönnen von Schwächen, das Zugebenkönnen von Hilfsbedürftigkeit, das Annehmenkönnen von Hilfe sind bei einem Patienten ebenso wichtig wie die Fähigkeit, Erleben zu reflektieren und daraus Konsequenzen zu ziehen.

Wie in der Therapiegruppe für die therapeutische Verarbeitung des Geschehens hat in vielen Arbeitsgruppen der Arbeitsgruppenleiter eine Modellfunktion. Es handelt sich meist um einen besonders kompetenten Vertreter seines Faches. Ein Arbeitsgruppenleiter kann sich auf das Leiten der Gruppe beschränken und nicht mitdiskutieren; dann können ähnliche Unsicherheiten über seine Sachkompetenz entstehen wie in einer Therapiegruppe, soweit die Sachkompetenz nicht aus der Art des Leitens deutlich wird. Oft diskutiert der Arbeitsgruppenleiter aber mit, bewertet und ordnet, so daß seine Kompetenz, und natürlich auch ein Mangel an Kompetenz, schnell deutlich wird. In der Funktion des manifesten Leiters dürfen die Mitglieder einer Arbeitsgruppe diesem nicht nacheifern, weil das dem Prinzip der Arbeitsteilung entgegenlaufen würde, im Hinblick auf Bewerten, Klären, Ordnen aber schon: auch ein anderes Arbeitsgruppenmitglied als der Leiter kann einen Teil der Diskussion ordnen, zusammenfassen und bewerten.

Entsprechend kann in einer Therapiegruppe ein Patient zum Beispiel auch deuten; wie in einer Arbeitsgruppe wird der Leiter das nicht immer als einen Angriff auf seine Rechte auffassen und, wenn ein solches Verhalten Aspekte eines Angriffs haben sollte, diese Aspekte nicht in jedem Fall aufgreifen.

Der Patient sollte den Therapeuten nicht als ein Modell für Transparenz nehmen, das heißt nicht als ein Modell für persönliche Offenheit. Davon bietet der Therapeut vergleichsweise wenig. Das gilt nicht für die psychoanalytisch-interaktionelle Methode des Göttinger Modells, in der ein Therapeut bis zu einem gewissen Grade Vorbild an Offenheit sein soll. Allerdings unterscheidet er sich von den Patienten immer noch dadurch, daß seine Offenheit selektiv ist und im Dienste der Therapie der Patienten steht, während die Offenheit der Patienten nicht oder zumindest weniger selektiv sein und vorwiegend im Dienste der eigenen Therapie stehen soll.

Auch der Leiter einer Arbeitsgruppe kann private Mitteilungen, meist im Sinne des sogenannten *small talk*, einsetzen, um eine persönlichere Atmosphäre herzustellen und den Sitzungsverlauf aufzulockern; die Mitglieder der Arbeitsgruppe können das als Signal verstehen, auch etwas Persönliches zu sagen. Aufgabe des Arbeitsgruppenleiters ist aber dann, zu verhindern, daß solche Gespräche einen so breiten Raum einnehmen, daß die Arbeitsaufgabe leidet. In einer analytischen Gruppe ist unbekümmerter *small talk* zur Auflockerung der Atmosphäre nur begrenzt möglich, weil ja alles, was gesagt wird, interpretiert werden kann. Der Therapeut wird sich natürlich hüten müssen, bei den Patienten das Gefühl zu erzeugen, man könne überhaupt nichts sagen, was nicht gleich ergründet, durchleuchtet und hinterfragt wird. Dennoch hat er immer die Möglichkeit dazu. *Small talk* in einer Therapiegruppe kann nützlich sein, um einander näherzu kommen. Er bremst dann nur scheinbar den Gruppenprozeß. Ein Berg ist in Serpentinen oft rascher zu erklimmen als auf dem steilsten Weg. Menschen, die unter starkem Über-Ich- oder Ich-Ideal-Druck stehen, möchten ihre Zeit nicht mit *small talk* "verplempern", sie möchten gleich "zur Sache" und "in die Tiefe" gehen. Ein solches Verhalten kann zum Beispiel auch durch Ehrgeiz motiviert sein, der auf einem Bedürfnis nach phallischer Konkurrenz beruht. Da *small talk* der freien Assoziation ähnlich ist, wird er oft auch im Alltagsleben von Menschen gescheut, die generell Angst haben, unversehens etwas von sich erkennen zu lassen.

Wie in einer Arbeitsgruppe ist es auch in der Therapie wichtig, je nach Thema adäquat, etwa mehr konkret oder mehr abstrahierend zu kommunizieren. Auch in einer Arbeitsgruppe können allgemeine Redensarten Probleme verschleiern. In Arbeitsgruppen fragt man dann meistens nach Zahlen oder konkreten qualitativen Beschreibungen, in einer Therapiegruppe nach Gefühlen und ebenfalls nach Beschreibungen konkreter Ereignisse.

Wie in einer Arbeitsgruppe können in einer Therapiegruppe Metaphern verwendet werden, um etwas kurz und prägnant auszudrücken. Wie in einer Arbeitsgruppe kann es beim Gebrauch von Metaphern aber dazu kommen, daß man zum Konkreten nicht vordringt. In einer Arbeitsgruppe kann zum Beispiel gefordert werden, man solle Nägel mit Köpfen machen oder nicht kleckern, sondern klotzen. Meist ist es dann aber zweckmäßig, klarzumachen, worin die Nägel mit Köpfen oder das Klotzen nun tatsächlich bestehen sollen. In einer Therapiegruppe können Metaphern undeutlich Gefühltes in einem prägnanten Bild deutlich machen, auch hier sollte man aber bei Metaphern nicht stehenbleiben (vgl. S. 104f). Wenn in einer Gruppe gesagt wird, man fühle sich wie in Abrahams Schoß (HEIGL-EVERS u. HEIGL 1977), ist es wichtig herauszufinden, ob die gesamte Gruppe oder der Therapeut mit Abrahams Schoß gemeint ist und an welchen Merkmalen der Gruppe oder des Therapeuten sich das Gefühl der Geborgenheit und Sicherheit festmachen läßt.

In Arbeitsgruppen wird es seltener vorkommen, daß eine Metapher mit einer Metapher beantwortet wird. Man könnte zum Beispiel sagen, daß nicht Nägel, sondern Schrauben nötig seien, und dann ausführen, was gemeint ist. In Therapiegruppen wird eine Metapher aber oft über längere Zeit verwendet: Die Gruppe phantasiert auf der metaphorischen Ebene und findet erst später den Weg zurück zur Beschreibung, wenn die Metaphern nicht gleich so klar sind, daß sie jeder für sich sofort übersetzen kann.

Ein Unterschied zwischen Therapiegruppen und Arbeitsgruppen besteht auch darin, daß sich der Leiter einer Arbeitsgruppe, wenn er den Verhaltensmodus eines Gruppenmitglieds in Frage stellt, meist auf Konventionen stützt, die allgemein bekannt sind, zum Beispiel, daß man nicht unterbrechen soll, wenn einer spricht, daß die Rolle des Leiters als eines Gruppenmitglieds, das anderen das Wort erteilt, respektiert werden soll und so weiter. Dagegen kann der Leiter einer Therapiegruppe Verhalten in Frage stellen, das sich durchaus im Rahmen von Konventionen bewegt, ihnen sogar besonders genau folgt. Tatsächlich gelten manche Konventionen des Alltagslebens in einer Therapiegruppe als *suspendiert*, besonders was die Offenheit von Mitteilungen angeht. Man kann auch sagen, daß die therapeutische Konventionen andere sind als die Konventionen des Alltagslebens, wenngleich sich beide dort überschneiden, wo es um angewandtes Taktgefühl geht.

Theoretische Grundlagen der Praxis

Vorbemerkungen zum "Göttinger Modell" der psychoanalytischen Gruppentherapie

Diese zusammenfassende Darstellung ist für Gruppentherapeuten bestimmt, die schon praktisch arbeiten, aber mit einem anderen Konzept, zum Beispiel mit dem von FOULKES. Wer mit psychoanalytischer Gruppentherapie anfangen will, sollte diese Darstellung erst lesen, wenn er das übrige Buch durchgearbeitet hat. Sie kann ihm dann als zusammenfassende Übersicht über einige theoretische Aspekte dienen.

Das *Göttinger Modell* stellt für verschiedene Krankheitsbilder verschiedene Gruppenverfahren zur Verfügung.

Sonst erfolgt die Anpassung gruppentherapeutischer Technik an verschiedene Krankheitsbilder durch das Verändern von Variablen der Technik. Als Variable können gelten:

Die Transparenz des Therapeuten bezüglich seiner aktuellen inneren psychischen Vorgänge und der eigenen Lebensgeschichte.

Die Ausdrucksweise des Therapeuten, zum Beispiel kann sie mehr metaphorisch oder mehr beschreibend sein.

Der strukturierende Aspekt des therapeutischen Handelns.

Dieser bezieht sich auf Vorgaben, die in den Vorgesprächen und im Gruppenverlauf gemacht werden: Der Therapeut verhält sich mehr oder weniger direktiv bezüglich des Verhaltens, das er von den Gruppenmitgliedern erwartet. Er strukturiert wie niemand sonst in der Gruppe den therapeutischen Gruppenprozeß durch die Art seiner Aktivität und das Ausmaß seiner Transparenz.

Die Aufteilung der therapeutischen Arbeit zwischen dem Therapeuten und den Patienten. Zum Beispiel plädiert FOULKES (1974) dafür, den Gruppenmitgliedern einen großen Teil der therapeutischen Arbeit zu überlassen.

Der Gegenstand der Wahrnehmung durch den Therapeuten. Der Therapeut greift aus den vielen Phänomenen in der Gruppe solche heraus, auf die ihn sein theoretisches Konzept hinweist, das seine Wahrnehmung ausrichtet. So kann er sich mehr mit der

Gruppe als ganzer oder mehr mit den Beziehungen der Gruppenmitglieder untereinander befassen.

Die Art der kognitiven Verarbeitung der in der Gruppe wahrgenommenen Phänomene durch den Therapeuten.

Die Auswahl bestimmter Aspekte und Anteile der hypothetischen Konstrukte.

Je nach Zusammensetzung der Gruppe und in den verschiedenen Stadien des Gruppenprozesses werden verschiedene Aspekte und Anteile der theoretischen Konstrukte aktuell.

Faktoren des Settings wie die Sitzungsfrequenz und, in ambulanten Praxen seltener als in Kliniken, die Sitzungsdauer.

Die Auflistung könnte sicher noch fortgesetzt werden. Manche dieser Variablen nennt man im faktischen Sprachgebrauch der Psychoanalyse (in ihrem sogenannten Jargon) im Unterschied zu EISSLER (1953), der den Terminus qualitativ definierte, *Parameter,* wenn sie eine bestimmte Variations*breite* überschreiten. Auch wenn der Therapeut nicht die Absicht hat, sein Verhalten den Patienten, die er behandelt, anzupassen, tut er dies bis zu einem gewissen Grad wie von selbst, wenn er sich in die Patienten einfühlt. Übertragungen und Gegenübertragungen des Therapeuten, strukturelle Persönlichkeitsfaktoren des Therapeuten, seine aktuellen Objektbeziehungen und Variationen seiner Tagesform, zum Beispiel durch Krankheit, können auch bewirken, daß sich das Verhalten des Therapeuten ändert.

Durch die Variationen seines Verhaltens bewirkt der Therapeut Veränderungen im therapeutischen Prozeß. Unter diesen ist das Ausmaß der Regression im therapeutischen Prozeß besonders wichtig, weil Regression Zugang zu tieferliegenden Konflikten verschafft, dabei aber Ansprüche an die Stärke des Ich stellt, wenn die Regression therapeutisch genutzt werden und kontrollierbar bleiben soll.

Im *Göttinger Modell* werden nun bestimmte Verhaltensweisen des Therapeuten *per Konzept* variiert. Das bewirkt, daß der therapeutische Prozeß in einer Weise abläuft, die bestimmten *Kategorien* von Patienten angemessen ist, und daß auch die Auswertung des therapeutischen Prozesses durch Therapeut und Gruppenmitglieder bestimmte Aspekte bevorzugt, die für diese Patientenkategorien besonders wichtig sind.

So kann regressionsförderndes Therapeutenverhalten bewirken, daß der therapeutische Prozeß auf tieferen Ebenen der Regression verläuft. Grundkonflikte kommen an die Oberfläche, stellen sich interpersonell dar und können im interpersonellen Feld bearbeitet werden. Veränderungen der Beziehungen innerhalb der Gruppe beeinflussen die inneren Objektrepräsentanzen der Gruppenmitglieder im Sinne korrigierender Erfahrungen in einem Wechselspiel von Externalisierung und Reinternalisierung. Insoweit entspricht das, was in analytischen Gruppen geschieht, auch dem, was in einer Einzelanalyse geschieht; die Gruppe bietet allerdings mehrere Möglichkeiten der Übertragung und auch der Externalisierung von Anteilen des Selbst: auf die gesamte Gruppe, auf Untergruppen, auf einzelne Gruppenmitglieder und auf den Therapeuten. In der analytischen Gruppenpsychotherapie des Göttinger Modells kann das auf verschiedenen Ebenen der Regression geschehen.

Ein die Regression wenig förderndes Therapeutenverhalten (zum Beispiel spricht der Therapeut die Unterschiede in der Gruppe mehr als an die Gemeinsamkeiten, was den regressionsfördernden Einfluß des Globalobjekts Gruppe vermindert) kann bewirken, daß der Gruppenprozeß mit weniger Regression abläuft. Man arbeitet dann mehr an *abgeleiteten Konflikten* (GILL 1963), wie sie sich in den durch die Charakterstrukturen und durch nichtregressive Übertragungen bedingten Verhaltensweisen von Patienten darstellen. Diese Form der Gruppentherapie heißt im Göttinger Modell *analytisch orientiert*. Die ebenfalls gebräuchliche Bezeichnung *tiefenpsychologisch fundiert* kann in der Bundesrepublik Deutschland zu Mißverständnissen führen, weil eine andere, die psychoanalytisch-interaktionelle Form des Göttinger Modells ebenfalls ein tiefenpsychologisch fundiertes Verfahren im Sprachgebrauch der Kassenrichtlinien ist.

In der *psychoanalytisch-interaktionellen* Therapieform des Göttinger Modells verzichtet man auf das direkte Einbeziehen unbewußter Anteile von Konflikten, weil das Ich der Patienten, bei denen das Verfahren angewandt wird, schon durch die manifest vorhandenen Konflikte überfordert ist und ein zusätzliches Bewußtwerden der unbewußten Anteile dieser Konflikte zwar auf längere Sicht eine Entlastung bringen würde, die Beunruhigung der Patienten und die Belastung ihres Ich, zu der es zunächst käme, aber nicht ausgehalten würden. Werden Verknüpfungen hergestellt, beziehen sie sich auf das, was dem Patienten bewußt oder vorbewußt ist. Der Therapeut stellt pathologische Beziehungsformen indirekt in Frage, indem er sich als Beziehungspartner transparenter als in den beiden anderen Verfahren zur Verfügung stellt und Beziehungsangebote macht, die sich von den pathologischen Objektbeziehungen der Patienten unterscheiden. Mehr als in den beiden anderen Verfahren hilft er den Patienten beim Benennen und der Differenzierung von Affekten und nimmt auch sonst Hilfs-Ich-Funktionen wahr, wobei er die Patienten auch mit ihren Schwierigkeiten in der Wahrnehmung der Innen- und Außenwelt und der Verarbeitung dieser Wahrnehmungen konfrontiert. Patienten mit ich-strukturellen Störungen ähneln in mancher Hinsicht Patienten reiferer Struktur im Zustand der Regression. Sie erleben und verhalten sich insofern "regressionsanalog".

In den beiden anderen Verfahren des Göttinger Modells, dem analytischen und dem analytisch orientierten, gibt es allerdings auch sehr konkrete Beziehungsangebote: Sie kommen von den Patienten. Einer psychoanalytisch-interaktionellen Therapie kann sich in der Folgezeit eine auf die unbewußten Konfliktanteile gerichtete analytische Therapie anschließen.

Ursprünglich hatten HEIGL-EVERS und HEIGL (1973) versucht, den beschriebenen Arbeitsweisen des Therapeuten verschiedenen "Schichten" im topischen Modell der Psychoanalyse zuzuordnen. So kann man eine analytische Therapie, die tiefliegende Konflikte zutage fördert, dem Unbewußten zuordnen. Eine analytisch orientierte Therapie, die mehr an abgeleiteten Konflikten arbeitet, weil sie Regression weniger stark fördert, wurde dem Vorbewußten zugeordnet. Die psychoanalytisch-interaktionelle Therapie befaßt sich im Schwerpunkt mit bereits Bewußtem.

Es geht aber auch dann um Unbewußtes, wenn man in einer psychoanalytisch orientierten Therapie an abgeleiteten Konflikten arbeitet. Eine Zuordnung nur zum Vorbewußten erscheint deshalb unzutreffend. In einer psychoanalytisch-interaktionellen Therapie wird auch das Unbewußte beeinflußt. Alle Phänomene in einer Gruppe hängen mit allen zusammen. Bei der psychoanalytisch-interaktionellen Form des Göttinger Modells vermeidet man zwar ein weiteres Vordringen ins Unbewußte; man macht sich aber Gedanken über die unbewußten Determinanten des Patientenverhaltens, die vor allem aus den unbewußten Anteilen phantasierter archaischer Objektbeziehungen kommen. Deshalb könnte eine Zuordnung zum Bewußtsein irreführen.

Im Göttinger Modell ist die analytische Gruppenpsychotherapie das übergreifende Verfahren, aus dem die analytisch orientierte Gruppentherapie herausgetrennt wird, wobei der Therapeut den Gruppenprozeß auf eine bestimmte Regressionsebene zu konzentrieren sucht. Die psychoanalytisch-interaktionelle Gruppentherapie des Göttinger Modells unterscheidet sich von den vor allem deutenden Formen, der analytischen und der analytisch orientierten stärker: Obwohl der Therapeut unbewußte Konflikte diagnostisch berücksichtigt, richtet er seine Aktivität mehr auf ihre Auswirkungen im Ich. Bezüglich seiner Transparenz verhält er sich analog einem Patienten in einer analytischen Gruppe, nur daß der das selektiv und ausschließlich im Dienste seiner therapeutischen Aufgabe tun soll und nicht etwa zur eigenen Entlastung oder zur Förderung seiner eigenen Persönlichkeitsentwicklung. Das schließt allerdings nicht aus, daß er dabei auch etwas für sich persönlich gewinnt; wir entwickeln uns ja alle in unseren Therapien. Dies sollte aber ein Nebeneffekt sein und nicht, wie man bei Patienten wünscht, das Hauptmotiv.

In den Fort- und Weiterbildungsveranstaltungen, die das Göttinger Modell vermitteln, werden aus praktisch-didaktischen Gründen die drei Verfahren in reiner Form dargestellt. Man kann sie aber auch kombinieren oder einzelne Aspekte des Therapeutenverhaltens in den verschiedenen Formen des Göttinger Modells herausgreifen, um sein therapeutisches Handeln den Bedürfnissen der Patienten anzupassen, mit denen man es zu tun hat.

Die psychoanalytische Wahrnehmung von Gruppengeschehen

Analytiker sind es gewohnt, sich in ihrer Wahrnehmungseinstellung stark auf das gesprochene Wort zu konzentrieren. Dabei achten sie auf andere Dinge als jemand, der kein Psychoanalytiker ist, was REIK (1983) als: "Hören mit dem dritten Ohr" bezeichnet hat. Mit dem "dritten Ohr" *hört* der Analytiker auf Dinge, die sich unter der manifesten Oberfläche des Gesprochenen mitteilen. Psychoanalytiker achten auch auf Mimik und Gestik ihrer Patienten und beobachten Körperreaktionen, die Affekte begleiten. Im Setting der klassischen Einzelanalyse spielt der optische Kommunikationskanal eine geringere Rolle. Der Patient sieht den Analytiker nicht, und der Analytiker sieht nicht viel vom Patienten. Dagegen findet jede Gruppentherapie im Gegenübersitzen statt, was die optische Wahrnehmung fördert. Zur psychoanalytischen Wahrnehmungseinstellung gehört auch die introspektive Beobachtung und die Auswertung von Übertragungsgefühlen und Gegenübertragungsphantasien.

Ein Beispiel:

Ein Patient beginnt die erste Stunde nach einer durch die Krankheit des Analytikers erzwungenen Pause damit, daß er von dem Telefongespräch spricht, in dem der Analytiker die Stunde abgesagt hatte. Der Patient erinnert sich, zweimal "Gute Besserung" gewünscht zu haben, was vielleicht ein bißchen übertrieben gewesen sei.

Während der Analytiker dem Patienten zuhört, erinnert er sich seinerseits an die übertrieben beflissene Art des zweiten Genesungswunsches. Ihm fallen Fehlleistungen ein wie zum Beispiel die folgende: Jemand möchte auf das Wohl eines anderen Menschen anstoßen, sagt aber "Ich möchte auf Ihr Wohl *auf*stoßen." Die Beobachtungen und Einfälle des Analytikers und auch seine Gegenübertragungsreaktionen auf die übertriebene Art des zweiten Genesungswunsches und die dazugehörigen Einfälle, die sich auf Aggressives beziehen, weisen den Analytiker auf einen latenten Impuls des Patienten hin. Wollte der Patient dem Analytiker, vielleicht aus Enttäuschung über die abgesagte Stunde, auch etwas Schlechtes wünschen?

Der Analytiker muß in der Gruppe auf *mehr* Phänomene achten als in der Einzelanalyse. Er muß sich auf die Inszenierung innerseelischer Konflikte im Geflecht mehrerer Personen einstellen und auch ein Stück weit einlassen (zum Beispiel LINDNER 1988). Dabei ist er in einer weniger geschützten Position als in der Einzelanalyse.

Weil ein Analytiker in einer Gruppe mit dem Phänomen der Mehr-Personen-Beziehung konfrontiert wird, ist es nötig, daß er sich in seiner Wahrnehmung darin übt, zwischen den einzelnen Gruppenteilnehmern und der Gruppe als ganzer wie auch seinen Gegenübertragungsgefühlen und Gegenübertragungseinstellungen, die er per Introspektion wahrnimmt, zu oszillieren. Wie in der Einzelanalyse muß er zwei Wahrnehmungseinstellungen miteinander verbinden: die Ausrichtung seiner Wahrnehmung nach außen und die Ausrichtung seiner Wahrnehmung nach innen. Auf der Beobachtungsebene wird er im Vergleich zur klassischen Einzelanalyse noch mehr dazu angeregt, neben dem Hören auch das Sehen von Mimik, Gestik und Körperhaltung miteinzubeziehen. Der Therapeut muß auf die vielfältigen und komplexen Übertragungsauslöser achten, die eine Gruppe bietet (KÖNIG 1976). Das alles macht die psychoanalytische Arbeit in der Gruppe schwieriger.

Ein Anfänger neigt in der Gruppenpsychotherapie oft dazu, sich an den manifesten Wahrnehmungsinhalten des Hörens und Sehens und seinen vielen Einzelheiten in der Gruppe sozusagen festzuhalten. Er schützt sich damit vor dem Sich-Einlassen auf die Gruppe als Gesamtheit, die er aber auch dann mitberücksichtigen muß, wenn er seine Interventionen an einzelne Gruppenmitglieder richtet. Er schützt sich vor den eigenen Gefühlen und Vorstellungen, die eine Gruppe als Globalobjekt bei ihm hervorruft und der Regression, die sie auslösen kann.

Daß sich in einer Einzelanalyse interpersonelle Inszenierungen innerseelischer Konflikte des Patienten mehr in den Vorstellungen und im Erleben des Patienten und in den antwortenden Gefühlen und Vorstellungen des Analytikers ausdrücken, weil im klassischen Setting die optische Kommunikation eingeschränkt ist, in Gruppen Mimik und Gestik aber eine größere Rolle spielen, betrifft auch den interaktionellen Anteil der projektiven Identifizierung. Weil in einer Gruppe mehr Personen real anwesend sind als in der Einzeltherapie, kann eine Inszenierung innerseelischer Konflikte mehr Aspekte dieser Konflikte gleichzeitig umfassen und ist damit wesentlich komplexer als in einer Zwei-Personen-Beziehung.

Nicht nur Anfänger, sondern auch erfahrene analytische Gruppenpsychotherapeuten empfinden die Komplexität des Gruppengeschehens neben der stärkeren Induktion zur Regression als anstrengend.

Jeder Psychoanalytiker bezieht sich auf psychoanalytische Theorien, selbst wenn er sie nicht explizit formulieren und begründen kann. Er benutzt jederzeit zumindest implizite Grundannahmen oder Konstrukte, die schon seine Wahrnehmung mit ausrichten und ihm helfen, seine Beobachtungen der Patienten und seine eigenen Reaktionen zu interpretieren.

Das scheinbar Paradoxe einer psychoanalytischen Wahrnehmungseinstellung im Prozeß des Analysierens ist, daß man versucht, sich gegenüber seinen eigenen theoretischen Grundannahmen möglichst freizustellen, was natürlich nie ganz gelingen kann, um sich mit "gleichschwebender Aufmerksamkeit" (FREUD 1912) auf einen therapeutischen Prozeß einzulassen, daß man daneben aber auch Theorie bewußt anwendet. Das Paradoxon löst sich auf, wenn man annimmt, daß der Therapeut eben zwischen verschiedenen Wahrnehmungseinstellungen und Verarbeitungsweisen des Wahrgenommenen oszilliert.

Der allmähliche Vorgang, wie komplexes und vielschichtiges Geschehen in einer Gruppe für den Therapeuten an Gestalt gewinnt, beginnt oft assoziativ, zum Beispiel mit Einfällen; das so Gewonnene wird meist erst danach mit Hilfe rationaler Schlußbildung überprüft und dabei mit den manifesten Wortinhalten in eine neue Verbindung gebracht (ARGELANDER 1979, vgl. auch HEIGL 1969).

Aus didaktischen Gründen ist es nützlich, dem Lernenden mögliche Gestalten eines Gruppenprozesses vorzustellen und plausibel zu machen, damit er sich auf deren Wahrnehmung einstellen kann. Nur Pilze, die man einmal in Ruhe betrachtet hat, wird man im Schatten eines Waldes, versteckt unter Laub und Gräsern, finden.

Wir möchten jetzt ein- und dieselbe Sequenz aus einer Gruppensitzung unter verschiedenen Aspekten darstellen, wobei wir zunächst mit einer einfacheren Darstellung beginnen, an die sich eine differenziertere, aber auch mehr theoriegeleitete Darstellung und Betrachtung anschließen soll.

Zunächst soll es um die Untersuchung von Oberfläche und Untergrund (Latenz) gehen. Zur Oberfläche rechnen wir die bewußten Äußerungen der Gruppenteilnehmer; zum Untergrund bewußte und vorbewußte intrapsychische und interaktionelle Prozesse. Wir betrachten den Anfang einer supervidierten Behandlung von der Oberfläche her.

Eine analytische Gruppe mit acht Patienten, vier Männern und vier Frauen, beginnt ihre erste Sitzung. Die Therapeutin hat mit allen einzeln ein Vorgespräch geführt. Kontakt hatten die Gruppenmitglieder miteinander noch nicht. So sitzen sie jetzt zum ersten Mal zusammen und schweigen zunächst eine gewisse Zeit. Dann beginnt einer zu sprechen und sagt: "Wir können doch hier alles sagen. Warum redet denn keiner von sich?" Darauf antwortet niemand *mit Worten* (vgl. LINDNER 1976).

Die Therapeutin beobachtet, daß die Gruppenmitglieder nach unten schauen. Sie hat einen Einfall: Die Gruppenmitglieder schauen in die Mitte des Kreises, als seien sie ohne Schularbeiten in die Schule gekommen und als hofften sie, der Lehrer würde sie nicht sehen oder nicht drannehmen. Selbst spürt die Therapeutin Bedrückung. Nach der Aufforderung des einen Gruppenmitgliedes, zu sprechen, die in der Frage, warum keiner von sich spreche, wo man doch alles sagen könne, enthalten ist, kommt es der Therapeutin so vor, als würden einige andere Gruppenmitglieder aufmunternd lächeln. Die Therapeutin vermutet, daß die Gruppenmitglieder einen ausgucken möchten, der anfangen soll. Natürlich sind auch andere Interpretationen möglich; zum Beispiel kann ein Gruppenmitglied, das betont, daß man "alles" sagen könne, was die freie Interaktionsregel (HEIGL-EVERS u. HEIGL 1968) ja übertreibt, diese karikieren und ad absurdum führen wollen.

Verbinden wir die auf die Phänomene gerichtete Wahrnehmungsweise und die Wahrnehmung eigener Gefühle und Vorstellungen durch die Therapeutin, lassen sich Vermutungen über unbewußte Konflikte in der Gruppe ableiten. Man kann zum Beispiel vermuten, daß es bei einigen Gruppenmitgliedern zu Externalisierungen eines strengen und fordernden Über-Ich kommt, wobei der Adressat im Augenblick noch nicht klar auszumachen ist. Es könnte die Gruppenleiterin sein, die Gruppe insgesamt als

Globalobjekt oder zunächst der Initiator der Gruppensitzung, der sich, zumindest anscheinend, zum Vertreter der Forderung der Therapeutin macht. Das ist schon eine metapsychologische Betrachtungsweise. Der Patient, der gesprochen hat, die Gruppe als Gesamtheit oder die Gruppenleiterin werden vielleicht als potentielle Bestrafer von Schwäche oder Fehlern erlebt. Auf diese Externalisierung reagiert die Therapeutin mit dem Gefühl des Bedrücktseins.

Diese Betrachtungsweise der vorgestellten Sequenz ist in ihrer Unterscheidung von *Oberfläche* und *Untergrund* noch ziemlich einfach. Betrachtet man den dargestellten Verlauf der Gruppensitzung, den Aspekt von Normen, psychosozialen Kompromißbildungen und Externalisierungen von Über-Ich-Strukturen, kann man annehmen, daß der Initiator die Regel, jeder möge sich in der Gruppe äußern, wie er könne, aufgrund seiner innerseelischen Über-Ich-Problematik in einer übersteigerten Form wahrgenommen hat. Damit vertritt der die Norm: "Hier darf gesprochen werden, also muß hier gesprochen werden, und zwar offen."

Da er selbst nur dazu auffordert, es aber nicht tut, vertritt er implizit die Norm: "Wir sollten uns diese Regel zu eigen machen." Aber nicht jeder, der sich diese Regel zu eigen macht, muß sie selbst befolgen. Er könnte auch darauf hinwirken, daß andere sie befolgen. In dem von der Therapeutin vermuteten "Ausgucken" könnte sich eine psychosoziale Kompromißbildung des *turn-taking* (vgl. S. 92) ankündigen: In jeder Gruppensitzung sollte sich einer zur Verfügung stellen, der Patient ist; die anderen therapieren ihn. Damit kann während der Sitzung nichts Unerwartetes passieren, jeder weiß, in welcher Rolle er sich befindet, es besteht nicht so sehr die Gefahr, daß man unversehens Facetten seiner Persönlichkeit zeigt, die man nicht zeigen will.

Wenn der Therapeut die Gruppe nicht versteht

Manche Therapeuten haben an sich den Anspruch, einen vielschichtigen Gruppenprozeß - und Gruppenprozesse sind immer vielschichtig - in allen Bereichen und Dimensionen jederzeit zu verstehen. Das ist natürlich unmöglich. Der Therapeut sollte in seiner Diagnostik von der Oberfläche ausgehen und von dort aus so weit in die Tiefe vordringen, wie es ihm eben im Augenblick möglich ist, wobei er Beobachtung, Introspektion und Gedächtnisinhalte verwendet, die sich auf die Geschichte der Gruppe und ähnliche Situationen in anderen Gruppen beziehen.

Schizoide Therapeuten sehen oft das, was an der Oberfläche ist, weniger gut als das Tiefe. Sie verlassen sich auf ihre Gegenübertragungsreaktionen, ohne zu untersuchen, wodurch diese hervorgerufen werden, und leiten aus diesen beeindruckende diagnostische Schlußfolgerungen ab. Weil sie die Oberfläche nicht genügend berücksichtigen, haben sie aber Schwierigkeiten bei der Dosierung und dem Timing ihrer Interventionen; oft können sie Interventionen auch nicht so formulieren, daß ihr Inhalt assimilierbar wird. Bestimmte Aspekte eines Gruppenprozesses, die in ihrer inneren Welt des Selbst und der Objekte Entsprechungen haben, erfassen sie per Projektion gleichsam intuitiv. Dafür übersehen sie aber Phänomene und Vorgänge, auf die die Projektionen ihrer inneren Welt nicht passen.

Von der Oberfläche in die Tiefe gelangt man meist durch Analogieschlüsse. Die Analogieschlüsse sollten einerseits im Beobachtbaren verankert sein, andererseits aber auch Gemeinsames erfassen, das nicht sinnfällig zusammenhängt, sondern wo der Zusammenhang nur durch eine Ähnlichkeit von Grundstrukturen signalisiert wird.

Nach Analogien muß man auf verschiedenen Abstraktionsebenen suchen. Auf einer hohen Abstraktionsebene können Schlüsse sehr allgemeiner Art gezogen werden, die dann nicht spezifisch genug sind; auf einer mittleren Abstraktionsebene findet man vielleicht die therapeutisch relevanten Strukturen, und auf einer Ebene geringer Abstraktion treten die Unterschiede deutlicher hervor als das Gemeinsame; relevante Analogien können dann übersehen werden.

Schizoide Therapeuten bewegen sich zu sehr auf der Ebene allgemeinster Abstraktionen, *zwanghafte* zu sehr auf der Ebene geringer Abstraktion; sie achten mehr auf die Unterschiede als auf das Gemeinsame (vgl. König 1991b).

Eine Seminargruppe sprach über die Schwierigkeiten eines Mitglieds aus dem Ausland, sich in Deutschland zurechtzufinden; der Betreffende war in dieser Sitzung gerade abwesend. Diese Schwierigkeiten entsprachen den Schwierigkeiten der Kollegen selbst, ihre Erfahrungen aus der Einzeltherapie, die sie gelernt hatten, in das neue Feld der Gruppentherapie einzubringen und die nötigen Modifikationen im therapeutischen Verhalten zu erlernen und zu praktizieren.

Hier könnte man auf allgemeiner Ebene der Abstraktion sagen, daß die Gruppenmitglieder über Schwierigkeiten eines einzelnen sprechen, selbst aber auch Schwierigkeiten haben. Auf einer mittleren Ebene der Abstraktion wird deutlich, worin die Schwierigkeiten ähnlich sind. Auf einer Ebene geringer Abstraktion würde man das Gemeinsame vielleicht nicht entdecken, da Probleme, die jemand hat, der als Ausländer nach Deutschland kommt, schließlich anders geartet sind als die Probleme, die ein Einzeltherapeut hat, wenn er Gruppentherapie lernt.

Therapeuten mit einem starken *zwanghaften Kontrollbedürfnis* oder mit hohem *narzißtischen Anspruch* empfinden die Notwendigkeit, alles sofort zu verstehen, besonders stark; manchmal äussert sich ein gewisser Perfektionismus darin, daß die Interventionen besonders sorgfältig formuliert sein und genau treffen müssen, so daß den Gruppenmitgliedern nicht die Arbeit und auch nicht die Freiräume bleiben, eine Intervention ihren Bedürfnissen anzupassen.

Manche Therapeuten scheuen sich, eine Gruppe merken zu lassen, daß sie nicht alles verstehen. Wir selbst fragen fast immer nach, wenn wir ein Wort oder einen Satz akustisch nicht verstehen. Was schwer auszusprechen ist, wird oft undeutlich artikuliert, ist aber meist besonders relevant. Nachfragen ist auch angezeigt, wenn der Therapeut die Oberfläche des Gruppendiskurses nicht verstehen kann.

Ein Therapeut verstand nicht, worüber sich die Gruppenteilnehmer unterhielten. Er sagte das und erfuhr, daß eine Teilnehmerin schwanger war, was sie den Gruppenmitgliedern vor Beginn der Sitzung mitgeteilt hatte, dem Therapeuten aber nicht. Aufgrund dieser Information verstand er, was die Gruppenmitglieder vorher gesagt hatten.

Wenn der Therapeut mitteilt, daß er noch nicht versteht, worum es in einer Gruppensitzung geht, ängstigt das die Gruppenmitglieder meist weniger als man annehmen könnte. Meist regt es die Gruppenmitglieder dazu an, sich eigene Gedanken zu machen und das, was sie verstanden haben, dem Therapeuten mitzuteilen. Entgegen einer Empfehlung, die GREENSON (1967) für die Einzeltherapie gegeben hat, empfehlen wir für die Gruppentherapie nicht, erst am Ende einer Sitzung zu sagen, daß man nicht verstanden hat, worum es in der Sitzung ging. Die GREENSONsche Empfehlung ist für Analysen mit vier oder fünf Wochenstunden gedacht. Wenn ein Patient weiß, daß er am nächsten Tag wiederkommen wird, beunruhigt es ihn weniger, daß der Therapeut nicht weiß, worum es ging, als wenn er die Gruppe und den Therapeuten erst in einer Woche oder, bei zwei Sitzungen pro Woche, nach einigen Tagen sehen wird. Wir empfehlen vielmehr, die Mitteilung, man habe nicht so recht verstanden, worum es in der Gruppe geht, zu einem Zeitpunkt zu machen, wenn die Gruppenmitglieder noch über diese Mitteilung sprechen und sich durch sie zur Klärung anregen lassen können. Wir staunen im übrigen immer wieder darüber, was eine Gruppe in solchen Situationen zu leisten vermag, - oft tatsächlich mehr als der Therapeut, auf den sie sich vorher zu sehr verlassen hat. Hier kann man wirklich von einem Leistungsvorteil der Gruppe (HOFSTÄTTER 1971) sprechen .

Andererseits sollte ein Therapeut sich nicht damit zufriedengeben, daß er eben etwas nicht verstanden hat und dann durch die Gruppe zu einem Verständnis gelangen konnte. Er sollte sich Gedanken darüber machen, warum er nicht verstanden hat und ob es sich vielleicht um eine habituelle Verstehensschwierigkeit handelt, die Selbstanalyse oder Supervision erfordert. Ebenso wie die Gruppe sich nicht zu sehr auf den Therapeuten verlassen sollte, sollte der Therapeut sich nicht zu sehr auf die Gruppe verlassen. Wenn er ein habituelles Wahrnehmungs- oder Auswertungsproblem in Gruppen hat, kann er ja nicht immer damit rechnen, daß die Gruppenmitglieder ihm helfen. Es könnte sein, daß sich die blinden Flecken von Therapeut und Gruppenmitgliedern überlappen oder daß ein Therapeut ohne diese blinden Flecken aufgrund seiner Fachkompetenz doch rascher zu einem Ergebnis kommen und wirksamer intervenieren könnte.

Verbale und nonverbale Kommunikation

Gefühle können erlebt oder aber, wie bei der Isolierung vom Affekt, verdrängt werden. Ihre Entstehung wird auch dadurch vermieden, daß eine Person bestimmte Vorstellungsinhalte nicht ins Bewußtsein kommen läßt. Dann werden auch die entsprechenden Gefühle nicht ausgelöst. Umgekehrt können aber auch Gefühle ohne Vorstellungsinhalte ins Bewußtsein gelangen, zum Beispiel Angst bei einer Phobie.

Aus Gefühlen ergeben sich Handlungsimpulse; unter Beteiligung der verschiedenen Ich-Funktionen entstehen Handlungsentwürfe.

In psychoanalytischen Therapien wird ein Teil des möglichen Handelns per Vereinbarung ausgeschlossen. Es wird vereinbart, daß gesprochen und nicht auf andere Weise gehandelt werden soll. Diese Vereinbarung erleichtert das Auftauchen triebgeladener Phantasien und das Entstehen entsprechender Handlungsentwürfe, weil ihre Umsetzung in Handeln, das Angst machen würde, unterbunden bleibt (vgl. KÖNIG 1991b).

Auch bei Gruppenverfahren der humanistischen Psychologie, die körperliche Berührungen zulassen, gibt es dafür Grenzen. Zum Beispiel darf niemand verletzt werden; manche Vereinbarungen schließen das Berühren bestimmter Körperregionen aus. Bei analytischen Verfahren kommt es nun aber zum Auftauchen infantiler Phantasien in einer durch das Setting induzierten oder geförderten Regression. Da ist es besonders wichtig, daß Wünsche, die gleichzeitig Angst machen, innerhalb des Settings nicht in Handeln umgesetzt werden können, weil die mit den Wünschen verbundenen Ängste ebenso wie die Handlungsimpulse extrem und archaisch sein können. Die anderen Gruppenmitglieder müssen auch vor Handlungen, die aus solchen Impulsen entspringen, geschützt werden.

So hat die Abstinenz im analytischen Setting einen ermöglichenden Charakter. Während das Zulassen von Handeln in nicht-analytischen Gruppen zu ritualisierten Formen des Umgangs miteinander führt, die das Entstehen bestimmter Phantasien und Handlungsimpulse beziehungsweise Handlungsentwürfe erleichtern, das Entstehen anderer Gefühle, Impulse und Handlungsentwürfe dagegen ausschließen, ermöglicht die Vereinbarung des psychoanalytischen Nicht-Handelns auf einer anderen als der sprachlichen, mimischen und gestischen Kommunikationsebene, daß Vielfältigeres bewußt werden kann.

Das Erleben und das Zeigen von Gefühlen sind zweierlei (vgl. König 1991a). Wer Gefühle erlebt, muß sie nicht in jedem Falle deutlich zeigen, und wer Gefühle überdeutlich zeigt, erlebt sie nicht in jedem Fall so intensiv. Wenn man Leute, die starke Gefühle "demonstrieren", fragt: Erleben Sie das wirklich so?, passiert es manchmal, daß sie stutzen und sagen: Nein, eigentlich nicht. Im Lauf ihrer Entwicklung haben sie es mit Menschen zu tun bekommen, die mimische und gestische Lebhaftigkeit besonders positiv bewerteten und belohnten. So haben sie gelernt, Gefühlsausdruck zu "liefern". Hysterisch strukturierte Menschen neigen dazu.

In den 70er Jahren konnte man immer wieder beobachten, daß solche Gruppenteilnehmer die Erwartungen in Selbsterfahrungsgruppen, Workshops, gruppendynamischen Veranstaltungen und eben auch Patientengruppen am meisten erfüllten, die viele und intensive Gefühle in der Gruppe *zeigten*.

Manche Patienten weisen aber eine Dekodierungsschwäche für mimischen Ausdruck auf. Solche Gruppenmitglieder können nun von anderen verlangen, ihre Gefühle intensiver auszudrükken. Sie verhalten sich dann ähnlich wie Schwerhörige, die fälschlicherweise meinen, das Gegenüber spreche leise, obwohl der andere mit normaler Lautstärke spricht. Ein Therapeut, der in seinen Gruppen die Norm unterstützt, daß man Gefühle überdeutlich ausdrücken muß, verhindert dadurch unter Umständen, daß eine solche Dekodierungsschwäche entdeckt, konfrontiert und bearbeitet wird.

Da Gefühle durch den Inhalt des Gesprochenen und durch den nonverbalen Anteil sprachlicher Äußerungen wie Stimmklang und Lautstärke, dazu auch durch Mimik, Gestik und Körperhaltung, ausgedrückt werden können, werden Affekte und Stimmungen oft auf verschiedenen Kanälen gleichzeitig vermittelt. Es gibt auch diskrepante Signale auf diesen verschiedenen Kanälen; zum Beispiel kann jemand etwas Aggressives sagen und dabei lächeln, um die Wirkung der Aggression auf den anderen abzuschwächen. Dieses Lächeln kann bewußt eingesetzt werden oder eine positive Beziehung zum Kritisierten ohne bewußtes Zutun ausdrücken. Lächeln kann hier aber auch einen unbewußten sadistischen Impuls signalisieren, der sich in einer scheinbar sachlichen Kritik verbirgt, oder einfach eine Ambivalenz in der Beziehung zu der angesprochenen Person.

Menschen, die in ihrer Entwicklung im präambivalenten Stadium steckengeblieben sind, werden solche Signale als verwirrend empfinden und sie im Sinne des sogenannten *double bind* (BATESON 1972) wahrnehmen. Dies scheint uns häufiger zu sein als echtes double bind, das wohl nur dann zustande kommt, wenn bei dem, der es *herstellt*, der Abwehrmechanismus der Ich-Spaltung wirksam ist, wobei verschiedene Ich-Zustände, die einander widersprechen, jeweils auf verschiedenen Kanälen das Kommunizierte bestimmen. Echte double binds scheinen also selten zu sein. Dagegen ist ein Mißverstehen von Ambivalenz als double bind häufig (vgl. auch KÖNIG und KREISCHE 1991); jedenfalls gilt das für die uns bekannt gewordenen Populationen von neurotischen, aber auch frühgestörten Patienten.

In der Anfangszeit der Gruppentherapie in Deutschland, also etwa in den 60er und 70er Jahren, forderten viele Therapeuten nicht nur ein überdeutliches Ausdrücken der Gefühle; sie sprachen auch entgegengesetzte Kommunikationen auf verschiedenen Kanälen (wie zum Beispiel ein Lächeln bei einer Kritik) stereotyp als Widerstand gegen eine klare Mitteilung des verbal Ausgedrückten an. Heute sieht man die Phänomene differenzierter.

Nicht nur Gefühle werden nonverbal ausgedrückt und so mitgeteilt. Der interaktionelle Anteil der projektiven Identifikation in ihren drei Formen der *Übertragungs-*, *Konfliktentlastungs-* und *kommunikativen Form* (KÖNIG 1991b, vgl. S. 56ff) bedient sich nonverbaler Signale, von denen demjenigen, der sie aussendet, in der Regel nicht bewußt ist, daß er sie sendet. Dabei kann es sich um einfache mimische oder gestische Signale handeln, aber auch um relativ komplexe Handlungsvollzüge, die dann oft auch das Verbale miteinbeziehen, zum Beispiel bei einem verführenden Verhalten, das den Zweck hat, den anderen zu einem guten, sympathiegebenden und spendenden Objekt zu machen. Auch Provokationen, die jemand dazu bringen, sich wie ein böses Objekt zu verhalten, können primitiv oder komplex, grob oder subtil sein. Durch diese Signale werden frühere Beziehungskonstellationen in der Gegenwart reinszeniert, wie im Falle des interaktionellen

Anteils der Übertragung, beziehungsweise der projektiven Identifikation vom Übertragungstyp. Beim konfliktentlastenden Typ der projektiven Identifikation werden Anteile des Selbst oder das Objekt, mit denen das Selbst im Konflikt lebt, im interpersonellen Feld aktualisiert. Bei der kommunikativen Form der projektiven Identifikation werden Ähnlichkeiten im Erleben hergestellt, die zum Beispiel schizoiden Menschen eine Kommunikation erleichtern oder erst ermöglichen.

In Gruppen hat die nonverbale Kommunikation neben allen genannten noch zusätzliche Funktionen. Damit hat sich an der Abteilung für Klinische Gruppenpsychotherapie der Universität Göttingen GERLINDE HERDIECKERHOFF (1989) beschäftigt, an deren Darstellung sich der folgende Abschnitt anlehnen wird.

Während in therapeutischen Gruppen in der Regel die implizite Norm befolgt wird, daß immer nur einer sprechen soll, kann nonverbal gleichzeitig von seiten anderer kommuniziert werden, die ihr Interesse oder Desinteresse, ihre Ergriffenheit oder ihre Langeweile signalisieren. Wer etwas eigentlich nicht mehr hören möchte, kann das nonverbal signalisieren; in einem Beispiel von HERDIECKERHOFF: "Er setzt sich plötzlich starr auf, ... schlägt die Augen zum Himmel auf und stöhnt auf".

Wird ein sprechendes Gruppenmitglied in seinen Mitteilungen unterstützt, zeigt sich dies oft dadurch an, daß kongruente Körperhaltungen eingenommen werden (SCHEFLEN 1964). Miteinander sympathisierende Gruppenmitglieder bewegen sich gelegentlich fast synchron: Wechselt der eine seine Körperhaltung, wechselt der andere nach kurzer Zeit ebenfalls. SCHEFLEN wies auch darauf hin, daß Gruppenteilnehmer, die nach Harmonie streben, bei interpersonellen Spannungen zwischen Subgruppen dazu neigen, mit der einen Körperhälfte die Körperhaltung der einen Subgruppe nachzuvollziehen, mit der anderen Körperhälfte die Haltung der anderen Subgruppe einzunehmen. Eine grundlegende Übereinstimmung zwischen Menschen, die eine Meinungsverschiedenheit austragen, kann nach SCHEFLEN dadurch ausgedrückt werden, daß die Kontrahenten dennoch eine gleichartige Körperhaltung einnehmen, während, wie HERDIECKERHOFF betont, ein Außenseiter sich in der Gruppe auch als Außenseiter kennzeichnen kann, indem er eine von allen anderen verschiedene Körperhaltung einnimmt.

Koalitionen zwischen Gruppenmitgliedern können nonverbal ausgehandelt werden. Zeigt jemand zum Beispiel Desinteresse, wie in dem vorangegangenen Beispiel, kann er durch Kopfnicken oder ein Nachahmen etwa der Augenbewegung unterstützt werden: Man signalisiert so, daß man mit ihm einer Meinung ist.

Auch Stimmungen können nonverbal kommuniziert werden. HERDIECKERHOFF hat auf Videobändern von Gruppensitzungen beobachtet, daß verbalen aggressiven Äußerungen motorische Unruhe vorausging, die sich von einem zum anderen zu übertragen schien.

Nicht nur aggressive, sondern auch depressive Stimmungen werden nonverbal kommuniziert. So beobachtete HERDIECKERHOFF an einem Videoband, daß ein Stimmungswechsel in einer Gruppe zum Depressiven hin schon vor Beginn einer Sitzung dadurch angekündigt wurde, daß einzelne Teilnehmer gebeugt und mit hängenden Schultern dasaßen, während es in der Gruppe noch heiter zuzugehen schien. Solche Signale sind relativ subtil; andere sind deutlicher und werden oft stark wirksam, wie zum Beispiel ein Weinen in der Gruppe, das selten übergangen wird.

An allen nonverbalen Signalen, die bisher beschrieben wurden, kann ein Therapeut sich orientieren. Er kann auch erkennen, wer in einer Gruppe voraussichtlich nicht sprechen wird, wer nicht sprechen, aber zuhören möchte, was zum Beispiel durch eine zurückgelehnte entspannte Haltung ausgedrückt wird, und wer voraussichtlich sprechen könnte. Solche Teilnehmer nehmen oft eine gespanntere Körperhaltung ein, nehmen mehr Blickkontakt auf, stellen die Füße nebeneinander, als ob es darum ginge, aufzustehen, und machen sonst einleitende Gesten (vgl. auch MAHL 1970, KENDON 1973). HERDIECKERHOFF weist darauf hin, daß durch nichtsprachliche Kommunikation ein Konsens darüber erreicht werden kann, wer in der Gruppe zu sprechen beginnt, ähnlich wie das manchmal auch auf einer verbalen Ebene ausgehandelt werden kann.

Wie wir selbst beobachten konnten, nehmen Gruppenmitglieder, die ein Problem besprechen wollen, bei dem sie eine Hilfe vom Therapeuten erwarten, oft einen Platz ein, der dem Therapeuten gegenüber liegt. Das tun sie auch, wenn sie eine Auseinandersetzung mit dem Therapeuten vorbereiten. Soll die Auseinandersetzung mit einem anderen Gruppenmitglied als dem Therapeuten stattfinden, setzen sie sich jenem gegenüber. Gruppenteilnehmer mit einer intensiven ambivalenten Beziehung zum Therapeuten scheinen häufig einen Platz links vom Therapeuten und nahe bei ihm einzunehmen; Gruppenmitglieder mit einer stärker positiven Beziehung zum Therapeuten setzen sich eher rechts in seine Nähe. Das bestätigt Beobachtungen von FRANK (1986).

Diese Phänomene können vor allem dann beobachtet werden, wenn der Platz des Therapeuten festgelegt ist. Wenn Plätze neben dem Therapeuten zunächst frei bleiben und erst durch diejenigen eingenommen werden, die zuletzt kommen, weist dies oft darauf hin, daß Angst oder Aggressivität die Beziehung zum Therapeuten in stärkerem Maße bestimmen. Eine Gruppe kann diese Plätze aber Gruppenmitgliedern freilassen, die sie vorher eingenommen haben oder denen sie sonst zuzustehen scheinen.

Nonverbales Verhalten kann als starker Übertragungsauslöser wirken; aber auch die Tatsache, daß sich eine Übertragung entwickelt, kann nonverbal ausgedrückt werden. HERDIECKERHOFF beschreibt, wie ein Gruppenteilnehmer, der sich gegen seine ständig auf ihn einredende Mutter schlecht behaupten konnte, die Entwicklung der entsprechenden Übertragung zunächst in nonverbal feindseligem Verhalten ausdrückte, als eine neue Gruppenteilnehmerin mit einem ähnlichen Verhalten das erste Mal teilnahm. In der Folgezeit griff er die Teilnehmerin massiv an. An diesem Beispiel wird deutlich, wie ein nonverbales Verhalten einem verbalen, gleichsinnigen Verhalten vorausgehen und dieses ankündigen kann.

Nonverbale Kommunikation kann bei einem Bewußtwerden unbewußter Phantasien komplexe Inhalte transportieren, was dazu führt, daß eine Gruppe eine *gemeinsame unbewußte Phantasie* entwickelt, ohne daß das ausgesprochen worden wäre. Dies kommt nicht nur dadurch zustande, daß etwa alle Gruppenmitglieder dem gleichen Übertragungsauslöser ausgesetzt sind, sondern auch durch die nonverbale Kommunikation des Reagierens auf den Übertragungsauslöser. Unbewußte Phantasien können sich so auch einer Supervisionsgruppe mitteilen. KARL KÖNIG beobachtete zusammen mit einer Supervisionsgruppe eine Gruppensitzung eine dreiviertel Stunde lang. Während dieser Zeit schwiegen alle Patienten und auch der Therapeut. (Ein Therapeutenverhalten, das in der Regel nicht zu empfehlen ist). In der anschließenden Diskussion, in der man sich über die Phantasien in der Supervisionsgruppe austauschte, kam eine gemeinsame unbewußte Phantasie heraus, die unmittelbar an das Gruppengeschehen der vorangegangenen Sitzung anschloß, zur großen Verblüffung des Therapeuten, der über diese Information verfügte.

Eine gleichfalls anwesende junge Psychologiepraktikantin fühlte sich sehr geängstigt, weil sie die Phantasie entwickelte, die Psychoanalytiker könnten in Menschen hineinsehen.

Das direkte *Konfrontieren nonverbalen Verhaltens* in einer Gruppe erfordert viel Takt und ein sicheres Gefühl für das Timing. Anfänger sollten da vorsichtig sein. Am ehesten lassen sich noch nonverbale Verhaltensweisen ansprechen, deren kommunikativer Charakter allgemein bekannt ist, wie zum Beispiel die Mimik und die Gestik der Arme. Daß man auch mit den Beinen etwas ausdrücken kann, ist weniger bekannt. Deshalb, und weil die Beinstellung öfters etwas mit Sexualität zu tun hat, empfehlen wir Vorsicht beim Ansprechen von allem, was mit den Beinen ausgedrückt wird. Gruppenteilnehmer, die auf ihre Beinhaltung angesprochen werden, können sich in viel höherem Maße decouvriert und beschämt fühlen als Teilnehmer, bei denen man anspricht, was sie mit den Händen machen. Wird Nonverbales zu häufig angesprochen, kann das zu einer Überkontrolle des Nonverbalen oder, besonders bei hysterischen Strukturen, zu einer Übersteigerung nonverbalen Verhaltens führen. Andererseits kann das Ansprechen eines nonverbalen Verhaltens, möglicherweise bestätigt von anderen Gruppenmitgliedern, sehr überzeugend und auch mobilisierend wirken.

Wenn *Patienten* das nonverbale Verhalten anderer Patienten ansprechen, beobachten sie die therapeutischen Kautelen naturgemäß nicht, nach denen ein Therapeut sich richten würde. Es ist dann manchmal nötig, Äußerungen von Patienten bezüglich nonverbalen Verhaltens anderer Gruppenmitglieder abzuschwächen oder auch in Frage zu stellen, zum Beispiel ist dies häufig bei der diskrepanten Kommunikation auf dem verbalen und nonverbalen Kanal notwendig. Wenn Gruppenmitglieder eine Dekodierungsschwäche für Tonfall, Mimik und Gestik aufweisen, wie sie zum Beispiel oft bei ich-strukturell gestörten, zwanghaften und hysterischen Patienten vorkommt, und deshalb andere Gruppenmitglieder dazu drängen, ihre Gefühle deutlicher auszudrücken, kann der Therapeut sagen, daß er selbst die Gefühle wahrnehme, und fragen, ob das Problem nicht eher bei denen liegt, die auf ein deutlicheres Ausdrücken der Gefühle drängen. Das ist aber wieder eine Intervention, die viel Vorsicht und Takt erfordert.

Allgemeines zu Übertragung und projektiver Identifizierung

Übertragung ist ein ubiquitäres Phänomen. Wir alle übertragen frühere Erfahrungen auf Gegenwärtiges. Erfahrungen, die wir bisher mit Menschen gemacht haben, strukturieren unsere Erwartungen, Gefühle und Verhaltensweisen Menschen gegenüber, die wir neu kennenlernen. Menschen, die wir bisher gekannt haben, sind in uns als Erinnerungsspuren präsent, die ihre Eigenschaften und die Art unserer Beziehung zu ihnen enthalten. Man spricht von inneren Objektrepräsentanzen, wobei das Wort Objekt hier für das Wort Person steht. Menschen, die wir neu kennenlernen, konstituieren in uns neue Objektrepräsentanzen.

Weil Menschen, die wir neu kennenlernen, von uns ähnlich wahrgenommen werden wie Menschen, die wir schon kennen oder vorher kannten, haben neue Objektrepräsentanzen gewisse Ähnlichkeiten mit den Repräsentanzen jener schon gekannten Menschen. Lernen wir die neuen Menschen aber immer näher kennen, nehmen wir mehr von ihrer Realität wahr; die Repräsentanzen der neu kennengelernten Menschen beginnen sich mehr und mehr von den Objektrepräsentanzen zu unterscheiden, die vorher vorhanden waren und die Wahrnehmung der neu kennengelernten Menschen bestimmten.

Dieser Differenzierungsprozeß wird allerdings dadurch verlangsamt oder verhindert, daß wir durch den interaktionellen Anteil der Übertragung, meist ohne daß wir es merken und oft auf subtile, nicht leicht erkennbare Weise (Sandler 1976), die neu kennengelernten Menschen so beeinflussen, daß sie den Menschen ähnlicher werden, die wir vorher gekannt haben. So hat es auch einmal Bertolt Brecht (1962) formuliert: Ich mache mir ein Bild vom anderen und versuche, daß er diesem Bild ähnlich wird.

Je weniger wir von den Menschen erfahren, die wir kennenlernen, um so mehr Raum bleibt für Phantasien und um so weniger brauchen wir den interaktionellen Anteil der Übertragung 'einzusetzen', um die Menschen den bisher gekannten ähnlich zu machen. So schafft die Abstinenz eines Therapeuten Freiräume für Phantasie.

Das Motiv, Menschen, die wir neu kennenlernen, bisher Gekannten ähnlich zu machen, ist der Wunsch nach Familiarität (KÖNIG 1982), nach Vertrautem, das uns auch Sicherheit gibt, worauf SANDLER (1960) hingewiesen hat.

Gleichzeitig haben wir auch den Wunsch, Neues kennenzulernen, auch neue Menschen. Dieser Wunsch kann uns dazu bringen, Vertrautes, das uns weniger interessant erscheint als Neues, weniger intensiv wahrzunehmen als das Neue, ähnlich wie uns umgekehrt der Wunsch nach Familiarität veranlassen kann, Vertrautes stärker wahrzunehmen als Unvertrautes. Ob wir mehr Vertrautes oder mehr Neues sehen möchten, hängt auch davon ab, wie reif oder wie archaisch unser inneres Bild von Fremdem ist (ERDHEIM 1988). Es hängt auch vom Alter ab: Ein junger Mensch interessiert sich mehr für Neues als ein alter (vgl. BISCHOF 1985).

Die Ablösungs- und Individuationsaufgaben der Adoleszenz veranlassen den Adoleszenten zum Beispiel, neue Vorbilder zu suchen oder an Menschen Aspekte bevorzugt wahrzunehmen, die neu kennengelernte Objekte von den bisher gekannten unterscheiden. Auch der Adoleszente entgeht aber nicht immer dem Grundprinzip, daß früher gemachte Erfahrungen auf Neues übertragen werden.

Welche inneren Objekte wir neu kennengelernten Personen zuordnen, so daß die inneren Objekte unsere Wahrnehmung ausrichten, hängt von *Ähnlichkeiten* ab. Diese Ähnlichkeiten können darin bestehen, daß eine Person das gleiche Geschlecht hat wie ein inneres Objekt; so kann ein Mann an den Vater erinnern. Ein Mann kann besonders dann an den starken Vater erinnern, wenn er uns in einer Autoritätsposition gegenübertritt. Nicht nur das Aussehen, sondern auch das Verhalten und die soziale Stellung eines Mannes wirken als Übertragungsauslöser. Auch eine neu kennengelernte Frau kann an den Vater erinnern, wenn sie sich in einer Autoritätsposition befindet und der Vater in der Familie eine Autoritätsposition eingenommen hat, die Mutter aber nicht oder weniger. Auch andere wichtige Bezugspersonen aus der Primärfamilie, wie Großeltern, Onkel oder Tanten, Geschwister und Hausangestellte, konstituieren innere Objekte. Insgesamt kann man sagen, daß jene Objekte, die aus der Primärfamilie oder aus dem Umkreis der Primärfamilie stammen, den größten Einfluß auf unsere spätere Beziehungen haben, weil ein Kind formbarer ist als ein Erwachsener und das Kind mit diesen Bezugspersonen in den ersten fünf Lebensjahren am häufigsten interagiert hat und auf sie am stärksten angewiesen war.

Innere Objektrepräsentanzen, zum Beispiel die Repräsentanzen von Vater oder Mutter, bestehen gleichsam aus mehreren Schichten, wie eine russische Puppe, die sogenannte Matrioschka. Im Kern der Objektrepräsentanzen befindet sich der Vater oder die Mutter, wie das ganz kleine Kind sie wahrgenommen hat, von innen nach außen sind die Schichten in chronologischer Reihenfolge angeordnet. In der Regression gelangen frühere Schichten an die Oberfläche, die weiter außen gelegenen Schichten schmelzen gleichsam weg. Regression entsteht, wenn Menschen sich ängstlich oder hilflos fühlen, aber auch wenn sie mit Objekten in Beziehung treten, die in ihren Eigenschaften an wichtige Bezugspersonen der Kindheit erinnern. Unser Selbst nähert sich dann in seinen Erlebensweisen, Beziehungserwartungen und Befürchtungen und in den Handlungsimpulsen den Zuständen jener Zeit.

Ähnlichkeiten von Personen in unserem äußeren Beziehungsfeld mit den Objektrepräsentanzen in unserer inneren Welt nennen wir *Übertragungsauslöser* (König 1976), womit wir Eigenschaften und Verhaltensweisen der Objekte meinen, die den Eigenschaften und Verhaltensweisen der inneren Objektrepräsentanzen ähnlich sind.

Übertragung in Gruppen

An frühere Bezugspersonen kann nicht nur eine Einzelperson erinnern, auch eine Gruppe kann wie ein *Globalobjekt* erlebt werden, das dann größer und mächtiger ist als das einzelne Gruppenmitglied. Gleichzeitig bildet das einzelne Gruppenmitglied einen Teil dieses Globalobjekts, ähnlich wie in der früheren Mutter-Kind-Beziehung, in der sich das Kind von der Mutter noch nicht als getrennt erlebt.

Eine Gruppe als Globalobjekt wirkt als starker Übertragungsauslöser für frühe Mutterobjekte. Als Globalobjekt wird eine Gruppe vor allem zu Beginn einer Gruppentherapie erlebt, wenn das einzelne Gruppenmitglied die anderen Gruppenmitglieder noch wenig kennt. Durch den Zuwachs an Informationen im Laufe des Gruppenprozesses differenzieren sich aus dem unbekannten und in mancher Hinsicht unüberschaubaren Globalobjekt die einzelnen Individuen. Mehrpersonenübertragungen treten mehr in den Vordergrund. Eine Gruppe bietet Übertragungsauslöser für dyadische und Mehrpersonenbeziehungen.

Dyadische Beziehungen können Beziehungen des Einzelnen zur Gesamtgruppe oder einer Untergruppe sein, Beziehungen des Einzelnen zum Therapeuten, Beziehungen des Einzelnen zur Gesamtgruppe unter Einbeziehung des Therapeuten und Beziehungen des Einzelnen zu einzelnen anderen Gruppenmitgliedern. Wird eine dyadische Beziehung zu einem einzelnen Gruppenmitglied gesucht, blendet das Gruppenmitglied, das diese Beziehung herstellen möchte, die anderen Gruppenmitglieder aus. So kann es passieren, daß ein Gruppenmitglied nur zum Therapeuten zu sprechen scheint. Es kann auch sein, daß es in die Gruppe hineinspricht, ohne sich an ein anderes einzelnes Gruppenmitglied oder an den Therapeuten direkt zu wenden, was man aus dem nonverbalen Verhalten erkennen kann. FOULKES (1974) sieht die Gruppe als ein mütterliches Globalobjekt und gleichzeitig als ein Kommunikationsnetz zwischen einzelnen Individuen, die in diesem Netz Knotenpunkte bilden. Der Therapeut ist gleichzeitig Übertragungsobjekt und Helfer zum Klären der Beziehungen in der Gruppe.

Die Wünsche nach Familiarität, die Wünsche, Neues wahrzunehmen, die Wünsche, Triebbedürfnisse zu befriedigen - mit vertrauten, aber auch mit unvertrauten Objekten - und die Schutzbedürfnisse der Gruppenmitglieder gehen alle in verschiedener Gewichtung in die sogenannten psychosozialen Kompromißbildungen ein (Brocher 1967, Heigl-Evers und Heigl 1979, Mentzos 1976, König 1982). Diese Kompromißbildungen kann man in einer allgemeineren Betrachtungsweise als Kompromisse zwischen Impuls und Abwehr auffassen.

Solche Kompromißbildungen sind meist labil, weil sie nie die Bedürfnisse aller Gruppenmitglieder in gleichem Maße befriedigen können. Auch können sie vom Therapeuten in ihrer Widerstandsfunktion angesprochen, geklärt und gedeutet werden. Dabei ist zu beachten, daß die Toleranzgrenze der Patienten nicht überschritten wird, weil es sonst zu ich-strukturellen Labilisierungen, Ansteigen von Angst-, Schuld- und Schamgefühlen bis jenseits der Toleranzgrenze und zur Verstärkung psychoneurotischer Symptome kommen kann; häufig wird dann auch eine Widerstandsform durch eine andere abgelöst, die oft schwerer zu bearbeiten ist, zum Beispiel tritt Schweigen an die Stelle von Intellektualisieren.

Durch den interaktionellen Anteil der Übertragung kommt es zu Reinszenierungen früherer Familienkonstellationen, wobei die Gruppenmitglieder abwechselnd in verschiedenen Positionen gesehen werden: wie Geschwister, Eltern, Kinder, Großeltern und so weiter.

Vom interaktionellen Anteil der Übertragung - man könnte dieses Phänomen, zusammen mit der Übertragung selbst, auch *projektive Identifizierung vom Übertragungstyp* nennen - findet in Gruppen häufig auch ein Externalisieren und Inszenieren von Objekten oder Selbstanteilen statt, die der Konfliktentlastung dienen. Eigene Triebwünsche werden mit den entsprechenden Selbstanteilen auf andere Gruppenmitglieder projiziert und in ihnen in der Weise hervorgerufen, daß die anderen so beeinflußt werden, daß sie ähnlich wie beim interaktionellen Anteil der Übertragung das Erwartete durch ihr Verhalten bestätigen. Es kommt dann nicht nur zu einer Projektion auf den anderen, sondern zu einer "Projektion" *in* den anderen, der sich dann so verhält, als ob er die entsprechenden Selbstanteile tatsächlich in sich hätte. Das

Motiv zu einem solchen Verhalten ist eben die innere Konfliktentlastung: Eigenes, Abgelehntes kann im anderen leichter bekämpft, genossen oder beschützt werden als im eigenen Inneren, ein innerpsychischer Konflikt wird zu einem interpersonellen gemacht.

Die Motivationen, der Wunsch nach Familiarität (KÖNIG 1982) und der Wunsch nach innerer Konfliktentlastung, oder der Wunsch nach Kommunikation mit einem ähnlich Erlebenden, können entweder allein oder aber in wechselnden Kombinationen auftreten. Ein Wunsch nach Familiarität wird erfüllt, wenn man einen neu kennengelernten Menschen ähnlich erlebt wie ein eigenes inneres Objekt, er wird aber auch erfüllt, wenn man ihn ähnlich erlebt wie sich selbst. Entsprechend kann der Wunsch nach Familiarität nicht nur durch das Übertragen innerer Objekte, sondern auch durch das Externalisieren von Selbstanteilen erfüllt werden, zum Beispiel auch bei der sogenannten narzißtischen Partnerwahl. Andererseits werden bedrohliche Objektrepräsentanzen, die mit dem Selbst im Konflikt liegen, zum Zwekke der Konfliktentlastung auf Außenpersonen übertragen, durch einen inneren Konflikt bedrohte innere Objekte können gleichsam zu ihrem Schutz in Personen der Außenwelt "ausgelagert" werden.

Beim kommunikativen Typ der projektiven Identifizierung stellt diese eine größere Ähnlichkeit zwischen dem Selbst des Patienten und dem Selbst dessen her, auf den die projektive Identifizierung gerichtet ist. Das ermöglicht zum Beispiel einem schizoiden Patienten, anzunehmen, der andere sei wie er. Daß der andere so ist wie er selbst, ist für ihn nämlich eine Voraussetzung der Kommunikation.

Bei Borderline-Patienten bestehen infolge von Spaltungsvorgängen im Ich verschiedene Ich-Zustände nebeneinander (ROHDE-DACHSER 1982). Solche Patienten können ihr Erleben von einem Ich-Zustand in einen anderen verlagern und damit jeweils den verlassenen Ich-Zustand als Konfliktpartner ausschalten. Projektive Identifizierung kann aus jedem Ich-Zustand heraus erfolgen; wenn sie aus einem gerade erlebten folgt, hat sie eine kommunikative Funktion. Es kann aber auch aus einem gerade nichterlebten Ich-Zustand heraus projektiv identifiziert werden. Dann hat die projektive Identifizierung die Funktion von Konfliktentlastung und unterstützt so die Spaltung, wirkt als Abwehrmechanismus also gleichsinnig. Auch kann sie Verdrängung unterstützen, indem das Verdrängte als außenliegend erlebt wird.

Projektive Identifizierung vom Übertragungstyp oder auch *Übertragung mit einem interaktionellen Anteil* wäre die reifste Form. Sie dient der Herstellung von Familiarität, nicht aber von Identität wie bei der projektiven Identifizierung vom kommunikativen Typ. Das Gegenüber wird einem Objekt, das vertraut ist, ähnlich gemacht.

Wenn projektiv Identifiziertes im anderen kontrolliert wird, bedeutet das nicht einen eigenen Typ von projektiver Identifizierung. Es wird nicht projektiv identifiziert, *um* eine andere Person zu kontrollieren, auch wenn diese das Verhalten der Person, die sie projektiv identifiziert, so erleben mag, als beabsichtige sie es. Kontrolliert, das heißt beherrscht, beeinflußt und begrenzt werden soll das aus der eigenen Persönlichkeit Externalisierte. Daß eine Person Träger dieser Externalisierung wird, ist notwendig, aber sekundär.

Psychosoziale Kompromißbildungen weisen einen unterschiedlichen Differenzierungsgrad auf. Zu den primitiveren psychosozialen Kompromißbildungen zählen die sogenannten Grundannahmen (basic assumptions) nach BION (1974): Abhängigkeit, Kampf und Flucht und Pairing.

Ein Beispiel für psychosoziale Kompromißbildungen mittleren Differenzierungsgrades ist die Sündenbocksuche, ein Beispiel für psychosoziale Kompromißbildungen hohen Differenzierungsgrades ist: "Wir machen Therapie, aber nicht an uns, sondern an jemandem, den wir als Patient ausgucken". (vgl. S. 39). Der Differenzierungsgrad der psychosozialen Kompromißbildungen hängt vom Regressionsniveau der Gruppe ab. Nach BION verhalten sich Grundannahmeneinstellung und die Eigenschaft der Gruppe, eine sogenannte Arbeitsgruppe zu sein, komplementär. Nach unserer Meinung (KÖNIG 1985) ist einfache Komplementarität nicht gegeben.

Am Beispiel der Sündenbocksuche läßt sich besonders deutlich zeigen, wie projektive Identifizierung vom Konfliktentlastungs- und Übertragungstyp an einem intrapsychisch begründeten interpersonellen Vorgang beteiligt sein können. Wird ein Patient zum Sündenbock gemacht, indem Gruppenmitglieder abgelehnte, unbewußte Anteile ihres eigenen Selbst in diesem Patienten bekämpfen, muß man sich fragen, warum gerade dieser Patient als Sündenbock ausgesucht wurde und nicht ein anderer. Er kann von vornherein ein Verhalten zeigen, das dem abgelehnten Verhalten der übrigen Gruppenmitglieder entspricht. Ein solches Verhalten kann Impulscharakter haben, zum Beispiel aggressive Willkür. Es kann aber auch sein, daß die Gruppe in diesem Patienten ein Widerstandsverhalten attackiert, das die Gruppenmitglieder selbst in einer anderen, verwandten Form an den Tag legen.

Daneben kann es sich aber um einen Patienten handeln, der in seiner Ursprungsfamilie in der Sündenbockrolle war und deshalb ein Verhalten, das ihn zum Sündenbock in der Gruppe machen kann, in verstärktem Maße zeigt - stärker, als er es täte, wenn er nicht unbewußt die Sündenbockrolle wieder anstreben würde. Er überträgt dann die ausstoßenden, verfolgenden oder ihn marginalisierenden Familienmitglieder auf die Gruppe und macht sich wieder zum ausgestoßenen, verfolgten oder marginalisierten Kind.

Psychosoziale Kompromißbildungen können nicht nur durch Interpretation des Widerstandsaspektes und durch Ansprechen der Triebimpulsaspekte labilisiert und verändert werden. Sie können sich auch spontan ändern, wenn die Bedürfnisse einzelner Gruppenmitglieder durch den Kompromiß ungenügend abgedeckt sind. Solche Gruppenmitglieder, für die eine Kompromißbildung zu viel oder zu wenig Freiräume läßt, scheren aus dieser Kompromißbildung aus. STOCK-WHITACKER und LIEBERMANN (1965) haben ähnliches beschrieben. Sie sprechen von ermöglichenden und restriktiven Lösungen eines Gruppenproblems (enabling/restricting solution). Entsprechend gibt es in Gruppen Normen, die ermöglichende oder restriktive Funktionen haben.

Therapeuten und Gruppenmitgliedern ist es möglich, die interaktionellen Anteile anzusprechen. Man kann zum Beispiel zeigen, wie eine Person bewirkt, daß sie in die Sündenbockrolle kommt, etwa indem sie gegen implizite Gruppennormen verstößt. Wahrscheinlich ist das Ansprechen des interaktionellen Anteils der unterschiedlichen Formen projektiver Identifizierung ein therapeutisch wirkender Mechanismus in Gruppen, in denen nicht oder wenig gedeutet wird, zum Beispiel auch in Selbsthilfegruppen.

Die Objekte können sich dann nicht mehr ohne weiteres so verhalten, wie es der unbewußten Erwartung des projektiv Identifizierenden entspricht. Der interaktionelle Anteil der projektiven Identifizierung wird in seiner Wirksamkeit beeinträchtigt. Im

Falle einer projektiven Identifizierung vom Übertragungstyp kommt es zu einer Korrektur der Übertragung, weil die Objekte dann ein anderes Verhalten an den Tag legen, als es zur Übertragungserwartung passen würde. Wenn das Verhalten der Personen in der Gruppe im Falle einer Konfliktentlastung nicht zu den externalisierten Selbstanteilen oder Objekten paßt, muß der interpersonell gemachte Konflikt wieder zu einem inneren werden. Angst-, Schuld- oder Schamgefühle werden wieder intensiver, es wird nach neuen Lösungen gesucht. Im Falle des kommunikativen Typs der projektiven Identifizierung wird dem kommunikativ Identifizierenden die Verständigung erschwert; er kann sich unverstanden und aus der Gruppe ausgeschlossen fühlen. Der dadurch entstehende Leidensdruck wirkt sich therapeutisch günstig aus, wenn in der Folge in Frage gestellt werden kann, ob ein gleiches Erleben und Empfinden wirklich zur Kommunikation notwendig sei.

Übertragungsauslöser und Gruppenverläufe

Gruppen können als ein komplexes System von Übertragungsauslösern gesehen werden. Dieses System wird konstituiert durch die Gruppenmitglieder, den Therapeuten und den Raum, in dem die Gruppe stattfindet. Auch nichtmaterielle Faktoren des Settings, wie die zeitlichen Begrenzungen, haben einen Einfluß. Das System von Übertragungsauslösern kann nun mannigfachen Veränderungen unterliegen, und es kann auch verschieden wahrgenommen werden. Durch die realen Veränderungen, durch Information über die Gruppe und durch den Zustand des Selbst eines Gruppenmitglieds wie auch durch die Art der Übertragungsbedürfnisse, die wiederum auch mit dem Zustand des Selbst zusammenhängen, wird die Wirkung des Systems von Übertragungsauslösern beeinflußt. Die Summe an Informationen über die anderen Gruppenmitglieder, einschließlich des Therapeuten, nimmt im Verlauf des Gruppenprozesses zu. In der Regression wird oft von Informationen abgesehen, die schon vorhanden sind. Sie werden geleugnet oder verdrängt.

Die Veränderung der Übertragungsauslöser durch Informationszuwachs dürfte den Verlauf einer Gruppe nicht allein bestimmen. Man kann nämlich beobachten, daß auch sehr kurz dauernde Gruppen, zum Beispiel solche, die nur 5 oder 8 Sitzungen während eines Fortbildungsseminars umfassen, ebenso den typischen Entwicklungsverlauf zeigen wie länger dauernde Gruppen. Die Zeiterwartung scheint die Wahrnehmungen in der Gruppe stark zu beeinflussen (vgl. auch KÖNIG und SACHSSE 1981). Auf welchem Wege die Zeiterwartungen sonst noch den Verlauf beeinflussen, ist weitgehend ungeklärt; analoge Phänomene wurden nicht nur in Gruppentherapien, sondern auch bei diagnostischen Interviews immer wieder beobachtet. Wahrscheinlich bewirkt eine kurze Zeitvorgabe ein Zurücknehmen der Widerstände. Das könnte wiederum den Informationsaustausch fördern.

Die Besonderheiten der Übertragungsauslöser, die eine

Gruppe bietet, bewirken, daß die Schnelligkeit und Tiefe (nicht notwendig die Intensität) der Regression in Gruppen größer ist als in der Einzeltherapie im Gegenübersitzen. Am raschesten und tiefsten regredieren Großgruppen.

Übertragung kann sich nicht nur an Personen heften, sondern auch an leblose Objekte, sofern sie als Symbole für Personen genommen werden können, wie etwa die Gebäude und das Gelände einer Krankenanstalt. Als Übertragungsauslöser kann man somit alles Wahrnehmbare auffassen, das Übertragung auslöst.

Diese Definition ist umfassender als die von GREENSON (1967), der mit "transference trigger" Idiosynkrasien eines Analytikers meint, die ihn von anderen Personen unterscheiden.

Mehrere Autoren haben die Auffassung vertreten, daß "die Gruppe", also das Kollektiv der Gruppenmitglieder, wie eine Mutter (nicht als Mutter) erlebt werden kann - wie die Mutter in verschiedenen Stadien der kindlichen Entwicklung (W. SCHINDLER 1966), die böse präödipale Mutter (HELEN DURKIN 1965) oder die Mutter in ihrer bergenden Funktion (PINES 1972) oder als Basisobjekt der Anlehnung (KUTTER 1971), aber auch wie die lähmend-umschließende Mutter (BATTEGAY 1975).

Wenn man fragt, welche Übertragungsauslöser bewirken können, daß eine Gruppe, also das Kollektiv der Gruppenmitglieder, einem Mitglied dieses Kollektivs in seiner unbewußten Phantasie wie eine Mutter erscheinen kann, stößt man auf einfache Sachverhalte:

Das Individuum ist im Vergleich zur Gesamtgruppe klein. Es nimmt weniger Raum ein als das Kollektiv der übrigen Gruppenmitglieder. In der Tat ist die Gruppe um ein Mehrfaches "größer" als das einzelne Gruppenmitglied, so wie die Mutter um ein Mehrfaches größer ist als das Kind. Die Gruppe ist, wenn man ihre Körperkräfte addiert (die in einer analytischen Gruppe nicht zur Anwendung kommen, aber potentiell vorhanden sind), um ein Vielfaches "stärker" als das einzelne Gruppenmitglied, wie dies auch für die Mutter im Vergleich zum kleinen Kind, insbesondere zum Säugling, zutrifft.

Weiterhin ist jeder zugleich ein konstituierendes Mitglied der Gruppe und der Gruppe gegenübergestellt. Dieser Sachverhalt erinnert an die frühe Mutter-Kind-Symbiose, eine Beziehungsart, wie sie MARGARET MAHLER (1972) konzeptualisiert hat. Wenn wir sagen, daß dieser Sachverhalt an die frühe Mutter-Kind-Symbiose nach MAHLER erinnert, so gilt dies in zweierlei Hinsicht: Wer die Anschauungen von MAHLER kennt, wird an diese erinnert; außerdem aber kann der Sachverhalt ein Erleben analog dem Erleben in der Mutter-Kind-Symbiose auslösen. Letzteres meinen wir, wenn wir hier von einem Übertragungsauslöser sprechen. In der Mutter-Kind-Symbiose finden übrigens schon differenzierte Interaktionen statt, wie Säuglingsbeobachtungen gezeigt haben (LICHTENBERG 1987).

Der Therapeut, natürlich auch eine Therapeutin, ist unter anderem für Grenzen verantwortlich. Wenn der Therapeut sich hinsetzt, beginnt die Therapiesitzung, wenn er sie beschließt, endet sie. Der Therapeut gibt der Gruppe und einer damit phantasierten Mutter-Kind-Dyade einen geschützten Raum. Es ist seine Aufgabe, diesen Raum gegen störende Außenwelteinflüsse abzuschirmen. In diesen Funktionen ähnelt er dem Vater, jedenfalls dem traditionellen Vater unserer Gesellschaft, so wie ihn unsere Patienten meist kennengelernt haben. Veränderungen in der Rolle der realen Väter bringen heute Abwandlungen.

FREUD (1927) schreibt allerdings: "So wird die *Mutter* ... zum ersten Schutz gegen alle die unbestimmten, in der Außenwelt drohenden Gefahren, zum ersten Angstschutz, dürfen wir sagen. In dieser Funktion wird die Mutter bald von dem stärkeren Vater abgelöst, dem sie nun über die ganze Kindheit verbleibt." (Hervorhebung von den Verff.) FREUD geht hier von dem aus, was das Kind erlebt - im Erleben des Kindes tritt der Vater erst später als schützend in Erscheinung. Tatsächlich aber wirkt sich die Schutzfunktion des Vaters in einer traditionellen Paarbeziehung, wie die meisten unserer Patienten sie noch bei ihren Eltern erlebt haben, schon früher aus, indem er etwa in den ersten Lebensmonaten des Kindes, und oft darüber hinaus, Anforderungen und Störungen, die aus der Außenwelt auf die Mutter eindringen könnten, von ihr abhält. Analog kann sich die Gruppe im Therapiezimmer unter dem Schutz des Therapeuten geborgen fühlen.

Die Analogie läßt sich noch weiter verfolgen: Wenn die Patienten ihre Behandlung durch eine Krankenkasse finanziert bekommen oder Zuschüsse erhalten, etwa als Angestellte oder Beamte des öffentlichen Dienstes, vermittelt der Gruppentherapeut zwischen den Gruppenmitgliedern und den geldgebenden Instanzen, indem er Anträge oder Bescheinigungen schreibt. Dabei spielt im Erleben der Patienten nur selten eine Rolle, daß sie etwa durch ihre Mitgliedsbeiträge helfen, diese geldgebenden Instanzen zu finanzieren. So arbeitet der Therapeut gewissermaßen für die Gruppe, um Geld für ihr Bestehen zu verdienen, auch wenn dieses dann in seine eigene Tasche fließt. Den Raum, dessen Heizung und Reinigung etc., bezahlt er aber jedenfalls von diesem Geld, das der Gruppe so direkt zugute kommt.

Wenn hier vom Verhältnis des einzelnen Gruppenmitglieds zum Gesamt der Gruppenmitglieder und vom Verhältnis des einzelnen Gruppenmitglieds (und des Kollektivs der Gruppenmitglieder) zum Therapeuten die Rede war, wurde von der vereinfachenden Annahme ausgegangen, daß die Gruppe noch keine gemeinsame Geschichte hat, die Gruppenmitglieder also keine gemeinsamen Erfahrungen und keine oder wenig Informationen übereinander haben. Daß da im übrigen ein Unterschied zwischen den Patienten und dem Gruppentherapeuten besteht, an den sich der einzelne Patient jeweils zunächst gewendet und dem er Informationen gegeben hat, haben wir andernorts ausgeführt (vgl. S. 84 u. 158). Auf die Veränderungen, die die gemeinsame Geschichte der Gruppe und ihres Therapeuten bewirkt, werden wir im folgenden noch zu sprechen kommen.

Die "mütterlichen" Merkmale des Kollektivs Gruppe induzieren in frühen Gruppenphasen die Regression auf eine frühkindliche Stufe der Mutter-Kind-Beziehung und damit auch die Rückkehr in die Kindzeit. Der Gruppentherapeut in seiner väterlichen, begrenzenden Funktion begrenzt das Erleben dieser Kindzeit.

Das Gruppenmitglied kann sich in den frühen Phasen einer Gruppenentwicklung dem Kollektiv der anderen Mitglieder, der "Mutter" gegenüber klein und abhängig fühlen. Es bereitet ihm Unbehagen und Angst, wenn es bewußte Wünsche erlebt, aus dem Kollektiv oder der Symbiose mit dem Kollektiv auszubrechen, in dem es eine führende Position übernimmt, während in den späteren Entwicklungsphasen einer Gruppe die Angst, eine Führungsrolle zu übernehmen, eher mit gefürchteter schizoider anal-sadistischer Aggression oder mit ödipalen Rivalitätsphantasien zusammenhängen mag.

Regression nimmt mit der Masse und mit der Summe der vereinten Kräfte der Gruppenmitglieder zu. Dies hat zwei Aspekte: Fühlt sich das Gruppenmitglied einig mit dem "Kollektiv" (SCHEIDLINGER 1964), kommt es sich unter den anderen geborgen und mit den anderen stark vor. Entdeckt das Gruppenmitglied aber zwischen sich selbst und dem Kollektiv Unterschiede und Spannungen, kann es sich schwach und ausgeliefert fühlen. Dieses Gefühl der Schwäche und des Ausgeliefertseins beim Infragestellen der Symbiose wird leichter ertragen, wenn ein Therapeut da ist, der vermittelt, was der Patient noch nicht weiß, nämlich daß der Erwachsene in das Kindsein eintreten, aber auch daraus zurückkehren kann.

Die begrenzende Macht des Therapeuten ist hier größer als in der Einzeltherapie, denn das Ende der Gruppensitzung bedeutet nicht nur, daß Therapeut und Patient wie in der dyadischen Beziehung auseinandergehen; es bedeutet auch, daß die Gruppe auseinandergeht, indem sie sich in die sie konstituierenden Einzelindividuen auflöst. Durch die Auflösung der "Mutter Gruppe" in die sie konstituierenden Einzelindividuen aber hört die "Mutter" als die Regressionsinduzierende de facto auf zu bestehen. Sie existiert nur noch in der Erinnerung und den antizipierenden Phantasien des einzelnen Mitglieds, sofern dieses in seiner Entwicklung das Stadium der Objektkonstanz erreicht hat.

Durch diese Erinnerungen und Phantasien wird die Identität der Gruppe im einzelnen Mitglied bewahrt, die Regression des einzelnen geht aber zurück, wenn die Gruppe nicht als Gruppe zusammen ist. So können in der Gruppe tiefere Regressionsstadien, die eine wirksame therapeutische Arbeit an den frühkindlichen Beziehungen der Gegenwart gestatten, schnell erreicht, aber auch schnell wieder verlassen werden. Der Patient erlebt zum Beispiel die Symbiose, lernt, aus ihr aufzutauchen und sich in einem Entwicklungsprozeß aus ihr zu befreien; er lernt, in Gegenwart der Mutter allein zu sein (WINNICOTT 1958), und idealerweise geht er schließlich am Ende der Entwicklung als ein Individuum aus dem therapeutischen Prozeß hervor, das die freie Wahl zwischen dem Umgang mit den anderen und dem Alleinsein hat.

In der tiefen Regression ist der Patient unter dem Schutz des Vaters *allein* mit der "Mutter", das heißt mit einer Gruppe von Personen, die zu einer Gestalt, eben der Gruppe, zusammenfließen. Auf anderen Ebenen bleiben die einzelnen Individuen in verschiedenen sozialen Bezügen. Wenn die Regression zunimmt, rücken diese "reiferen" Ebenen der Existenz aus dem Feld der Wahrnehmung des einzelnen, der das Gemeinsame an den Mitgliedern des Kollektivs dann deutlicher wahrnimmt als das Unterscheidende. In diesem Stadium der Gruppenentwicklung haben die Übertragungen auf den Therapeuten im übrigen eine entlastende Funktion für den einzelnen in der Gruppe: Der Gruppentherapeut dient als "Blitzableiter" für die ambivalenten, libidinösen und aggressiven Gefühle der "Mutter Gruppe" gegenüber dem einzelnen Mitglied - und wir kennen die Probleme, die in der Entwicklung eines vaterlosen Menschen dadurch entstehen können, daß die Mutter zu viel von ihren libidinösen und aggressiven Gefühlen ausschließlich auf das Kind richtet. In solchen Entwicklungsstadien einer Gruppe wird der Therapeut Übertragung auf sich selbst eventuell akzeptieren und noch nicht deuten. Es kommt allerdings auch vor, daß der Therapeut wie ein *Teil* der "Mutter Gruppe" erlebt wird.

Jeder Zuwachs an Information differenziert die Wahrnehmung des Einzelnen. Dies führt dazu, daß der Einzelne mehr die anderen Einzelnen als die Gestalt der Gruppe wahrnimmt. Das wiederum wirkt der Regressionsneigung entgegen, während umgekehrt Informationsmangel eine Voraussetzung der übertragungsbedingten Regression ist, und Regression wiederum die differenzierte Wahrnehmung einschränkt und so den Zuwachs von Realinformationen vermindert - im Sinne eines sich selbst verstärkenden Zirkels. Informationsmangel im interpersonellen Bezug ist regressionsfördernd. Besonders in Großgruppen kann man beobachten, daß Angst und Regression um so geringer sind, je besser sich die Teilnehmer schon aus früheren gemeinsamen Gruppensitzungen kennen. Angst ist hier auch eine Folge der Regression - es ist für den Erwachsenen nicht natürlich, wie ein kleines Kind zu empfinden und hilflos zu sein. Es macht Angst, nicht zu wissen, wie jene anderen Leute reagieren, die man nicht kennt, schlecht Voraussagen machen zu können, die Situation schlecht zu übersehen, ebenso wie das ganz kleine Kind noch wenig antizipieren kann, wie die Mutter reagieren wird.

Parallel mit dem Informationszuwachs kommt es in der Entwicklung einer Gruppe zu einer Ablösung aus der Symbiose, zunächst in einem Erleben oraler Dependenz, die sich, wie wir weiter unten noch sehen werden, dann häufig auf den Therapeuten richtet. Es kommt später, wenn die Dependenzwünsche an den Therapeuten durch ihn enttäuscht und von den Gruppenmitgliedern erkannt worden sind, zu einer entgegengesetzten Einstellung, die der analen Phase des sich entwickelnden Kindes analog ist: Die Gruppe strebt Autonomie an, schließlich wird voll wahrgenommen, daß Männer und Frauen in der Gruppe sind, und es entstehen Beziehungsformen, die den *Geschlechtsunterschied* einschließen oder durch ihn determiniert werden. Die Gruppe tritt in die *ödipale Phase* ihrer Entwicklung ein.

Was oder wer ist nun in den verschiedenen Phasen der Gruppenentwicklung der Therapeut? Er kann "Vater" sein, wie wir schon ausgeführt haben; zum Beispiel auch dann, wenn er das Realitätsprinzip vertritt und die Gruppe nicht so weit regrediert ist, daß sie es aufgegeben hätte, das Realitätsprinzip zur Kenntnis zu nehmen. Er kann aber auch "Mutter" sein, nämlich dann, wenn in der Gruppe das Gefühl der hilflosen Schwäche, durch die Regression entstanden, sehr stark geworden ist und der Therapeut vom einzelnen mächtiger erlebt wird als alle anderen Personen zusammen - auch dadurch, daß er erwachsen bleibt, an der Regression nicht so teilhat wie die anderen. Er bleibt deshalb erwachsen, weil er weiter beobachtet, unterscheidet, verknüpft, eben alles tut, was zum Diagnostizieren gehört, und das sekundärprozeßhafte Denken in der Gruppe dadurch verstärkt, daß er sekundärprozeßhaft verbalisiert und konzeptualisiert. Insgesamt gibt er das sekundärprozeßhafte Denken und Sprechen nie in dem Maße auf wie die übrigen Teilnehmer der Gruppe.

Er hat mehr Information über den einzelnen aus den Gruppenvorgesprächen und dadurch, daß er gelernt hat, aus Beobachtungen und Verbalisiertem Schlüsse zu ziehen. Deshalb hat er auch aus einer Sitzung mehr *Informationsgewinn* als die übrigen Gruppenmitglieder. Wenn er wie eine Mutter erlebt wird, geschieht es abstrahierend vom Geschlecht, ebenso wie ein Kind einen Mann als "mütterliche" Pflegeperson erleben kann. "Mütterlich" bedeutet für das Kind in diesem Alter ja nur, daß eine Person bestimmte Funktionen ausübt, und weil der Mann das im Prinzip auch kann (wenngleich es ihm, wie WINNICOTT (1956) meinte, im Vergleich zur Mutter an Einfühlung mangeln mag), kann er die Mutter ersetzen. Das gilt auch für die Phase der Entwicklung, in der das Kind die Pflegeperson als Individuum wahrnimmt und erkennt, also nach dem achten Monat; auch ein Mann kann da eben Pflegeperson sein, Hautkontakte vermitteln, mit dem Kind spielerisch interagieren und die Flasche geben. In der analen Phase der Entwicklung ist die Mutter ebenso Autorität wie der Vater. In der "phallischen" und ödipalen Entwicklungsphase erfährt das Kind, daß Mannsein und Frausein etwas in bestimmten Aspekten der Körpergestalt Unveränderbares bedeutet.

Dann gewinnt es auch an Bedeutung, ob etwa das gleichgeschlechtliche Elternteil oder das gegengeschlechtliche mehr Autorität in der Familie hatte; es wird wichtig für die Identifikation mit der Geschlechtsrolle. Erst in der analogen Phase einer Gruppenentwicklung wird es nun wirklich wichtig, ob ein Mann oder eine Frau die Gruppe leitet; leitet ein Mann die Gruppe, übernimmt häufig ein weibliches Gruppenmitglied die Rolle der Mutter. Leitet eine Frau die Gruppe, gerät häufig ein männliches Gruppenmitglied in die Rolle des Vaters. *Ein* Gruppenmitglied hat im allgemeinen diese Rolle, nicht mehrere haben sie - es sei denn, daß mehrere Personen um diese Rolle konkurrieren, wie das ja auch in Familien der Fall ist, etwa wenn die Konstellation *Mutter/Schwiegermutter/oder Großmutter* oder die Konstellation *Vater/Schwiegervater/oder Großvater* wirksam ist. Jedenfalls aber heben sich einzelne Personen in geschlechtsspezifischen Rollen ab. Es ist soviel Information über den einzelnen vorhanden, daß die Gruppe nicht mehr so leicht konfluieren kann und daß sich differenzierte soziale Rollenbezüge deutlich manifestieren.

All dies gilt für geschlossene Gruppen. In offenen Gruppen wird die Situation unübersichtlicher. Kommt ein neues Gruppenmitglied hinzu, kann dies einen Regressionsschub in einer Gruppe auslösen, die sich vorher schon auf der ödipalen Ebene bewegt hatte, ebenso wie Kinder mit Regression reagieren können, wenn ein neues Geschwister in eine Familie geboren wird. Das kann im übrigen therapeutisch nützlich sein; es ermöglicht den bisherigen Gruppenmitgliedern, auch diese Erfahrung in der Gruppe zu machen, und dem Neuankommenden ermöglicht es, Regression mitzuerleben, die er nicht erlebt hätte, wenn die Gruppe auf der ödipalen Ebene verblieben wäre.

Im allgemeinen stellt sich ein neu aufgenommenes Gruppenmitglied bald auf die Entwicklungsebene der Gruppe ein, indem es sich auf die Wahrnehmungsebene der übrigen einstellt. In längerbestehenden offenen Gruppen werden im übrigen auf dem Boden eines ödipalen, Mann und Frau differenzierenden Beziehungsmusters viele Konflikte abgehandelt, die auch zu früheren Entwicklungsphasen gehören, zum Beispiel bewirkt durch den Induktionseffekt, der dann auftritt, wenn ein Gruppenmitglied ein Thema in die Gruppe einbringt, das einen unmittelbaren Zusammenhang mit frühen Entwicklungsphasen des Kindes hat - etwa das Thema Dependenz oder Counterdependenz, das Thema Symbiose oder Trennung. Im Sinne einer szenischen Spontandarstellung (vgl. S. 112ff), können so frühe Beziehungsformen reaktiviert werden, indem ein neues Gruppenmitglied im Beziehungsmuster der Gruppe zu einzelnen oder zur Gesamtgruppe symbiotische, dependente oder counterdependente Beziehungen herstellt.

Die Wahrnehmung der Übertragungsauslöser in einer Gruppe hängt nicht nur von den Übertragungsbedürfnissen der Gruppenmitglieder ab, sondern auch von den Interventionen des Therapeuten. Ein Therapeut, der sich in seinen Interventionen auf die Gesamtgruppe bezieht, lenkt die Aufmerksamkeit der Gruppenmitglieder auf die Gesamtgruppe. Die einzelnen Mitglieder erscheinen daneben vergleichsweise unwichtig. Ein solcher Therapeut strukturiert die Gruppe dyadisch. Eine solche Gruppe wird sich länger als eine andere, deren Therapeut nicht prinzipiell dyadisch interpretiert, im Präödipalen aufhalten. Triangulierungsprozesse, die eine Voraussetzung für eine ödipale Entwicklung sind, kommen nicht zustande.

Umgekehrt kann ein Therapeut von vornherein alles aufgreifen, was mit Drei-Personen-Beziehungen zu tun hat. Die Aufmerksamkeit der Gruppenmitglieder wird sich dann auf Drei-Personen-Phänomene richten, was eine Regression auf dyadische Stufen der Beziehung erschwert. Dieser Therapeut wird in seinen Indikationen vertreten, daß Patienten mit Konflikten und Entwicklungsstörungen im Bereich dyadischer Beziehungsformen nicht in Gruppen behandelt werden sollten, während ein Therapeut, der eine Gruppe dyadisch strukturiert, vielleicht solche Patienten nicht in seine Gruppe aufnehmen wird, die ödipale Beziehungsprobleme haben. Der Prozeßverlauf einer Gruppe kann der psychosexuellen Entwicklung eines Menschen nur dann ähnlich sein, wenn der Therapeut eine Spontanentwicklung zuläßt, indem er jeweils von der Oberfläche dessen ausgeht, was sich in der Gruppe darstellt, und dyadische Phänomene aufgreift, wenn sie sich an der Oberfläche zeigen, und Drei-Personen-Phänomene, wenn die an der Oberfläche auftreten, statt die Gruppe in das Prokrustesbett eines einseitigen Konzepts zu zwängen. Ein reduktionistisches Therapeutenveralten hängt sicher mit vielem zusammen: mit einem verständlichen Wunsch nach Vereinfachung der komplexen Vorgänge in der Gruppe, mit der eigenen Biographie und Persönlichkeitsstruktur und wahrscheinlich auch mit dem professionellen Umfeld, in dem präödipale oder aber ödipale Aspekte der Psychodynamik bevorzugt aufgegriffen und diskutiert werden.

Gegenübertragung und Übertragungen des Therapeuten

In der Gruppenpsychotherapie definieren wir Gegenübertragung als die Gefühle, Phantasien und Handlungsimpulse, die gegenüber einzelnen Patienten, Subgruppen von Patienten und der Gesamtgruppe auftreten. Diese Gefühle entstehen als Reaktion auf die Übertragungen der Patienten und der Gesamtgruppe, auf die Patienten als Realpersonen und gegenüber der Aufgabe des Gruppenpsychotherapeuten. Diese Reaktionen werden durch den Charakter des Therapeuten mitbedingt. Vom Charakter des Therapeuten hängt es ab, wie er auf ein willkürliches, dominierendes, gefügiges, forderndes, "fressendes" oder verführendes Verhalten von Patienten reagiert, aber auch auf ein anerkennendes oder bewunderndes Verhalten. Vom Charakter des Therapeuten hängt auch ab, in welcher Gruppenposition er sich besonders wohl fühlt: In der Position des Fachmannes (Beta), des Gefolgsmannes eines inoffiziellen Anführers der Gruppe (Gamma), in der Position eines Sündenbocks (Omega) oder in der Position dessen, der neue Aktionen in der Gruppe initiiert (Alpha) (R. SCHINDLER 1957/58 und HEIGL-EVERS 1978). So gibt es habituelle Alpha-, Beta-, Gamma- und Omega-Therapeuten. Der Therapeut reagiert aufgrund seines Charakters auf Angebote der Gruppe oder strebt aktiv, oft ohne es zu merken, bestimmte Positionen an. Neben seinem Charakter ist auch die Familienkonstellation, die sich in der inneren Welt der Objekte eines Therapeuten abbildet, daran beteiligt, welche Positionen jemand in der Gruppe anstrebt. Auch die aktuellen Objektbeziehungen des Therapeuten mit ihren eventuellen Defiziten spielen eine Rolle.

Wenn man definitorisch in die Gegenübertragung *alle* Gefühle, Phantasien und Handlungsimpulse gegenüber der Gruppe miteinbezieht, erfaßt man damit auch Folgen der Übertragungen des Therapeuten auf die Gesamtgruppe, auf einzelne Gruppenmitglieder oder Subgruppen. Diagnostisch ist es aber wichtig, zwischen Reaktionen auf die Patienten als Realpersonen, Reaktionen auf deren Übertragungen einerseits und Übertragungen des Therapeuten andererseits zu unterscheiden.

Ein Therapeut kann in einer therapeutischen Gruppe bestimmte Positionen anstreben, dazu gibt es Entsprechungen in der Einzeltherapie: Der Therapeut erlebt sich auch als ein Objekt im Beziehungsfeld des Einzelpatienten und kann wünschen, sich dem Patienten oder aber einem Objekt, von dem der Patient spricht, als Gefolgsmann anzuschließen, neue Aktionen im Beziehungsfeld des Patienten zu initiieren, sich in der Rolle des Fachmannes zu halten oder sich als Sündenbock anzubieten, auf den sich die Aggressionen des Patienten konzentrieren oder der von den Angehörigen des Patienten für alles, was in dessen Leben schief läuft, verantwortlich gemacht wird.

Der Therapeut kann auf die Gesamtgruppe ein frühes mütterliches oder väterliches Objekt übertragen und dann ähnlich reagieren wie die Patienten, obwohl ihn die kognitiven Aufgaben der Therapeutenrolle meist daran hindern, daß seine Ich-Regression ähnliche Ausmaße erreicht. Er kann Übertragungen auf eine Institution entwickeln, der sein Patient angehört, auf ein großes Unternehmen, eine Klinik, eine Schule. Er kann auch Übertragungen auf Gruppen im Objektbeziehungsfeld des Patienten entwickeln, zum Beispiel auf dessen Ursprungsfamilie. Durch das, was der Patient mitteilt, werden dessen Objekte in der inneren Welt des Therapeuten präsent und bieten Auslöser für Übertragungen. Freilich sind sie in der Regel nicht so prägnant wie tatsächlich vorhandene Personen in einer Gruppe.

Die Gegenübertragungen des Therapeuten in Reaktion auf Übertragungen der Gesamtgruppe und seine Übertragungen auf die Gesamtgruppe erreichen oft eine hohe Intensität. Aufgabe des Therapeuten ist es, seine Gegenübertragungen und Übertragungen zuzulassen, aber gleichzeitig zu begrenzen und diagnostisch zu nutzen. In der psychoanalytisch-interaktionellen Methode wird der Therapeut Gegenübertragungen selektiv verbalisieren; in der analytischen und analytisch orientierten Form des Göttinger Modells wird er das in der Regel nicht tun.

Wie einem einzelnen Patienten gegenüber ist die basale Übertragung auf die Gruppe als Gesamtheit oft leichter zu diagnostizieren, wenn man sich die Gruppe vor oder nach einer Sitzung vorstellt, als wenn man in den therapeutischen Prozeß direkt involviert ist. Übertragung und Gegenübertragung in Gruppen zutreffend wahrzunehmen und diagnostisch zu nutzen gelingt im

Hier und Jetzt mit zunehmender Erfahrung aber immer mehr: Ein immer geringerer Teil der eigenen Aufmerksamkeit muß auf das außen Beobachtbare gerichtet bleiben.

Gegenübertragungen und Übertragungen des Therapeuten in Bezug auf die Gesamtgruppe erreichen ihr größtes Ausmaß und oft die größte Prägnanz in tiefer Regression der Gruppe, oder dann, wenn es sich um eine sehr strukturhomogene Gruppe handelt. In der Prägnanz liegt auch ein Vorteil: Man kann Gegenübertragungsgefühle nicht so leicht übersehen. Problematisch ist dann freilich die hohe Intensität der Gefühle.

Die im Vergleich zur Einzeltherapie größere Komplexität eines Gruppengeschehens beansprucht *kognitiv*. Die Intensität der Gegenübertragungsgefühle beansprucht *emotional*. Beides führt dazu, daß wenige Therapeuten regelmäßig mehr als fünf Sitzungen Gruppentherapie pro Woche durchführen; darum kann Gruppentherapie nie der Hauptberuf eines Therapeuten sein, es sei denn, man rechnet Supervisionen und die wissenschaftliche Beschäftigung mit Gruppentherapie hinzu.

Zur Gegenübertragung rechnen wir auch das Reagieren auf projektive Identifikationen, durch die ein Patient Selbstanteile, die mit anderen Selbstanteilen im Konflikt liegen oder die er vor den Angriffen anderer Selbstanteile bewahren möchte, im Therapeuten aktualisiert, so daß dieser die gleichen Gefühle und Handlungsimpulse, gelegentlich aber auch die gleichen Phantasien erlebt, wie sie der Patient wahrscheinlich erleben würde, wenn die Abwehr in Form projektiver Identifikation nicht gelänge.

Für manche Patienten bietet die projektive Externalisierung von Selbstanteilen die einzige Möglichkeit zu kommunizieren (projektive Identifikation vom kommunikativen Typ, vgl. S. 56ff.).

Die übrigen Gruppenmitglieder können als Korrektiv für ein durch Gegenübertragung oder durch eigene Übertragung beeinflußtes Verhalten eines Therapeuten wirken. Sie können den Therapeuten zum Beispiel auf ein Verhalten aufmerksam machen, das ihm unterläuft, weil es seinem Alltagsverhalten ähnlich ist.

Werden archaische Objekte auf ihn übertragen, bemerkt der Therapeut die Gefühle, die der interaktionelle Anteil einer solchen Übertragung und die in der Übertragung enthaltenen Zuschreibungen in ihm hervorrufen, in der Regel bald. Seine Aufgabe ist es dann, den Handlungsimpulsen nicht zu folgen, die sich aus den Gefühlen ergeben, was nicht immer ganz leicht ist, wenn die Gefühle eine hohe Intensität erreichen, die ihre Erkennung erleichtert, ihre Beherrschung aber erschwert.

In tiefer Regression kombinieren sich die archaischen Qualitäten der übertragenen und im Therapeuten aktualisierten Objekte mit einer Einheitlichkeit des Erlebens der Gruppenmitglieder. Regredierte Gruppen reagieren einheitlicher als weniger regredierte. So hatte ein Therapeut, als er in einer Studentenberatungsstelle eine Gruppe leitete, die durchwegs aus depressiven, arbeitsgestörten Studenten bestand, die Phantasie, er sei von acht Krokodilen umgeben, die um ihn herum im Schlamm lägen und ihn fressen wollten. Die Einheitlichkeit sich summierender oder potenzierender Gefühle, Phantasien und interaktioneller Verhaltensweisen einer Gruppe ist wohl ein Grund für die von BATTEGAY (1979) so genannte *emotionale Verstärkerwirkung der Gruppe*; ein anderer ist sicher die Gefühlsinduktion, wie man sie auch in vollbesetzten Kinosälen im Unterschied zu fast leeren Sälen beobachten kann. Im vollen Saal wird mehr und lauter gelacht und wird eher geweint als in einem halbleeren.

Nach RACKER (1953) kann man zwischen *konkordanter* und *komplementärer Gegenübertragung* unterscheiden. Bei konkordanter Gegenübertragung werden Selbstanteile des Patienten im Analytiker aktualisiert, und er reagiert mit den entsprechenden Gegenübertragungsgefühlen, die ähnlich sind wie erlebte oder abgewehrte Gefühle des Patienten. Davon ist die bewußt angestrebte Identifikation mit dem tatsächlichen Erleben des Patienten auf dem Wege der Empathie zu unterscheiden. Bei einer komplementären Gegenübertragung reagiert der Therapeut als Objekt. Er erlebt die Gefühle, die ein Handeln bedingen würden, das der Patient von den übertragenen Objekten her kennt, wobei dessen Erinnerungsspuren daran bewußt, aber auch unbewußt sein können.

Freilich kann er auch *anders,* aus seinem eigenen Charakter heraus, auf die übertragenden Patienten reagieren: Ebenso wie in der Einzeltherapie reagiert der Gruppentherapeut dann nicht nur auf den interaktionellen Anteil der Übertragung, sondern auch schon auf die in der Übertragung enthaltene Zuschreibung. Er reagiert auch auf das Verhalten des Patienten gegenüber dem übertragenen Objekt, das vom interaktionellen Anteil der Übertragung zu unterscheiden ist. So kann ein Patient durch Provokationen versuchen, den Therapeuten zum strengen Vater zu machen, sich diesem Vater gegenüber dann aber entweder rebellisch oder gefügig verhalten oder versuchen, ihn zu überlisten. Diese Reaktion des Patienten auf das übertragene Objekt ruft im Therapeuten wiederum Gefühlsreaktionen hervor (KÖNIG 1991b). Natürlich kann jedes Verhalten von Patienten auch Auslöser für Übertragungen des Therapeuten sein, wenn der Therapeut in seiner Kindheit mit Personen umgegangen ist, die sich ähnlich verhalten haben, wie der Patient es tut; zum Beispiel kann ein Therapeut dann einen jüngeren Bruder übertragen, der sich ihm gegenüber, als dem älteren Bruder, ähnlich wie einem Vater gegenüber verhalten hat. Auch die Kinder des Therapeuten sind innere Objekte und können übertragen werden. Dann kann ein Therapeut dem Patienten gegenüber ähnlich reagieren wie bei seinen eigenen Kindern.

Bei den Übertragungen des Therapeuten auf das Globalobjekt Gruppe ist zu bedenken, daß er von jedem einzelnen Patienten zu Beginn der Therapie schon viel weiß. Das bewahrt ihn davor, die Gruppe allzusehr als ein Globalobjekt wahrzunehmen; hier hat er einen Informationsvorsprung, den die Gruppenmitglieder erst mit der Zeit einholen. Allerdings ist zu beachten, daß Therapeuten mit einer starken Übertragungsdisposition für frühe Objekte ganz ähnlich wie Patienten das ausblenden können, was die Gruppenmitglieder voneinander differenziert. Hat der Therapeut an Selbsterfahrungsgruppen teilgenommen, wird er diese Reaktionsweisen von sich besser kennen und mit ihnen auch besser umgehen können als ein Gruppentherapeut ohne Erfahrungen als Gruppenmitglied. Das ist ein Grund unter anderen, warum Selbsterfahrung zur Ausbildung eines Gruppentherapeuten gehören sollte. Auch hat er dann erlebt, wie es ist, in Gegenwart mehrerer Personen offen zu sein und Dinge mitzuteilen, derer man sich schämt oder die Schuldgefühle oder Angst verursachen. Es ist ja ein Unterschied, ob man dies gegenüber einem Therapeuten tut, der durch seine professionelle Rolle darauf festgelegt ist, mit solchen Eröffnungen in einer helfenden Weise umzugehen, oder gegenüber Mitpatienten, die einen solchen Auftrag nicht haben. Sie sollen sich nicht wie ein Therapeut verhalten und den Therapeuten nicht als (schlechtes) Modell für Offenheit nehmen, sondern als ein Modell für den reflektierenden Umgang mit dem, was sie in der Gruppe erleben und erfahren. In der psychoanalytisch-interaktionellen Gruppentherapie wirkt der Therapeut in Grenzen auch als Modell an Offenheit.

Obwohl jeder Patient anders ist und die Toleranzgrenze eines jeden Patienten in unterschiedlichen Erlebensbereichen verschieden ist, neigen Gruppentherapeuten, die Selbsterfahrung in Gruppen gemacht haben, doch weniger dazu, ihre Interventionen in einer Gruppe falsch zu dosieren, indem sie außer acht lassen, daß ein Unterschied zwischen Offenheit gegenüber einem Therapeuten und Offenheit gegenüber Mitpatienten besteht.

Durch den gesteuerten Umgang des Therapeuten mit den Gefühlen, die ein Patient in ihm wachruft, ermöglicht er dem Patienten, wenn dieser das Verhalten und das vermutete Erleben des Therapeuten reinternalisiert, eine Weiterverarbeitung der konflikthaften Selbstanteile und der Konflikte von Selbstanteilen mit Objekten (OGDEN 1988).

Neutralität als dynamisches Konzept

Ein jeder Therapeut wird durch das, was in der Gruppe geschieht, beeinflußt. Anfänger nehmen eine starre Position ein, Erfahrene überlassen sich ein Stück weit den interaktionellen Anteilen von Übertragung und projektiver Identifikation und ermöglichen den Patienten so, ihre Übertragungen zu entwickeln, wie SANDLER (1976) dies für die Einzeltherapie beschrieben hat. Das hat nichts mit einem bewußten "Spielen" von Rollenpositionen zu tun.

Was der Therapeut bei den Patienten in der Gruppe an manifestem Verhalten beobachtet, bringt er in einen anderen Kontext, nämlich in den Kontext des Verstehens von unbewußt motivierten Phänomenen. Das vermindert seine Gefühlsreaktionen und macht sie so handhabbarer.

Es ist ja auch ein Unterschied, ob ein Kind oder ein Erwachsener uns gegen das Schienbein tritt. Sieht der Therapeut das Kind im Erwachsenen, kann er mit einem "Tritt gegen das Schienbein" besser umgehen, auch wenn der Tritt die gleiche Intensität haben sollte. Über ein Kind ärgert man sich weniger, man fühlt sich durch das Kind auch weniger gefährdet.

Insgesamt kann man sagen, daß der Therapeut mit den Gefühlen, die bei ihm in der Gruppe auftreten, um so souveräner und "neutraler" umgehen wird, je mehr er sich selbst kennt und je besser er die Patienten versteht. Neutralität heißt aber nicht, daß man nicht auf der Ebene der Arbeitsbeziehungen und auf einer Realbeziehungsebene der Zwischenmenschlichkeit seinen Patienten helfen will, daß man sich freut, wenn es einem Patienten besser geht, und traurig ist, wenn es ihm schlecht geht, oder daß man sich ärgert, wenn der Patient in alte Verhaltensweisen zurückfällt, daß man stolz ist, wenn er Erfolge hat, und vielleicht auch gekränkt, wenn er keine hat. Neutralität heißt auch nicht, daß man sich jedem Patienten in einer Gruppe gleich zuwendet. Eltern in einer kinderreichen Familie schenken auch nicht allen sechs Kindern das Gleiche, sie berücksichtigen den Entwicklungsstand.

Neutralität als dynamisches Konzept impliziert, daß der Therapeut aus seiner Neutralität herausgehen kann. Die Exkursionen, die der Therapeut aus seiner Neutralität heraus macht, sind aber infolge seiner kognitiven und empathischen Verstehensarbeit geringer, als wenn er Patienten nicht versteht, seine eigenen Affekte nicht einordnen und damit auch seine Handlungen schwer beherrschen kann. Die vielzitierte Spiegelmetapher von FREUD (1912) hat auch deshalb Unheil angerichtet, weil ein Spiegel etwas Undynamisches ist.

Arbeitsbeziehungen

Das Konzept und seine Anwendungen

Das Konzept der therapeutischen Ich-Spaltung (in Wahrheit: das Konzept vom Vorhandensein mehr erlebender und mehr reflektierender Ich-Zustände in einer Therapie, vgl. KÖNIG 1991b), gestattet eine personale Konzeptualisierung des Widerstandes. Ein Widerstand richtet sich gegen das Fortschreiten des therapeutischen Prozesses. Auf persönlicher und interpersonaler Ebene betrachtet, richtet er sich aber gegen den Therapeuten und gegen den gesunden Ich-Anteil des Patienten, der mit dem Therapeuten kooperiert. Er richtet sich auch gegen die gesunden Ich-Anteile der Mitpatienten, mit denen sich ein jedes Gruppenmitglied verbündet in der gemeinsamen Absicht, den Gruppenprozeß voranzubringen und so selbst in der Therapie voranzukommen.

Die Arbeitsbeziehungen (KÖNIG 1974b, 1985) sind Teil der Realbeziehungen in einer Gruppenpsychotherapie. Als Realbeziehungen sehen wir jenen Anteil der Beziehungen, in dem der andere so wahrgenommen wird, wie er ist. In den Übertragungsbeziehungen wird der andere so gesehen, wie es einer früheren Realität des Wahrnehmenden entspricht, die dieser auf die Gegenwart überträgt. Da wir uns aber auch nach früheren Erfahrungen richten, gibt es keine übertragungsfreie Beziehung. Jede Beziehung hat einen Realitäts- und einen Übertragungsanteil. GREENSON (1967) stellt die Arbeitsbeziehungen neben die Realbeziehungen und rechnet zur Arbeitsbeziehung die *milde positive Übertragung* (FREUD 1914) in der Funktion einer Basisbeziehung. Uns erscheint es sinnvoller, die Arbeitsbeziehung als eine Realbeziehung zu betrachten und die milde positive Übertragung als die Arbeitsbeziehung ermöglichend und stützend zu sehen. Arbeitsbeziehungen und Übertragungsbeziehungen beeinflussen sich gegenseitig.

Die therapeutische Ich-Spaltung ist in verschiedenen Graden

möglich. Sie meint ein Nebeneinanderbestehen verschiedener Ich-Zustände, die in ihrem Einfluß auf das Erleben und Verhalten abwechseln. Die meisten Menschen müssen die therapeutische Ich-Spaltung erst lernen. Ob das gelingt, hängt von der Motivation, der Beziehungsfähigkeit und den vorhandenen Ich-Funktionen ab. Zu Beginn einer Therapie treffen Therapeut und Patient Arbeitsvereinbarungen, die aber nur Teile des Arbeitsverhaltens in einer Gruppe umfassen können. Einen großen Teil der therapiefördernden Normen in einer Gruppe vermittelt der Therapeut implizit durch sein Verhalten in den Vorgesprächen und später in den Gruppensitzungen; er greift das eine auf, das andere nicht, bearbeitet ein bestimmtes Verhalten als Widerstand, ein anderes nicht. Insgesamt interessiert er sich für bestimmte Inhalte mehr als für andere, nämlich für solche, die er für relevant hält. Wo er glaubt, daß Realität erkannt ist, analysiert er nicht weiter.

Im folgenden geben wir einige Beispiele von therapiefördernden Normen, die hier als Aufforderung an die Patienten formuliert sind und teils explizit, teils implizit vermittelt werden:

Achte auf die Beziehungen, die sich während der Gruppensitzungen entwickeln.

Frage dich, warum du in den Beziehungen so erlebst, wie du es tust, welche Gefühle und welche Handlungsimpulse auftreten und wie du dich interpersonell verhältst.

Äußere dich über dein Erleben und deine Beobachtungen offener als sonst.

Versuche zu verstehen, wie sich Gefühle, Wahrnehmungen, Vorstellungen, Handlungsimpulse und Handeln gegenseitig bedingen und welchen Bezug sie zur Realität haben.

In der Art des Verstehens und Hinterfragens richte dich nach dem Modell des Therapeuten.

In der Offenheit, mit der du dich in die Gruppe einbringst, richte dich nicht nach dem Modell des Therapeuten (gilt besonders für analytische und analytisch orientierte Gruppen).

Achte besonders darauf, wie du zusammen mit anderen versuchst, dich vor Angst-, Schuld- und Schamgefühlen in der Gruppe zu schützen.

Wenn du das erkannt hast, erprobe andere Formen des Umgangs mit diesen Gefühlen.

Versuche, Erkenntnisse in der Gruppe als Erfolg, nicht als Niederlage zu werten.

Ziehe aus dem, was du in der Gruppe beobachtest, erlebst und verstehst, Konsequenzen für deine Sichtweisen und für dein Verhalten außerhalb der Gruppe.

Die Liste ist nicht vollständig, aber schon die angeführten Normen zeigen, daß sie von der Zahl und Komplexität her kaum in einer Arbeitsvereinbarung abgesprochen werden können. Abgesehen von der Aufforderung, offener zu sein als sonst und auf die Beziehungen zu achten, die sich während der Gruppensitzungen entwickeln, werden sie in den Vorgesprächen und während der Gruppensitzungen meist implizit durch den Therapeuten vermittelt: eben durch das, was er aufgreift und dadurch bestätigt, was er ohne verbalen oder nonverbalen Kommentar stehen läßt, oder das, was er als Widerstand anspricht.

Der hauptsächliche Unterschied zwischen der Arbeitsbeziehung in der Einzelanalyse und den Arbeitsbeziehungen in der analytischen Gruppenpsychotherapie besteht darin, daß es in der Gruppe eben nicht nur Arbeitsbeziehungen zwischen dem Therapeuten und dem Patienten gibt, sondern daß die Gruppenmitglieder auch miteinander arbeiten, daß sich auch Arbeitsbeziehungen zwischen den einzelnen Mitgliedern entwickeln. Die Patienten erkennen zum Beispiel eigenes nicht realitätsgerechtes Verhalten und teilen das mit, oder sie machen andere auf solches Verhalten aufmerksam und suchen nach Erklärungen hierfür.

Die Bearbeitung der Übertragungen bewirkt eine Verminderung des Übertragungsanteils in den Beziehungen. Das Erkennen der Realität nimmt zu. Am Ende einer Therapie sollte der Patient den Therapeuten so sehen, wie er sich in der Rolle des Therapeuten tatsächlich verhält. Das Realverhalten des Therapeuten, auch in der Arbeitsbeziehung, stellt die Basis dar, auf der Übertragungsbeziehungen bearbeitet werden können. Das Verhalten des Therapeuten sollte konsistent, aber nicht uniform sein. In der initialen Sitzung einer neu begonnenen Gruppe verhält der Therapeut sich anders als später. Daß der Mensch eine Skala von Verhaltensweisen zur Verfügung hat, die sich situativ ändern, entspricht ja auch den Alltagserfahrungen. Mit dieser Skala seiner Verhaltensweisen wird der Therapeut im Patienten ein inneres Objekt bleiben: mehr oder weniger deutlich erinnert, zum Teil bewußt, zum Teil sicher mit der Zeit unbewußt werdend oder unbewußt verblieben. Wir müssen uns darüber im klaren sein, daß wir im Patienten wirksam bleiben, auch wenn er uns vergessen zu haben scheint.

Analoges gilt auch für die Gruppenmitglieder. Die Gruppenmitglieder haben aber andere Rollenvorschriften. Sie brauchen ihr Verhalten nicht in dem Maß wie der Therapeut durch die Frage bestimmen zu lassen, ob es die Entwicklung der anderen Gruppenmitglieder fördert. Sie können sich unreflektierter und, wenn man so will, auch egoistischer verhalten. Entsprechend werden sie dem Verhalten der anderen Gruppenmitglieder gegenüber kritischer und auch mißtrauischer sein, die ja dann nicht wie der Therapeut ausschließlich die Entwicklung der Gruppenmitglieder zu fördern haben. Entsprechend kann auch der Vertrauensvorschuß, mit dem sie die anderen Gruppenmitglieder ausstatten, nicht der gleiche sein wie der, den sie dem Therapeuten gewähren.

In der Gruppentherapie ist es aber nicht nur eine der Funktionen des Therapeuten und auch der Mitglieder in einer Gruppe, Neuauflagen früherer Beziehungen zu ermöglichen, die dann bearbeitet werden können. Es ist auch Aufgabe des Therapeuten und der übrigen Gruppenmitglieder, Beziehungsformen anzubieten, für die es in der Biographie des Patienten kein Vorbild gibt. Der Therapeut und auch die Gruppe müssen die ausreichend gute Mutter (WINNICOTT 1974) sein, die vielleicht nicht vorhanden war, der triangulierende Vater, der fehlte, die Geschwister, die ein Patient nicht hatte.

Der Therapeut und auch die Gruppenmitglieder stehen, wenngleich in verschiedener Weise, unter dem Gebot der Abstinenz. Abstinenz heißt hier, daß Beziehungswünsche nicht immer so erfüllt werden dürfen, wie sie aufkommen. Zwischen Wunsch und Verwirklichung soll zumindest ein entwicklungsfördernder Abstand bleiben. Auch sind ja viele Beziehungswünsche mit Ängsten verbunden, und gerade die Aussicht, daß ein Wunsch direkt erfüllt werden kann, verhindert oft, daß er überhaupt ins Bewußtsein tritt.

Die Abstinenz des Therapeuten bezieht sich in besonderem Maße auf die Inzestwünsche. Für den Erwachsenen kann Körperkontakt immer auch Sexuelles bedeuten, und zwar im genitalen Sinne. Körperkontakt mit einem Therapeuten, der in einer Elternposition gesehen wird, könnte somit als Verletzung des Inzesttabus phantasiert werden und sich traumatisch auswirken. Schon daraus ergibt sich, daß die therapiefördernde Norm, körperliche Berührungen zu unterlassen, in der analytischen Therapie wichtig ist. In einigen Therapieverfahren, die eine Entwicklung von Übertragung wenig fördern, mag das weniger wichtig sein.

Dagegen werden manche präödipalen Beziehungswünsche in der Gruppe vom Therapeuten, aber auch von anderen Gruppenmitgliedern, zumindest in symbolischer Form befriedigt, während das Inzesttabu auch symbolisch nicht gebrochen werden sollte.

Bezüglich der Bewertung der Abstinenzvereinbarungen ist zu beachten, daß in unserer Kultur körperliche Aggression unter Erwachsenen nicht zugelassen wird und in verbale Aggression umgesetzt werden muß. Verbale Aggression ist dem Patienten in der therapeutischen Situation aber gestattet. Sexuelle Bedürfnisse hingegen werden in unserer Kultur überwiegend körperlich befriedigt, wenn es auch Möglichkeiten sublimierter Erfüllung sexueller Triebwünsche gibt. Dieser Unterschied zwischen Sexualität und Aggressivität im therapeutischen Setting ist noch wenig explizit gemacht und diskutiert worden. Der Therapeut wird aber darauf zu achten haben, wann verbale Aggression nur der Triebabfuhr dient und der Patient, der sich aggressiv verhält, nicht die Absicht hat, seine aggressiven Affekte und Handlungsimpulse zu hinterfragen, um sich selbst zu erkennen.

In psychoanalytisch-interaktionellen Gruppen verhält sich der Therapeut gleichfalls abstinent: Er spricht über seine Gefühle, läßt sie sein Handeln aber nur so weit bestimmen, wie es ihm therapeutisch sinnvoll erscheint. Er spricht nur über Gefühle, von denen er eine positive therapeutische Wirkung erwartet.

Während die Arbeitsbeziehung zum Therapeuten schon in den Vorgesprächen beginnt, entwickeln sich die Arbeitsbeziehungen der Gruppenmitglieder untereinander erst während der Gruppensitzungen. Der Therapeut kann aber schon in den Vorgesprächen dazu beitragen, daß der Patient, der mit einem Therapiewunsch zu ihm kommt, die Motivation entwickelt, nicht nur mit dem Therapeuten, sondern auch mit anderen Patienten in der Gruppe zu arbeiten. Zum Beispiel kann er darauf hinweisen, daß es in der Gruppe darauf ankommt, Beziehungen nicht nur zum Therapeuten, sondern auch zu den übrigen Gruppenmitgliedern zu klären. In den Gruppensitzungen ist der Therapeut in analytischen Gruppen Vorbild für den analysierenden Anteil des Verhaltens der Gruppenmitglieder, in psychoanalytisch-interaktionellen Gruppen auch Vorbild für den Umgang mit den eigenen Gefühlen. Der Therapeut sagt in der analytischen Gruppe in der Regel nicht, was er empfindet und phantasiert, und er versucht, den Ausdruck seiner Gefühle zu begrenzen, wenn er meint, daß es für die Therapie schädlich wäre, diese in der für ihn alltäglichen Form erkennen zu lassen - sei es, daß dies sich traumatisch auswirken könnte, sei es, daß die Übertragungsmöglichkeiten auf den Therapeuten in ihrer Variationsbreite durch solche Informationen zu stark eingeschränkt würden. In psychoanalytisch-interaktionellen Gruppen äußert er sich selektiv authentisch über sein Erleben in den Beziehungen zu den Patienten.

Die Auflösung von Übertragungsverkennungen der Gruppenmitglieder untereinander erfolgt in der analytischen und analytisch orientierten Gruppe nicht nur unter Zuhilfenahme von Deutungen. Weil der Patient anderen Abstinenzregeln unterliegt, gibt er mehr Realinformationen darüber, wie er wirklich ist, und ermöglicht auch dadurch eine Korrektur der Übertragungserwartungen. Analoges gilt für den Therapeuten in der psychoanalytisch-interaktionellen Gruppe, wenn er seine realen Gefühle benennt.

Ein Feedback durch einen Patienten repräsentiert nicht von vornherein Realität. Es ist wichtig, das deutlich zu machen. Ein solches Feedback kann übertragungsverzerrt sein, und dann ist es Aufgabe des Therapeuten, mit der Übertragungsverzerrung zu konfrontieren, was nicht immer leicht ist - besonders dann, wenn die Übertragungsverzerrung Voraussetzung für eigene Triebbefriedigung ist (zum Beispiel, wenn ein masochistisch strukturierter Patient das Verhalten eines anderen als sadistisch wahrnimmt, weil er so einen masochistischen Lustgewinn daraus ziehen kann, oder wenn ein solcher Patient real sadistisches Verhalten gut findet und dadurch verstärkt). Das Feedback gewinnt eine größere Treffsicherheit, wenn es von mehreren Gruppenmitgliedern kommt (Leistungsvorteil der Gruppe, Hofstätter 1971). Auch das übereinstimmende Feedback mehrerer Gruppenmitglieder kann eine Intervention des Therapeuten notwendig machen, wenn eine Untergruppe oder die Gesamtgruppe bestimmte Übertragungen auf ein Gruppenmitglied richtet.

Die Arbeitsbeziehungen müssen eine gewisse Minimalstärke haben, damit Deutungen angenommen werden. Sind die Arbeitsbeziehungen der Gruppenmitglieder zum Therapeuten von Übertragung überwuchert, wird der Therapeut die Übertragung zunächst ansprechen müssen, ehe er damit rechnen kann, daß die Interventionen angenommen werden, die das Verhalten der Gruppenmitglieder untereinander zum Gegenstand haben. Wären die Übertragungsbeziehungen zu intensiv, könnte es dazu kommen, daß sie nicht mehr handhabbar sind. Nehmen die Arbeitsbeziehungen einen zu breiten Raum ein, fehlt das Material, das auf ihrer Ebene bearbeitet werden könnte.

Das Konzept der Arbeitsbeziehungen kann vom Therapeuten unbewußt im Dienst eines Gegenübertragungswiderstandes mißbraucht werden. Ein Therapeut kann aus Gegenübertragungsängsten heraus vor den Übertragungen der Patienten in die Arbeitsbeziehung flüchten; etwa indem er Erläuterungen und Erklärungen gibt, wo sie nicht angebracht sind, in der scheinbaren Absicht, die Arbeitsbeziehung zu stärken, in Wirklichkeit aber, um den Patienten symbolisch zu füttern und aggressiven Ausbrüchen dadurch die Spitze zu nehmen.

Die Betrachtung zur Vermittlung therapiefördernder Normen sollte auch zeigen, daß der Therapeut es gar nicht vermeiden kann, durch die Art seiner Interventionen Hinweise zu geben, worauf es ihm in der Gruppe ankommt und wie gearbeitet werden soll. Die Reflexion dieses Verhaltens unter Benutzung des Konzepts der Arbeitsbeziehungen erleichtert es ihm zu erkennen, wann und wie er solchen Einfluß nimmt.

Die Entwicklung von Arbeitsbeziehungen der Gruppenmitglieder untereinander wird gehemmt, wenn der Therapeut zu Beginn einer analytischen Gruppe Deutungen nur über die Beziehungen zu ihm selbst gibt, statt auch auf die Beziehungen der Gruppenmitglieder untereinander einzugehen. Außerdem wird der Therapeut zu Beginn einer Gruppe in der Regel weniger ängstigend erlebt als die Gruppenmitglieder. Man kennt ihn aus den Vorgesprächen und kann von ihm eine fördernde Einstellung erwarten. Übertragungsdeutungen zu Beginn einer Gruppe werden oft abgelehnt, weil sie sich nicht auf das beziehen, was die Patienten bewußt am meisten beschäftigt - nämlich die anderen Gruppenmitglieder, weniger der Therapeut. So können Gruppenmitglieder auf eine solche Deutung hin sagen: "Wir kennen uns ja noch gar nicht, wir müssen uns erst kennenlernen, ehe wir uns mit Ihnen beschäftigen." Hier wurde vielleicht Übertragung auf den Therapeuten angesprochen, ehe sie oberflächennah und in einer Stärke manifest war, die eine Deutung akzeptabel gemacht hätte. In einer psychoanalytisch-interaktionellen Gruppe kann der Therapeut seine schon bestehende persönliche Beziehung zu den Gruppenmitgliedern nutzen, um sie direkt anzusprechen und so eine Orientierung zu geben, die geängstigte frühgestörte Patienten oft notwendig brauchen. Therapeuten, die ein mehr dyadisch orientiertes Konzept vertreten, wonach der Therapeut einer Gruppe gleichsam wie einer Wesenheit gegenübersteht (zum Beispiel ARGELANDER 1972) werden den größten Wert auf die Arbeitsbeziehungen der Patienten zum Therapeuten legen. Gruppenkonzepte, die multiple Übertragungen der Gruppenmitglieder aufeinander für wesentlich halten, werden eine stärkere Berücksichtigung der Arbeitsbeziehungen der Patienten untereinander erfordern. Wenn der Therapeut seine Interventionen auf die Beziehungen zu ihm selbst beschränkt, kann dies in analytischen Gruppen die Tendenz verstärken, daß er als das einzige wesentliche Identifikationsangebot in Bezug auf die Arbeitsweise wahrgenommen wird. Spricht er mehr die Beziehungen der Gruppenmitglieder untereinander an, werden Identifikationen mit den anderen Patienten im Arbeitsverhalten der Gruppe gefördert. Es kommt nicht so leicht dazu, daß Patienten sich in gleicher Weise wie der Therapeut in eine analytische oder analytisch orientierte Gruppe einbringen, nämlich abstinent in Bezug auf eigene Gefühle und Phantasien. Auch in Einzeltherapien kann sich ein Patient sich selbst gegenüber wie ein Therapeut verhalten. Er kann aber kaum den Therapeuten analysieren, weil der sich dazu nicht anbietet. Dagegen kann ein Gruppenpatient andere Gruppenpatienten analysieren, ohne sich selbst ausreichend einzubringen, und diese anderen Gruppenmitglieder können dabei mitmachen.

Das Konzept der Arbeitsbeziehungen unterscheidet sich vom BIONschen Konzept der Arbeitsgruppe und Grundannahmegruppe als verschiedenen Zustandsformen von Gruppen (BION 1974, KÖNIG 1985). Diese Zustandsformen unterscheiden sich durch das Ausmaß von Ich-Regressionen der Gruppenteilnehmer. Das Konzept der Arbeitsbeziehungen bezeichnet dagegen verschiedene Beziehungsebenen, wobei nicht immer im Sinne einer Ergänzungsreihe der Zustand einer Arbeitsgruppe oder Zustand der Grundannahmegruppe vorherrscht. Arbeits- und Übertragungsbeziehungen beeinflussen sich zwar gegenseitig, ihre jeweilige Ausprägung hängt aber nicht nur vom Stadium der Ich-Regression der Gruppe ab. So kann eine intensive Arbeitsbeziehung neben einer intensiven frühen infantilen Übertragungsbeziehung bestehen, die zu einer erheblichen Ich-Regression führt. Es handelt sich dann um Regression im Dienste des Ich (KRIS 1936). Das Vorhandensein einer starken Arbeitsbeziehung kann sogar die Grundlage dafür sein, daß Regression von den Gruppenmitgliedern überhaupt zugelassen wird. Die Patienten oszillieren auch zwischen einem Ich-Zustand, der mehr durch das Übertragungserleben, und einem, der mehr durch Reflexion bestimmt ist. Andererseits können auch Übertragungs- und Arbeitsbeziehungen jeweils gering ausgeprägt sein, denn jede der beiden hängt von der Art und Intensität der Beziehungen der Gruppenteilnehmer untereinander und zum Therapeuten ab und damit von der Geschichte dieser Beziehungen im Gruppenverlauf, von der Anfangsmotivation, die das einzelne Gruppenmitglied in die Therapie einbringt, und von Faktoren im Umfeld der Gruppe.

Zum Anteil des Therapeuten und der Patienten an der therapeutischen Arbeit

Wenn auch der Therapeut durch seine Fachkenntnisse und seine Fachkompetenz und geschützt durch die besondere Rolle, in der er sich befindet, den übrigen Mitgliedern meist im Verständnis dessen, was geschieht, voraus ist, sollte er doch andererseits versuchen, die Gruppenmitglieder zu Mitarbeitern zu machen.

Konfrontierende wie klärende Äußerungen kommen oft von den Gruppenmitgliedern selbst. Die Mitglieder einer gut arbeitenden Gruppe weisen einander auf Verhaltensformen hin, die sie bei anderen und bei sich selbst in Reaktion auf das Verhalten anderer beobachten. Sie versuchen, aktiv dahinterzukommen, was diese Verhaltensweisen bedeuten. Die Kompetenz der Gruppenteilnehmer nimmt freilich ab in der Reihenfolge: konfrontierende Interventionen, klärende Interventionen, deutende Interventionen. Das heißt, die Gruppenmitglieder sind meist gut imstande, einander auf manifestes Verhalten hinzuweisen, besonders wenn es sich wiederholt. Sie sind immer noch gut imstande, diese Verhaltensweisen zu klären, deren bewußte und vorbewußte Determinanten in einem Gespräch durchsichtig zu machen. Sie sind weniger gut imstande, die unbewußten Determinanten dieses Verhaltens zu deuten, eben weil sie an den gemeinsamen unbewußten Phantasien der Gruppe teilhaben. Sie sind oft regredierter als der Therapeut, der sich vor der Regression durch das Beziehen einer Beobachterrolle und das Wahrnehmen seiner professionellen Aufgaben schützt.

Der Therapeut muß in seiner geschützten Rolle weniger Angst haben als die Gruppenmitglieder, denn er hat sich von vornherein darauf festgelegt, seine Impulse zu kontrollieren, und steht nicht unter dem umfassenden Gebot, die Impulse in die Gruppe verbalisierend einzubringen. Was er einbringt, sind Klärungen des teilnehmend beobachteten Gruppengeschehens, Verarbeitungen der Informationsfülle, die er in der Gruppe aufnimmt, Abstraktionen, die er realitätsbezogen in Worte fassen muß, die für die Gruppenmitglieder erlebensnah und unmittelbar verständlich sind. Der Therapeut funktioniert mehr als die Gruppenmitglieder nach den Regeln des Sekundärprozesses. Verhält sich ein Gruppenmitglied wie ein Therapeut, so befindet es sich im Widerstand. Der Betreffende nimmt eine Rolle ein, die verhindert, daß er selbst therapiert wird. Der Therapeut würde aber umgekehrt die Gruppenmitglieder infantilisieren, wenn er es ihnen nicht gestatten würde, einen Teil der Interventionsarbeit und, je länger die Gruppe besteht, um so mehr davon zu übernehmen, und zwar soviel, wie die Gruppenmitglieder übernehmen können, ohne daß das aktive Sich-Öffnen und das freie Sich-Einbringen leidet. Hier ein Gleichgewicht zu finden zwischen dem Extrem eines infantilisierenden Verhaltens und dem Extrem eines Laissez-faire gegenüber einem "Therapeutenverhalten", das zu Widerstandszwecken gebraucht wird, ist für den Therapeuten nicht leicht.

Welche in seiner Persönlichkeit liegenden Faktoren können einen Therapeuten dazu bewegen, der Gruppe zu wenig Aktivität zu überlassen? Ein *narzißtischer Therapeut* kann fürchten, daß Patienten, die einen Teil der therapeutischen Arbeit übernehmen, ihm zu ähnlich werden, was dann heißen würde, daß seine Einzigartigkeit in Frage gestellt wird. Ein *schizoider Therapeut* kann fürchten, daß Persönlichkeitsmerkmale der Patienten in ihn gleichsam eindringen. Der *depressive Therapeut* kann den Gruppenmitgliedern zu wenig Aktivität gestatten, wenn er derjenige bleiben möchte, der für die Gruppe der Alles-Gebende ist. Ein *zwanghafter Therapeut* kann befürchten, daß sich Einstellungen und Verhaltensweisen, ja ein ganzes Konzept des Sich-Verhaltens in der Gruppe breitmachen könnten, das mit seinem eigenen Konzept nicht mehr übereinstimmt und das er nicht mehr unter Kontrolle hat. Daher muß er immer wieder selbst zeigen, wie es gemacht werden soll. Der *hysterische Therapeut* könnte Angst bekommen, Mitglieder der Gruppe wollten sich seiner analytischen Potenz bemächtigen. Der *phobische Therapeut* kann seine Angst, mit den Interventionen etwas Schlimmes anzurichten, kontraphobisch überspringen.

Es ist oft zweckmäßig, daß der Therapeut konfrontierende und klärende Interventionen dann gibt, wenn die Gruppenmitglieder dies voraussichtlich in der gleichen Sitzung nicht tun werden. Jeder, der mit Gruppen praktisch arbeitet, dürfte die Erfahrung gemacht haben, daß konfrontierende und klärende Interventionen, die man sich überlegt hat und geben wollte, in der nächsten Minute aus der Gruppe selbst kommen. Es ist ein Vorteil heterogen zusammengesetzter Gruppen, daß sich die blinden Flecken der Gruppenmitglieder nur zum Teil überlappen. Ein Gruppenmitglied kann gelegentlich sogar ebenso viel sehen wie ein erfahrener und durchanalysierter Therapeut.

Der Therapeut kann sich immer wieder auch wie ein "Springer" in einem Industriebetrieb verstehen. Springer sind rundum ausgebildete Arbeiter, die deshalb den Platz eines jeden auf ein Spezialgebiet beschränkten Mitarbeiters vorübergehend einnehmen können. So springt der Therapeut dort ein, wo er Schwierigkeiten in der Kommunikation der Gruppenmitglieder sieht, die die Gruppenmitglieder selbst in einer vernünftigen Zeit nicht lösen können. Ein anderes Bild: Man könnte den Therapeuten mit einem Meister in einer Werkstatt vergleichen, der seinen Mitarbeitern, Lehrlingen oder Gesellen, die in den verschiedenen Aufgabenbereichen eingesetzt sind, immer wieder mit einem Handschlag zur Seite steht, ohne ihnen aber die Arbeit aus der Hand zu nehmen. Was er als seinen Kompetenzbereich behalten wird, ist die Gesamtplanung der Arbeit, die Gesamtübersicht und die Berücksichtigung des Ganzen. Er ist besonders zuständig für die Deutung von Verhaltensweisen, die die gesamte Gruppe betreffen, von psychosozialen Abwehrmanövern, an denen alle Gruppenmitglieder teilhaben, von unbewußten Phantasien, die er aus dem Verhalten der Gruppenmitglieder erschließen kann. Auch dabei aber kann sich der Therapeut von den Gruppenmitgliedern helfen lassen.

Wie weit darf der Therapeut *Schrittmacher* sein? Er darf es sein in der Art des Umgangs mit dem eigenen Erleben auf der Ebene der Arbeitsbeziehungen. So geht er voran im Verstehen und Verarbeiten dessen, was in der Gruppe geschieht. In der analytischen Gruppe geht er nicht voran beim offenen Sich-Äußern. Der Therapeut geht voran in einem humanen Verhalten, im Akzeptieren des Bösen und Beschämenden im anderen. In psychoanalytisch-interaktionellen Gruppen geht er voran, wenn er eine Gruppennorm in Frage stellt, und wenn er sich offener verhält als die Patienten.

Die Arbeit in einer Gruppe sollte nicht nur unangenehm und nicht nur ernst sein. Wir finden es gut, wenn die Patienten Funktionslust empfinden und wenn sie Spaß und Freude an der Arbeit haben neben dem Unangenehmen, Angstmachenden und Riskanten der Arbeit in der Gruppe.

Der Gruppentherapeut muß viel beachten und tun, auch wenn ihm die Gruppe dabei hilft. FREUD (1937e) schrieb in aphoristischer Überspitzung, Analytiker sein sei vielleicht der dritte der unmöglichen Berufe; als die anderen zwei nannte er Kindererziehen und Regieren. Gruppenpsychotherapie ist schwieriger als Einzelanalyse. Das Tätigkeitsfeld ist komplexer, aus verschiedenen Gründen ist die Arbeit emotional stärker beanspruchend. Mit anderer Arbeit hat aber die Arbeit des Gruppentherapeuten gemeinsam, daß es nur darum gehen kann, sich einem Optimum anzunähern, nicht darum, es ganz zu verwirklichen. Wie der Einzelanalytiker, vielleicht mehr noch als er, wird der Gruppentherapeut immer jemand bleiben müssen, der unterwegs ist.

Widerstand

In der komplexeren Gruppensituation sind die Widerstände im Vergleich zur Einzeltherapie vielfältiger. Ein Schweigen hat auch in der Einzeltherapie nicht immer die Bedeutung eines Widerstandes (vgl. KÖNIG 1991b). Die Gruppenteilnehmer können im Schweigen nonverbal kommunizieren, eine gemeinsame unbewußte Phantasie kann entstehen. In einer Gruppe kann sich ein jeder, anders als in der Einzeltherapie, auf den anderen verlassen, anzufangen. In der Einzeltherapie ist dagegen nur ein Patient anwesend, der spricht oder schweigt; und wenn der Patient schweigt, kann kein anderer für ihn das Sprechen übernehmen.

Eine Gruppe kann intellektualisierend diskutieren und die Gruppensitzung so zu einer Art Seminar machen. In der Einzeltherapie wird sich der Therapeut auf einen solchen Kommunikationsstil nicht einlassen. In einer Gruppe gibt es eher "Diskussionspartner". Auch die implizite Verabredung "Jeder hat seine Sitzung" (turn-taking) gibt es natürlich nur in Gruppen, im Sinne impliziter oder expliziter Normenbildung. Jeder kommt einmal dran und ist Patient, die anderen therapieren ihn.

Eine solche Kommunikationsstruktur läßt sich auch unter dem Aspekt psychosozialer Kompromißbildung betrachten, die sich während der Sitzung herausbildet und dann noch nicht in Normen verankert ist. So kann es zum Beispiel sein, daß die Patienten ein Thema, das einen jeden betrifft, an einem einzelnen abhandeln. Eine psychosoziale Kompromißbildung ist es auch, wenn sich alle Patienten bereit zeigen, Therapie zu "machen", aber eben in der Rolle des Therapeuten und nicht des Patienten ("zehn Therapeuten und ein Patient").

Ähnlich wie in der Einzeltherapie ist ein starres Festhalten am Hier und Jetzt möglich, ein Sprechen nur über Außenerfahrungen und ein Vermeiden von Themen, die doch auf der Hand zu liegen scheinen. In Anekdoten und Witzen können sich Gruppenteilnehmer relevant ausdrücken: Anekdoten und Witze können aber auch Widerstandsfunktion haben. Wer implizit eine

Therapeutenrolle eingenommen hat, kann sie so auffassen, daß er ausfragt und deutet. Das versuchen Patienten gelegentlich auch in der Einzeltherapie, nämlich mit dem Therapeuten, in Gruppen ist ein solches Verhalten aber viel häufiger. In Gruppen stellen sich die Teilnehmer eher zur Verfügung als der Therapeut, der auf so etwas nicht einzugehen braucht, wenn er es nicht für zweckmäßig hält.

Eine Gruppe kann Homogenität anstreben ("wir sind alle gleich oder zumindest ähnlich") und diskrepante Erlebens- und Verhaltensweisen vermeiden oder ausblenden oder das Umgekehrte tun. Wenn neue Mitglieder in die Gruppe kommen, kann das neue Impulse geben, aber auch Widerstände auslösen, die neuen Gruppenmitglieder zu integrieren. Die bisherigen Gruppenmitglieder lassen die neuen dann beiseite.

Es gibt aber auch eine Überintegration neuer Gruppenmitglieder: Die neuen sollen so sein wie die alten, damit sich nichts ändert.

Agieren ist wie in der Einzeltherapie im therapeutischen Setting oder in bezug auf das therapeutische Setting möglich. Einzelne oder auch einmal die ganze Gruppe kommen zu spät; Sitzungen werden abgesagt, Honorare werden nicht rechtzeitig bezahlt. Die Gruppenmitglieder können rauchen wollen oder untereinander etwas zum Rauchen anbieten, essen oder trinken oder etwas zum Essen oder Trinken anbieten.

Es gibt Verhaltensweisen, die oberflächlich gesehen im Sinne der Therapie sind und dennoch Widerstandscharakter haben. So kann es einen Widerstand gegen die Gruppensituation darstellen, wenn ein Patient einen Traum erzählt, von dem er annimmt, daß nur der Therapeut ihn verstehen kann. Er sucht dann eine unmittelbare Kommunikation mit dem Therapeuten unter Ausschluß der anderen Gruppenmitglieder (vgl. aber S. 116ff).

Widerstände können sich in einer Gruppe im Bereich der psychosozialen Normen, im Bereich der psychosozialen Kompromißbildungen und auf individueller Ebene äußern. Es gibt so viele Grundformen des Übertragungswiderstandes, wie es Übertragungsmöglichkeiten gibt: auf den Einzelnen, auf Untergruppen, auf die Gesamtgruppe oder auf den Therapeuten.

Alle Normen, die sich in einer Gruppe entwickeln, sind auch unbewußt determiniert. Sie können ich-synton oder ich-dyston vertreten werden. Ihr Widerstandscharakter kann unbewußt, vorbewußt oder bewußt sein. Jedes Gruppenphänomen kann man jeweils unter dem Normenaspekt und unter dem Aspekt der psychosozialen Kompromißbildung betrachten, wie das bereits dargestellt wurde.

Widerstandsphänomene können verschiedene Funktionen haben. Beim sogenannten turn-taking kann es sein, daß die Gruppenmitglieder ein Thema, das sie selbst noch nicht als ihnen zugehörig anerkennen und bearbeiten können, an einem anderen Mitglied bearbeiten. Dann kommt es vor, daß man sich einen Teilnehmer aussucht, der genug Ich-Stärke besitzt, eine Bearbeitung des Themas leisten zu können. Es kann aber auch sein, daß die anderen Gruppenmitglieder sich jemanden aussuchen, von dem sie wissen, daß seine Widerstände besonders schwer beeinflußbar sind. Das Konfliktthema wird dann bearbeitet, aber mit der Absicht zu zeigen, daß es nicht geht. Wenn sich turn-taking etabliert, kommt es oft zu initialen Schweigepausen. Keiner traut sich zu sprechen, weil er ja dann die ganze Sitzung hindurch "dran" wäre.

Manche Patienten sind von ihrer Ursprungsfamilie her die Rolle des Sündenbocks gewohnt und suchen sie von sich aus aktiv auf, ohne das zu merken; dann kommt es weniger auf die aktuelle Konfliktthematik an. Sie offerieren sich in fast allen vorkommenden Bereichen als Sündenbock. Das Aufsuchen einer Sündenbockrolle kann man so unter dem Aspekt des interaktionellen Anteils der Übertragung sehen: der Betreffende macht die anderen durch unbewußte Manipulation zu den Familienmitgliedern, die ihn früher schon ausgegrenzt oder ausgestoßen haben. Eine Tendenz, die Sündenbockrolle aufzusuchen, kann aber mit der Tendenz der Gruppenteilnehmer zusammenfallen, gerade einen Patienten zum Sündenbock zu machen, der eine bestimmte Konfliktdynamik aufweist.

Man kann differenziertere und weniger differenzierte Widerstandsformen unterscheiden, letztere haben oft regressive Aspekte. Dazu gehören die Grundeinstellungen (Grundannahmen, basic assumptions) von BION: Abhängigkeit, Kampf und Flucht und Paarbildung. Hier drückt sich ein Umgang mit Ängsten aus, die im Zustand der Regression auftreten, wobei die Gruppenteilnehmer in der Grundeinstellung *Abhängigkeit* Schutz und Geborgenheit suchen und sich gegen Verselbständigung wehren; in der Grundeinstellung *Kampf und Flucht* soll etwas Existierendes und Gefährdetes bewahrt werden, und bei der *Paarbildung* soll aus dem Paar etwas Neues, vielleicht ein Messias, entstehen, der die Gruppe rettet. ARGELANDER (1972) hat den Abwehraspekt der

BIONschen Grundannahmen besonders betont. Er beschreibt auch Gruppenkulturen, die Charakterstrukturen ähneln: hysterisch, zwanghaft usw. Den *Gruppenkulturen* können Abwehrmechanismen und Widerstandsphänomene zugeordnet werden wie den entsprechenden Charakterstrukturen Einzelner, zum Beispiel Verdrängung und Bagatellisieren als Widerstand der hysterischen Struktur, Isolierung vom Affekt und Verschiebung aufs Kleinste, sowie eine Tendenz zur Immobilisierung bei der zwanghaften Struktur, und so weiter.

STOCK-WHITACKER und LIEBERMANN (1965) beschreiben Gruppenvorgänge unter dem Aspekt eines progressiven, "befähigenden" (enabling), oder "restriktiven" Umgangs mit der Situation, wobei sich die Widerstände in den restriktiven Gruppenlösungen stärker manifestieren, aber auch in den befähigenden Gruppenlösungen vorhanden sind. Interaktion ganz ohne Widerstand gibt es nicht.

An allen Manifestationsformen von Widerständen kann therapeutisch gearbeitet werden. In der *psychoanalytisch-interaktionellen* Form des Göttinger Modells werden Widerstände bevorzugt angesprochen, die sich in den Normen der Gruppe manifestieren; in der *analytisch orientierten* Form die psychosozialen Kompromißbildungen. In der *analytischen* Form des Göttinger Modells arbeitet man abwechselnd in beiden Bereichen, hat es dort aber häufiger mit regressiven Widerstandsformen zu tun, weil das Therapeutenverhalten regressionsfördernder ist als in der analytisch orientierten Form des Göttinger Modells.

Widerstände haben eine *adaptive Funktion*. Man kann sie als Bremsen des therapeutischen Prozesses auffassen. Bremsen sind in der Therapie ebenso notwendig wie an einem Auto. Die Geschwindigkeit des therapeutischen Prozesses darf die Toleranzgrenze der Mitglieder nicht überschreiten. Wenn der Therapeut meint, daß die Gruppenmitglieder zu stark bremsen und so der Toleranzgrenze fernbleiben und den therapeutischen Prozeß langsamer gestalten, als es möglich und zweckmäßig wäre, wird er die Widerstände ansprechen mit dem Ziel, sie aufzulösen oder zu reduzieren. Dabei helfen ihm oft auch Gruppenmitglieder. Es kann aber auch sein, daß die Widerstände von allen Gruppenmitgliedern "über Bord geworfen" werden; da nun muß der Therapeut selbst bremsen, indem er anspricht, daß die Gruppenmitglieder sich zu wenig schützen.

Wenn die Gruppenmitglieder sich ihrer individuellen Toleranzgrenze annähern, wachsen die Angst-, Schuld- und Schamgefühle, sowohl als bewußt erlebte Gefühle, als auch als nicht bewußt erlebte Gefühle von Signalcharakter, die Abwehrmechanismen in Gang setzen. Wer sich auf eine Therapie einläßt und gesund werden will, ist in der Regel bereit, ein gewisses Maß von unangenehmen Gefühlen zu ertragen. Wie intensive unangenehme Gefühle jemand in Kauf nehmen will, ist davon abhängig, wie stark seine Motivation zur Therapie ist, und zwar eben zu einer Therapie, die aufdeckenden Charakter hat und Konflikte mobilisiert, was unangenehme Gefühle mit sich bringen kann. Optimal ist es, wenn die Patienten sich an die Toleranzgrenze so nahe wie möglich herantasten. Manchmal weiß der Therapeut besser als der Patient, wieviel dieser ertragen könnte, wobei er sich auf seine Erfahrungen mit anderen Patienten stützt. Er weiß auch, welche positiven Folgen ein Ertragen unangenehmer Gefühle für den Patienten haben kann, und wird unter Umständen darauf hinwirken, daß dieser sich mehr zumutet, als er ursprünglich beabsichtigt hat. Positive Erfahrungen, die ein Patient dabei mittelfristig und langfristig macht, können ihn dann motivieren, künftig näher an die Toleranzgrenze heranzugehen.

Manche befürchteten Folgen treffen in einer Gruppe gar nicht ein, wie es auch in der Einzeltherapie der Fall ist. Obwohl die Gruppenmitglieder nicht dem gleichen Abstinenzgebot unterliegen wie der Therapeut, werden sie sich häufig weniger ablehnend, aggressiv oder gleichgültig verhalten, als ein Patient befürchtet hat. Auch innere Erfahrungen können sich als weniger schlimm erweisen. Die Angst vor der Angst, den Schuldgefühlen und den Schamgefühlen erweist sich dann als nicht voll gerechtfertigt, das Ich wird nicht durch Impulse überschwemmt, der Patient verliert nicht die Kontrolle. Umgekehrt kann all dieses natürlich in unangenehmer Weise eintreten, wenn der Patient sich überfordert und sich in der Gruppe nicht ausreichend schützt.

Ehe ein Therapeut Widerstände ansprechen kann, muß er sie erkennen, wobei nicht nur Beobachtungen, sondern auch die Auswertung von Gruppenübertragungsgefühlen und Gegenübertragungsphantasien verwendet werden. Die aus all diesem abgeleiteten Hypothesen sind am beobachteten und miterlebten Gruppengeschehen zu überprüfen. Es ist nicht sinnvoll, einen Widerstand anzusprechen, ehe er so viel Prägnanz gewonnen hat, daß die Gruppenmitglieder ihn sehen können. Der Therapeut ist den Gruppenmitgliedern da oft voraus. Ungeduld und Deutungseifer des Therapeuten können die prägnante Manifestation von Widerständen verhindern. Erst wenn sie eine prägnante Gestalt gewonnen haben, kann man den Gruppenmitgliedern aber die Widerstände demonstrieren und sie damit konfrontieren. Manche frühzeitigen Interventionen des Therapeuten können einen Widerstand allerdings auch deutlicher werden lassen, zum Beispiel wenn Gruppenmitglieder ein angesprochenes Verhalten zu rechtfertigen suchen und es gerade dadurch prägnant werden lassen. Es wäre gut, wenn der Therapeut sich über Funktionen eines jeden Widerstandes klar werden oder sie zumindest vermuten könnte, ehe er ihn anspricht. Das ist aber nicht immer möglich; manchmal muß man zunächst konfrontieren, indem man ein Widerstandsverhalten beschreibt, und dann abwarten, in welcher Weise die Gruppenmitglieder mit der Konfrontation umgehen; oder man kann die Frage, wozu ein Widerstandsverhalten gut sein könnte, an die Gruppenmitglieder stellen und mit ihnen gemeinsam die Funktion des Widerstands klären.

All dies wird man aber nur dann tun, wenn man es für wahrscheinlich hält, daß die Gruppenmitglieder, die sich an dem Widerstandsverhalten beteiligen, auf die Schutzfunktion des Widerstandes partiell oder ganz verzichten können. Das ist aber nicht gut möglich, wenn man noch keine Vorstellung von dessen Funktion hat. Dann empfiehlt sich ein besonders vorsichtiges, schrittweises Intervenieren.

Viele Widerstände muß man immer wieder ansprechen. Das darf nicht mechanisch und gleichsam automatisch geschehen; Widerstände können ihre Funktion wechseln, und ein Widerstand, der in einer Gruppensitzung aufgegeben werden kann, mag in einer anderen Gruppensitzung unentbehrlich sein, damit die Toleranzgrenze nicht überschritten wird.

Jede Gruppe sucht, um ihre Kohäsion zu wahren, Widerstandsformen, die verschiedene Schutzbedürfnisse verschiedener Patienten gleichermaßen berücksichtigen. Das gelingt aber so gut wie nie. Es wird fast immer Gruppenmitglieder geben, die weniger Schutz brauchen als andere. Solche Gruppenmitglieder streben dann voran, während diejenigen bremsen, die mehr Schutz benötigen. Auch deshalb ist es wichtig, daß der Therapeut die Schutzbedürfnisse des einzelnen im Auge behält. Schon bei der Zusammenstellung der Gruppe sollten die voraussichtlichen Schutzbedürfnisse der Teilnehmer beachtet werden.

Welche Rolle ein Patient in einer Gruppe anstrebt, hängt ebenso von seiner Toleranzgrenze ab wie das Zuweisen einer Rolle an ihn. Wie schon erwähnt, kann eine Rolle von den anderen Gruppenmitgliedern dann zugewiesen werden, wenn die Toleranzgrenze des Betreffenden für besonders hoch gehalten wird, aber auch, wenn sie für besonders niedrig gehalten wird und sein Widerstand entsprechend hoch ist.

Jede Abwehrformation in einer Gruppe steht unter Spannungen, die sich aus den verschiedenartigen und verschieden großen Schutzbedürfnissen der Gruppenmitglieder ergeben. Mit diesen Spannungen kann eine Gruppe mehr oder weniger kreativ umgehen.

Daß Gruppenmitglieder ihre Toleranzgrenze nicht gut einschätzen können, kommt besonders bei Patienten vor, deren Introspektionsfähigkeit eingeschränkt ist. Manche Patienten können auch schwer einschätzen, welche Folgen ihr Verhalten in der Gruppe haben wird. Sie werden dann von Reaktionen der anderen Gruppenmitglieder überrascht, die sie nicht aushalten können. Andere Patienten merken, daß ihre Toleranzgrenze erreicht oder sogar überschritten ist, können das aber nicht deutlich machen. Dann muß der Therapeut seine Schutzfunktion wahrnehmen und zum Beispiel sagen, daß es ihm selbst an der Stelle des Patienten vielleicht zu viel würde. Manchmal muß er die Gruppenmitglieder darauf aufmerksam machen, daß sie subtile Signale des Überschreitens der Toleranzgrenze übersehen haben. Das tun Gruppenmitglieder zum Beispiel auch, wenn sie bei einem Patienten unbedingt etwas erreichen wollen und Ohnmachtsgefühle scheuen, die auftreten können, wenn das nicht gelingt. In Selbsterfahrungsgruppen kommt es zu Überschreitungen der Toleranzgrenze, wenn die Therapeuten von sich verlangen, sie müßten es unbedingt besser können als Patienten.

Von einem einfachen Widerstandsverhalten ist die *negative therapeutische Reaktion* zu unterscheiden. Neue Erkenntnisse und Erfahrungen werden mit einer Verschlechterung des Befindens beantwortet, die nicht einfach durch eine Überdosierung erklärbar ist. Das Ich könnte neue Erkenntnisse und Erfahrungen zwar positiv nutzen, das geschieht aber nicht, weil es dem Patienten nicht besser gehen darf. Zum Beispiel kann er dem Therapeuten den Erfolg einer wirksamen Intervention nicht gönnen; er kann Angst davor haben, die Therapie beenden zu müssen, wenn es ihm besser geht, und damit den Therapeuten und die Gruppenmitglieder zu verlieren; er kann eine Aversion dagegen haben, den Einfluß anderer auf sich zuzulassen, wofür ein Therapieerfolg der Beweis wäre. Schließlich kann eine negative therapeutische Reaktion bekanntlich auch einem Strafbedürfnis entspringen.

Wie in der Einzeltherapie können sich Widerstände im Sprachverhalten ausdrücken, zum Beispiel in einem intellektualisierenden Sprachverhalten. Wie in der Einzeltherapie kann es zum Rationalisieren kommen. In einer Gruppe kann sich eine intellektualisierende Sprachkultur etablieren oder eine Kultur des rationalen Denkens unter Ausschluß emotionaler oder irrationaler Faktoren.

Homogene Widerstandskulturen können sich in einer Gruppe besonders dann entwicklen, wenn sich die Patienten strukturell sehr ähnlich sind. Das sollte schon bei der Zusammenstellung der Gruppe bedacht werden. Ein homogenes Widerstandsverhalten ist schwer zu beeinflussen, weil der Therapeut allein gegen den Widerstand der Gruppe steht und auf die Mithilfe von Teilnehmern verzichten muß, die zu anderen Widerstandsformen neigen würden als zu der, die sich gerade in der Gruppe zu etablieren beginnt, und deshalb an der Entwicklung dieser Widerstandsformen nicht fördernd teilnehmen. In strukturell homogenen Gruppen kommt es zu stabilen und schwer zu beeinflussenden psychosozialen Kompromißbildungen, was ein Argument gegen strukturhomogene Gruppen ist. Allerdings gewinnen die Widerstände in solchen Gruppen auch eine besondere Prägnanz, die es erleichtert, die Gruppenmitglieder damit zu konfrontieren.

Ein Widerstand kann auch darin bestehen, daß starr an bestimmten Rollenpositionen der soziodynamischen Funktionsverteilung festgehalten wird. Das Festhalten an Rollenpositionen entspricht ebenso wie das habituelle Zuweisen von Rollenpositionen an einzelne Mitglieder der Gruppe einer Rigidität der individuellen Abwehrstrukturen. Wenn man eine Rollenposition in Frage stellt, hat das gleichzeitig einen Einfluß auf die individuelle Abwehr des Inhabers, aber auch der Zuweisenden.

In der soziodynamischen Funktionsverteilung selbst manifestieren sich bereits spezifische Widerstände.

So haben Patienten, die eine Expertenposition (Beta) in der Gruppe anstreben, oft die Neigung, sich emotional zurück- und herauszuhalten, wie das zum Beispiel bei zwanghaften Strukturen der Fall sein kann. Patienten, die habituelle Mitläufer (Gamma) sind, mögen nichts riskieren; das kommt zum Beispiel bei phobischen Patienten vor. Das habituelle Anstreben einer Führungsposition (Alpha) kann bedeuten, daß der Betreffende sich nur in der Führungsposition wohl und sicher fühlt, oder daß er durch das Anstreben dieser Position vermeiden möchte, seinen Unsicherheiten zu begegnen. Ein solches Verhalten hängt oft mit einem narzißtischen Strukturanteil, oder auch mit einem hysterischen Strukturanteil zusammen. Eine Sündenbockposition (Omega) wird neben den weiter oben angeführten Gründen auch dann angestrebt, wenn der Betreffende narzißtische Gewinne im Sinne des masochistischen Triumphs erhofft. Habituelle Mitläufer, die sich selbst nicht exponieren möchten, suchen sich einen habituellen Führer, um "stabile Führungsverhältnisse" zu haben. Befürchten Gruppenmitglieder, die Interaktion in der Gruppe könne zu sehr durch Affekte bestimmt werden, suchen sie sich oft einen habituellen Experten (Beta), der dazu hilft, das Gruppengespräch auf einer rationalen Ebene zu halten. Ein habitueller Sündenbock entlastet die übrigen Gruppenmitglieder als Repräsentant abgewehrter Selbstanteile, aber auch als Repräsentant eines gemeinsamen Abwehrverhaltens davon, sich mit dem Abgewehrten bei sich selbst beschäftigen zu müssen. Habituelle Experten bewahren die übrigen Gruppenmitglieder auch davor, die Enttäuschungsaggression gegenüber dem Therapeuten zu erleben, wenn dieser nicht in dem Maß, wie die Gruppe es sich wünscht, eine Schiedsrichterfunktion wahrnimmt und damit das Bedürfnis der Gruppenmitglieder nach Sicherheit befriedigt.

Ein Rollengefüge wirkt sich insofern angstmindernd aus, als ein jedes Gruppenmitglied Funktionen übernimmt, die es im Rahmen der durch seine Persönlichkeitsstruktur bedingten Möglichkeiten und Einschränkungen am besten leisten kann. Stellt man Rollen durch ein Deuten ihrer Widerstandsfunktion in Frage, mobilisiert man Konflikte. Die Gruppenteilnehmer werden labilisiert und verunsichert. Es ist ihnen nicht mehr so leicht möglich, von der Gruppe gleichsam abgewandte, konfliktträchtige Facetten ihrer Persönlichkeit aus dem Gruppengeschehen herauszuhalten.

In einer Klinik können Abwehrstrukturen auch deshalb unbesorgter in Frage gestellt werden als in der ambulanten Praxis, weil Symptomverstärkungen oft schon zwischen den Sitzungen vom therapeutischen Personal der Station erkannt und aufgefangen werden. Die Patienten müssen auch nicht an einer Arbeitsstelle berufstätig sein, wo ein Leistungsversagen schlimme Folgen für sie und eventuell auch für andere haben könnte.

Aus vielem bisher in diesem Kapitel Ausgeführten geht hervor, wie wichtig das Timing der Interventionen bei der Widerstandsbearbeitung ist. Wie schon erwähnt, kommt es darauf an,

Widerstände erst dann anzusprechen, wenn sie nicht nur dem Therapeuten erkennbar geworden sind, sondern auch von den Gruppenmitgliedern erkannt werden können. Gleichzeitig ist zu beachten, ob eine Widerstandsform, die sich in der Gruppe gezeigt und ein Stück weit etabliert hat, bei einem optimalen Widerstandsniveau liegt (KÖNIG 1991b). Es kann ja sein, daß eine Gruppe unter Benutzung eines bestimmten Widerstandes für ihre Verhältnisse optimal arbeitet. Stellt man den Widerstand in Frage, kann er durch einen anderen, schwerer zu bearbeitenden ersetzt werden. Es kann dann besser sein, den Widerstand so lange zu belassen, wie die Gruppe damit produktiv arbeiten kann.

Entsprechendes gilt natürlich auch für die Einzeltherapie. In Gruppen ist es aber oft schwieriger, einzuschätzen, was geschieht, wenn man einen Widerstand anspricht. Man hat es mit komplexeren Verhältnissen zu tun. Besonders in der psychoanalytisch orientierten Form des Göttinger Modells ist das Timing zu beachten. Der Anfänger neigt nämlich oft dazu, eine psychosoziale Kompromißbildung anzusprechen, sobald er sie erkannt hat, obwohl die Gruppe mit dieser Kompromißbildung gut arbeitet und die einzelnen Gruppenmitglieder neue Erfahrungen und Erkenntnisse gewinnen.

In der psychoanalytisch-interaktionellen Form des Göttinger Modells ist im Umgang mit dem Widerstand vor allem darauf zu achten, welche mangelhaft entwickelten oder konfliktgelähmten Ich-Funktionen die betreffende Widerstandsform entbehrlich machen will, und welche Ich-Funktionen und Beziehungsmöglichkeiten in die betreffende Widerstandsform eingegangen sind.

Mit psychosozialen Kompromißbildungen geht man in der psychoanalytisch-interaktionellen Form des Göttinger Modells so um, daß man sich mit den Ich-Funktionsmängeln und den Objektbeziehungseinschränkungen der Einzelnen befaßt. Der Therapeut identifiziert sich empathisch mit den Gruppenteilnehmern. So kann er zum Beispiel für eine schizoid aggressive Kontaktaufnahme in Form des "Orientierungskloppers" Verständnis zeigen, gleichzeitig aber erkennen lassen, daß er auch andere Formen der Kontaktaufnahme kennt und für grundsätzlich möglich hält.

Normen können Widerstandsfunktion haben, sie können aber auch *zu progressiv* sein und die Gruppenmitglieder überfordern; zum Beispiel dann, wenn die Gefahren allzu großer Offenheit nicht wahrgenommen beziehungsweise geleugnet oder bagatellisiert werden (HEIGL-EVERS u. STREECK 1985). Der Therapeut kann also "progressivere", aber auch "restriktivere" Normen einführen. Er vertritt sie dann als Alpha der Gruppe, indem er sich zum Anführer einer Aktion macht, die diese Normen etabliert. Anführer ist der Therapeut in einer analytischen oder einer analytisch orientierten Gruppe nur auf der Ebene der Arbeitsbeziehungen in bezug auf den reflektierenden und verstehenden Umgang mit dem in der Gruppe Erlebten.

Erfahrene Gruppentherapeuten erkennt man unter anderem an ihrem kompetenten Umgang mit den Widerständen in einer Gruppe. Sie unterscheiden sich hier auch von psychotherapeutisch begabten Patienten, die rasch auf Deutungen der Widerstände kommen können, diese Deutungen aber zu früh und überdosiert in die Gruppe einbringen. Geschieht das, ist es Aufgabe des Therapeuten, sich zum Anwalt der Schutzfunktion der Widerstände zu machen.

Interventionen

Das Kontinuum zwischen Deutung und Antwort

Jede Reaktion auf einen anderen im Alltagsdialog setzt eine Interpretation der Beziehung voraus; diese Interpretation ist in der Antwort implizit enthalten. Wenn wir zum Beispiel jemandem sagen, daß er müde aussieht, implizieren wir, daß unsere Beziehung zu dem Menschen, dem wir das sagen, eine solche Mitteilung zuläßt, und daß uns der andere so wichtig ist, daß wir ihm diese Mitteilung machen möchten, weil wir um ihn besorgt sind, und daß dieser andere das weiß, so daß er sich nicht angegriffen fühlt, sondern merkt, daß wir mit ihm fühlen. Wie jede Interpretation kann auch diese falsch sein. Der andere kann denken, daß wir ihn herabsetzen oder ihn zu etwas anstacheln wollen, zum Beispiel zu einer sexuellen Aktivität; und tatsächlich kann die Mitteilung, der andere sehe müde aus, mit einer solchen Absicht verknüpft sein. Dann liegt unserer Mitteilung die interpretierende Annahme zugrunde, daß die Beziehung von einer Art ist, die es nahelegt, daß der andere sich herabgesetzt oder aktiviert fühlen wird.

Umgekehrt enthalten psychoanalytische Deutungen Aussagen über die Art unserer Beziehung zu einem Patienten. Zum Beispiel kann eine Interpretation zur Voraussetzung haben, daß wir die Beziehung zum Patienten als eine helfende Beziehung ansehen und daß der Patient diese unsere Einschätzung teilt und die Interpretation als in helfender Absicht gegeben akzeptiert, obwohl sie ihn vielleicht gleichzeitig beunruhigen, verunsichern oder kränken kann. Außerdem geht die diagnostische Einschätzung, aus der eine Deutung abgeleitet wird, oft, wenn auch nicht immer, auf Gefühlsreaktionen des Therapeuten zurück, die dieser kognitiv verarbeitet, ohne daß der Gefühlsanteil seiner Diagnostik in der Interpretation unmittelbar erkennbar sein muß. Er wird eher oft implizit vermittelt.

Allerdings sind Therapeuten auch nur Menschen, und ihre Deutungen sind nicht immer nur durch einen Wunsch motiviert, etwas zu klären und dadurch zu helfen. Eine Deutung kann eine aggressive Reaktion auf den Patienten enthalten, sie kann durch den Wunsch motiviert sein, einen Patienten zu beeindrucken, damit er uns bewundert, und vieles andere mehr. Diese Motive werden in der Deutung verborgen sein; der Patient wird sie vielleicht dennoch erkennen.

So liegt jede Äußerung im Alltagsleben, aber auch jede Äußerung gegenüber einem Patienten, auf einem Kontinuum zwischen persönlicher Antwort und Deutung. Beides ist immer enthalten, wenn auch in verschiedenen Mischungsverhältnissen. Eine reine Deutung ohne eine implizite Stellungnahme zur Beziehung ist ebensowenig denkbar wie eine Antwort ohne eine Interpretation der Beziehung.

Zum Gegenstand, zur Form und zum Inhalt von Interventionen

In einer analytischen Gruppe wird eine Korrektur von Übertragung durch Realitätsprüfung angestrebt. Innere Konflikte werden durch Übertragung zu interpersonellen gemacht und auf der interpersonellen Ebene bearbeitet. Das hat direkte Rückwirkung auf die Konflikte in der inneren Welt der einzelnen Patienten. Eine Korrektur von Übertragung geschieht dadurch, daß die Patienten übereinander Informationen enthalten und dadurch, daß der Therapeut die Vorgänge in der Gruppe konfrontiert, klarifiziert und interpretiert. Diese Interventionen richten sich auch auf die interaktionellen Anteile der projektiven Identifikation.

Konfrontation macht auf etwas aufmerksam, was unmittelbar gesehen werden kann, klärende Interventionen befassen sich mit den bewußten oder vorbewußten Determinanten dieses Verhaltens, indem sie scheinbar Unzusammenhängendes in einen Zusammenhang bringen, und bereiten den Boden für eine Deutung, die Bewußtes mit Unbewußtem verbindet.

Wir unterscheiden zwei Typen von Konfrontation. Die eine macht Patienten auf etwas aufmerksam. Wenn eine Gruppe schweigt, kann man zum Beispiel sagen: "Sie schweigen." Man kann dabei schon eine Verknüpfung herstellen: "Sie schweigen, seit Herr X von seiner Frau erzählt hat." Damit wird angeregt, daß die Gruppenmitglieder einen Zusammenhang zwischen ihrem Schweigen und der Erzählung des Herrn X herstellen.

Der zweite Typ von Konfrontation, auf den KERNBERG den Terminus ausschließlich anzuwenden scheint (KERNBERG et al. 1989), greift einen bestimmten Aspekt vorher schon geklärter Zusammenhänge auf und regt dazu an, sich mit diesem Aspekt des Geklärten weiter zu befassen, zum Beispiel: "Es hat sich gezeigt, daß sowohl die Männer als auch Frauen nach der Erzählung von Herrn X nichts gesagt haben, aber aus verschiedenen Gründen." Damit wird angeregt, sich mit den Geschlechtsunterschieden in der Reaktion auf die Erzählung des Patienten X weiter zu beschäftigen. Konfrontation und Klärung können einander mehrmals abwechseln, bis eine Deutung vorbereitet ist. Die Deutung kann im Anschluß an Klärung und Konfrontation erfolgen, sie kann aber auch so evident geworden sein, daß es nicht mehr nötig ist, sie auszusprechen; oder sie kommt von einem der Gruppenmitglieder.

Der Therapeut kann sich aber auch dazu entschließen, es bei der Klärung zu belassen, wenn er der Meinung ist, daß eine Deutung noch nicht gegeben werden sollte, sondern daß es besser ist, eine weitere Gelegenheit abzuwarten. Eine Thematik, die eine Gruppe beschäftigt, weil sie sich in den interpersonellen Beziehungen der Gruppenmitglieder konstelliert hat, kommt in der Regel wieder. Eine Deutung kann andererseits auch gegeben werden, ohne daß Konfrontation und Klärung erfolgt sind, wenn zu erwarten ist, daß sie unmittelbar verstanden und akzeptiert werden kann.

Die therapeutischen Interventionen sollten an der jeweiligen Oberfläche ansetzen. Sie wirken dann nicht nur "oberflächlich", weil durch das Deuten abgeleiteter Konflikte tiefergelegene Konflikte an die Oberfläche kommen können. Auch in der Regression kommen tiefergelegene Konflikte nach oben und können so bearbeitet werden. Der Therapeut muß zum Beispiel darauf achten, ob sich ein Widerstand in der Gruppe mehr in der Form psychosozialer Kompromißbildungen oder mehr in der Form von Normenvereinbarungen darstellt. Was ihm an der Oberfläche zu liegen scheint, spricht er zuerst an.

Deutungen können in einem Stück oder stufenweise gegeben werden; je weniger regrediert eine Gruppe ist, desto komplexer sind die Phänomene und desto umfangreicher müssen die Interventionen oft sein.

Natürlich ist das Erleben des einzelnen umso differenzierter, je später es in seiner Lebensgeschichte auftritt. Starke Regression wirkt eben deshalb unifizierend, weil frühes Erleben wegen der begrenzten Fähigkeit des kleinen Kindes, differenziert wahrzunehmen und zu erleben, relativ einheitlich ist, wobei der Einfluß der Umwelt bestimmte Reaktionstypen anregt.

Interventionen können *deskriptiv* oder *metaphorisch* formuliert werden. Oft ist es zweckmäßig, eine metaphorische Sprache in beschreibende Sprache zu übersetzen, damit es zu einem wirklichen Transfer in die im Lebensalltag gebräuchliche Umgangssprache kommt. Es treten dann Widerstände auf, deren Bearbeitung die metaphorische Intervention erst wirksam macht. Diese Übersetzung kann durch den Therapeuten oder die Gruppenmitglieder während der Gruppensitzung oder danach geleistet werden.

Gruppentherapeuten, die Konzepte von MELANIE KLEIN anwenden, bedienen sich häufig einer Symbolsprache, die Widerstände umgeht und sich in metaphorischer Form direkt an das infantile Unbewußte richtet. Solche Therapeuten halten sich in der Regel wenig mit Klärungen auf.

Die Metapher schafft einen Abstand zwischen dem Bezeichnenden und dem Bezeichneten. Dennoch kann eine Metapher das, was gemeint ist, sehr kräftig ausdrücken, zum Beispiel eben bei Schimpfwörtern; sie kann es aber auch freundlicher ausdrükken, zum Beispiel im Falle des metaphorischen Euphemismus. Die Metapher läßt auch einen größeren Interpretationsspielraum zu, als wenn man etwas direkt bezeichnet oder beschreibt. Eine Metapher ist ungenauer als eine Beschreibung gleichen Inhalts, vermittelt aber emotionale Bezüge oft unmittelbarer und hat den Vorteil verdichtender Kürze.

Metaphern erschließen den Zugang zu einer metaphorischen Kommunikationsebene. So kann die Metapher *Abrahams Schoß* zu einer Phantasie ausgebaut werden, in der sich zum Beispiel Gruppenmitglieder gemeinsam in Abrahams Schoß befinden (HEIGL-EVERS und HEIGL 1977). Es kann aber auch kognitiv gearbeitet werden, zum Beispiel wenn man überlegt, wer mit Abraham gemeint ist (etwa der Therapeut). Man geht so auf eine deskriptive Ebene über. Danach kann durchaus auch auf der metaphorischen Ebene weiter gearbeitet werden, wobei die Arbeit aber dadurch beeinflußt ist, daß man sich geeinigt hat, wer mit Abraham gemeint ist. Die Übersetzung ins Deskriptive erleichtert die Verankerung dessen, was vermittelt werden soll, im deskriptiven Anteil der Alltagssprache und damit im Alltag. Gegen eine solche Übersetzung richten sich oft Widerstände der Gruppenmitglieder, die durch eine metaphorische Vermittlung des Inhaltes, um den es geht, umgangen wurden. In ihrer Schutzfunktion weisen diese Widerstände daraufhin, daß Metaphern schonender sein können als Beschreibungen, so daß die Widerstände nicht aktiv sein mußten. Läßt man sie aber unbearbeitet oder umgeht man sie, behindern sie die Anwendung des Vermittelten im Alltag (KÖNIG 1991c).

Zwischen *Deutung, Konfrontation* und *Klarifikation* ist nicht scharf zu trennen. Wenn man etwas feststellt, tut man das im Kontext einer Situation. Eine Konfrontation enthält deshalb schon eine Interpretation. Auch eine Klärung läßt sich von einer Deutung nicht immer scharf abgrenzen.

Das therapeutische Potential einer Gruppe wird am besten dadurch ausgenutzt, daß der Therapeut zunächst Einzelne anspricht und schrittweise zu einer Gruppendeutung kommt. An diesem Prozeß kann er die übrigen Gruppenmitglieder beteiligen. Ist die Gruppendeutung ausgesprochen, wissen die einzelnen Gruppenmitglieder schon, welchen Anteil sie an dem gesamten Gruppengeschehen haben, oder sie können zu einem Verständnis ihres Anteils leichter gelangen, als wenn der Therapeut mit der Gesamtgruppenintervention gewartet hätte, bis sie ihm selbst klar war. EZRIEL (1960/61) empfahl, zunächst eine Gesamtgruppendeutung zu geben und dann die Art der Teilnahme am Gruppengeschehen für jeden Patienten einzeln zu klären. Ein solches Vorgehen hat etwas Schematisches an sich und nutzt das therapeutische Potential der Patienten nur insoweit, als sie in der Gruppe erleben und verbal beziehungsweise nonverbal handeln. Es nutzt die kognitiven Möglichkeiten der Gruppenmitglieder wenig und steht damit im Gegensatz zu FOULKES, der eine Therapie durch die Gruppe propagiert und den Gruppenmitgliedern auch im Erarbeiten von Deutungen eine aktivere Rolle zuschrieb, während er sich selbst mehr zurückhielt. Keineswegs ist schon das Ansprechen Einzelner in der Gruppe per se Einzeltherapie in der Gruppe, wenn man das Gesamte im Auge behält. In der unterschiedlichen Art und Weise der Beteiligung von Gruppenmitgliedern gerade am Erarbeiten einer Deutung drückt sich natürlich viel über das Selbstverständnis eines Gruppentherapeuten aus.

Indem man sich mit den Beziehungen einzelner untereinander befaßt, wird ein Gemeinsames allmählich sichtbar. Umgekehrt hat man natürlich die Möglichkeit, erst das Gemeinsame anzusprechen und dann der Gruppe zu überlassen, den Bezug zum Einzelnen zu finden. Tut die Gruppe das nicht, sondern legt sie die Gruppendeutung kopfnickend ad acta, haben wir es mit einem Widerstand zu tun - es sei denn, daß wirklich alle ähnlich erleben, etwa wenn eine Gruppe durch ein Ereignis, das alle gemeinsam betrifft, angeregt wird, gemeinsam zu erleben, oder wenn eine Gruppe stark regrediert ist. Geschlossene Gruppen machen eine Entwicklung durch, die den psychosexuellen Entwicklungsstadien eines Kindes entspricht (vgl. S.61ff), und reagieren so einheitlich auf jeder dieser Entwicklungsstufen, was die gemeinsame Thematik angeht, nicht unbedingt bezüglich der Art und Weise, wie diese Thematik erlebt und bearbeitet wird.

Ereignisse, die alle gemeinsam betreffen, können zum Beispiel sein: Jemand kommt zu spät, jemand bleibt weg, die Gruppe wird für eine Sommerpause unterbrochen, oder es war Pause, ein Gruppenmitglied kommt neu in die Gruppe herein oder tritt aus der Gruppe aus.

Viele Therapeuten scheuen sich davor, Einzelne in der Gruppe anzusprechen, weil sie meinen, dann Einzeltherapie in der Gruppe zu betreiben. Einzeltherapie in der Gruppe gilt als Anfängerfehler. Abgesehen davon, daß man einen Einzelnen ansprechen will und mehrere meinen kann, ist es in jedem Fall besser, wenn jemand Einzeltherapie in der Gruppe betreibt, als wenn er mit seinen Interventionen so lange wartet, bis die Gruppensitzung zuende ist.

Beschäftigt sich der Therapeut viel mit dem Einzelnen, betont das die Unterschiede zwischen den Gruppenmitgliedern. Es wirkt dem Verschmelzen der Gruppe zu einem Globalobjekt entgegen und begrenzt die Regression (vgl. S. 120ff). Man bleibt im Bereich der abgeleiteten Konflikte (GILL 1963). Ob es therapeutisch zweckmäßiger ist, mehr an den abgeleiteten oder mehr an den Grundkonflikten zu arbeiten, hängt von der Situation ab. Läßt man die Gruppe stark regredieren, kann es sein, daß der "Regressionsfahrstuhl" an wichtigen Abwehrstrukturen vorbeifährt. Dann werden zwar die Grundkonflikte verändert, ihre je individuellen Weiterverarbeitungen aber nicht, was die therapeutische Effektivität einschränken kann. Begrenzt man sich umgekehrt auf abgeleitete Konflikte, kann das zur Folge haben, daß die Grundkonflikte nicht oder nur wenig von der Therapie berührt werden. An der Oberfläche hat sich etwas verändert, im Kern bestehen aber noch die alten Grundkonflikte. Besonders leicht passiert das bei Patienten mit hysterischer Struktur. Dann kann es zweckmäßig sein, in der Regression zu arbeiten, um an die Grundkonflikte zu kommen. Die hysterische Maske wird dann oft nicht mehr aufrechterhalten.

Ist ein Patient durch die bewußten Konflikte bereits so in Anspruch genommen, daß er mit ihnen kaum fertig wird, empfiehlt es sich selbstverständlich nicht, unbewußte Konflikte zusätzlich aufzudecken. Für die Einzeltherapie hat KERNBERG (1978) herausgestellt, daß Deutungen bei Borderline-Patienten meist ich-stärkend wirken, bei psychotischen Patienten aber das Gegenteil bewirken können.

Der Gebrauch von Rekonstruktionen

In der Einzelanalyse dienen Rekonstruktionen ("Konstruktionen" nach FREUD 1937b) dazu, dem Patienten sein derzeitiges Verhalten genetisch ableitbar zu machen. Wenn der Patient versteht, wie ein bestimmtes Verhalten entstanden ist, erleichtert ihm dies, sein Verhalten zu ändern - in der Übertragungsbeziehung, dann aber auch in der Beziehung zu Personen außerhalb der analytischen Situation.

Man kann sich die Frage stellen, ob die Anwendung von Rekonstruktionen in der Gruppenpsychotherapie zweckmäßig sei. Viele Gruppentherapeuten, zum Beispiel EZRIEL (1960/61), beschränken sich bei ihren Deutungen auf das Erhellen der Übertragung im hic et nunc und berichten, daß durch die alleinige Anwendung dieser Deutungen die Verhaltensstruktur des Patienten verändert werden kann. Für die Einzelanalyse hat schon STRACHEY (1934) vertreten, daß Übertragungsdeutungen die wirksamsten seien.

Bei den katamnestischen Untersuchungen von Patienten, bei denen eine analytische Fokaltherapie durchgeführt worden war, stellte MALAN (1973) aber fest, daß jene Deutungen die wirksamsten gewesen seien, die eine Verknüpfung zwischen Übertragungsverhalten und dem Erleben wichtiger Personen der Frühgenese herzustellen vermochten.

Es liegt nahe, die Anwendungen von Rekonstruktionen auch in der Gruppenpsychotherapie zu versuchen. Wir wenden sie besonders dann an, wenn genetische Spontaneinfälle in der Regel nicht zu erwarten sind, besonders also bei unbewußten Phantasien, die sich aus den Entwicklungsstufen der ersten zwei bis drei Lebensjahre ableiten lassen. Ferner achten wir darauf, daß die Rekonstruktion aus der Situation heraus oder aus dem früher in die Gruppe eingebrachten Material relativ "sicher" erscheint. Aber auch dann teilen wir die Rekonstruktion nicht apodiktisch mit, sondern wir legen noch mehr als sonst Wert darauf, dem Patienten Spielraum zu lassen, sie anzunehmen oder zurückzuweisen - etwa, indem wir das Wort "vielleicht" benutzen.

Die Anwendung von Rekonstruktionen stößt in der analytischen Gruppenpsychotherapie auf die technische Schwierigkeit, daß der Therapeut es mit mehreren Individuen zu tun hat, die zwar einerseits an einer allen gemeinsamen unbewußten Phantasie partizipieren, das aber andererseits aufgrund ihrer unterschiedlichen Biographien und Strukturen in verschiedener Weise tun. Gibt der Gruppentherapeut eine Rekonstruktion, muß er sich auf sehr allgemeine Angaben beschränken, wenn die Rekonstruktion für alle Gruppenteilnehmer passen und aussagekräftig sein soll. Versucht der Therapeut, die unterschiedlichen Strukturen der Gruppenteilnehmer zu berücksichtigen, muß er jedes Gruppenmitglied einzeln ansprechen.

Beschränkt der Therapeut sich auf allgemeine Äußerungen, kann dies bei den Gruppenmitgliedern die Entindividualisierung in der Gruppe fördern und damit unter Umständen Angst erzeugen; spricht der Therapeut die einzelnen Gruppenmitglieder gesondert an, läuft er Gefahr, das allen Gemeinsame zu vernachlässigen.

Für die Übertragungsdeutung löst Ezriel das Problem so, daß er die von den einzelnen Gruppenmitgliedern gewünschte Beziehung untereinander und zum Therapeuten mit der vermiedenen, weil gefährlichen (die sogenannte Kalamität hervorrufenden) Beziehungsform in Verbindung bringt. Indem er den gefürchteten Kausalzusammenhang zwischen vermiedener Beziehung und Kalamität ausspricht, distanziert er sich von der Notwendigkeit dieses Kausalzusammenhanges und ermöglicht es so den Patienten, die gefürchtete Beziehung auszuphantasieren und sie in späteren Phasen der Gruppenentwicklung mit den Anwesenden einzugehen. Wie wir an anderer Stelle ausgeführt haben (König 1973), sind die Deutungen Erziels allerdings lang und unterbrechen so den Fluß des Gruppengesprächs, was sie uns für eine ständige Anwendung in der Gruppenpsychotherapie weniger geeignet erscheinen läßt. Bei der Anwendung des Mittels der Rekonstruktion in der Gruppenpsychotherapie erscheint es uns aber wichtig, auf das einzelne Gruppenmitglied einzugehen, ohne das Gemeinsame zu vernachlässigen, und wir haben uns daher zu einem technischen Vorgehen entschlossen, das dem Vorgehen ERZIELS beim Deuten der Übertragung im hic et nunc analog ist.

Haben wir eine unbewußte Phantasie erkannt, an der alle Gruppenmitglieder mehr oder weniger deutlich erkennbar partizipieren, suchen wir nach einem gemeinsamen Nenner der genetischen Entstehung der Angst, die verhindert, daß die unbewußte Phantasie ins Ich der Gruppenmitglieder zugelassen wird, legen darauf den Akzent unserer Rekonstruktion und deuten kurz an, was bei den einzelnen Patienten in der Genese unterschiedlich gewesen sein könnte.

Kasuistisches Beispiel:

In einer ambulanten Gruppe hatte der Therapeut mit allen Gruppenmitgliedern Einzelgespräche geführt, um über die weitere Teilnahme an der Gruppe mit den Patienten zu sprechen und ergänzende Informationen für die bei den Kostenträgern zu stellenden Verlängerungsanträge zu erhalten. Die Ankündigung der Einzelgespräche hatte Ängste bei allen Gruppenmitgliedern ausgelöst, ob sie wohl weiter in der Gruppe verbleiben könnten. Die unbewußt primär-prozeßhafte Einstellung, die Gruppentherapie werde ewig zur Verfügung stehen, wurde durch den Bilanzcharakter der Einzelgespräche in Frage gestellt.

Zu Beginn der ersten Sitzung nach Abschluß der Einzelgespräche, die mit einer Ausnahme ein weiteres Verbleiben aller Gruppenmitglieder als wünschenswert und möglich gezeigt hatten, berichtete eine Patientin (A) über Erkenntnisse, die sie in ihrem Einzelgespräch gewonnen habe, und veranlaßte die Gruppe, mit ihr an der Problematik zu arbeiten, die ihr deutlich geworden war. Sie zeigte sich damit als "gute Patientin", die auch aus dem Einzelgespräch etwas für sich gewonnen hatte, und erzeugte Ängste bei den übrigen Gruppenteilnehmern, die in der Tat weniger aus den Einzelgesprächen "herausgeholt" hatten. Das Gruppengespräch fixierte sich auf die Neigung der Patientin, ihrem Freund zu Diensten zu sein, wobei deutlich wurde, daß sie sehr große Angst hatte, ihn zu verlieren, wenn sie nicht alle seine Wünsche erfüllte. Ein männlicher Patient (B) berichtete daraufhin, es sei ihm in letzter Zeit deutlich geworden, daß er noch nicht soweit sei, wie er gedacht habe, und daß er sich nun vornehmen wolle, Konfliktbereiche anzugehen, die er noch nicht ganz klar übersehe, besonders die Ursachen seiner Arbeitsstörungen, welche doch noch immer vorhanden seien. Dadurch stellte er sich gleichfalls als guter Patient dar, der als Schüler des Analytikers (mit Psychoanalyse in seinem beruflichen Bereich zu arbeiten ist auch ein Wunsch des Patienten) in dessen Sinne arbeitet, ihn aber noch nicht erreichen kann. Damit versuchte er, sich von seinem - öfter von den Gruppenmitgliedern angesprochenen - "Therapeutenverhalten" in der Gruppe zu distanzieren und sich dem Gruppenleiter unterzuordnen. Eine andere Patientin (C) sprach nunmehr davon, daß sie sich operieren lassen wolle und Angst habe, in der Narkose "auf dem Tisch" zu bleiben. In Einzelsitzungen mit ihrer Therapeutin (die Patientin befand sich gleichzeitig noch in einer auslaufenden Einzeltherapie) sei ihr klar geworden, daß sie den Wunsch habe, in der Narkose zu sterben und den Ärzten damit eins "auszuwischen". Wie auch mehrere Gruppenmitglieder sagten, versuchte die Patientin so nicht nur gegenüber den Ärzten, sondern auch gegenüber der Gruppe und dem Therapeuten, Macht durch Selbstschädigung oder deren Androhung auszuüben; gleichzeitig wies die Patientin auch darauf hin, daß sie noch eine andere Möglichkeit habe, nämlich die Einzeltherapeutin, zu der sie auch nach ausgelaufener Einzeltherapie gehen wolle, wenn sie eine Stunde brauche; sie sei sicher, die Therapeutin würde das nicht ablehnen. Nachdem diese Thematik ein Stück weit bearbeitet war, erzählte ein Patient (D) von seinen Arbeitsstörungen, mit denen er nicht klar komme. Er lieferte eine diffizile und treffende Analyse seiner Problemlage, so daß andere Gruppenmitglieder ihn darauf ansprachen, daß er eigentlich keine Fragen offenlasse, sondern den Eindruck erwecke, er habe seine Probleme verstanden; wenn noch etwas unklar sei, habe er darüber jedenfalls nicht gesprochen. Der Patient berichtete daraufhin von einer Variante seiner Arbeitsstörungen, die darin besteht, daß er sich den Gedanken und Konzepten anderer nicht öffnen kann, weil er Angst hat, sie dann ganz übernehmen zu müssen und seine Individualität im Denken zu verlieren. Damit gab der Patient zu erkennen, daß er einerseits von der Gruppe und dem Therapeuten wegen seiner Leistungen bewundert werden wollte, andererseits aber Angst hatte, der Therapeut und die übrigen Gruppenmitglieder könnten ihre eigenen Gedanken dazu äußern, sein Gedankengebäude damit hinwegheben und an dessen Stelle etwas Fremdes setzen. Die übrigen Patienten in der Gruppe hatten sich am Gespräch in einer Weise beteiligt, die vermuten ließ, daß sie von den Problemen persönlich angerührt waren, ohne daß zunächst im einzelnen deutlich wurde, wie ihre eigene Problemlage in den angesprochenen Bereichen aussah.

Der Therapeut gab nun etwa die folgende Deutung: Keiner von denen, die mit ihren Beiträgen das Thema der Stunde bestimmten, hat das Gefühl, um seiner selbst willen geliebt und anerkannt werden zu können. Vielleicht hängt das mit Erfahrungen zusammen, die sie als Kind gemacht hatten. Frau A hat das Gefühl, nur als eine Art Dienende geliebt werden zu können, Frau C hat das Gefühl, nur beachtet werden zu können, wenn es ihr sehr schlecht geht, oder wenn sie gar tot ist und andere deshalb Schuldgefühle haben, und Herr D hat das Gefühl, nur anerkannt zu werden, wenn er etwas Großartiges leistet. Gleichzeitig hat er Angst, daß man ihm seine Leistung kaputtmacht. (Der Patient B wurde nicht angesprochen, weil die Deutung, die Herrn D betraf, ihn noch zum Teil miterfaßte, und es dem Therapeuten noch nicht opportun erschien, die Unterwerfungstaktik des Patienten anzusprechen, was ihn zu sehr gekränkt hätte).

Der Therapeut fuhr dann fort: "Vielleicht mußte Frau A immer das tun, was verlangt wurde, um in ihrer Familie geliebt zu werden, vielleicht wurde Frau C nur geliebt, wenn sie krank war, und vielleicht wurde Herr D nur geliebt, wenn er Großes leistete (auf die schizoide Angst vor Autonomieverlust ging der Therapeut hier noch nicht ein). Vielleicht gab es bei denen, die weniger gesagt haben, auch solche Bedingungen in der Familie. Nun gibt es ja überall Menschen, die Bedingungen und Forderungen stellen, nicht nur in der Familie. Vielleicht haben Sie auch das Gefühl, daß ich das tue. Nur sind die Machtverhältnisse hier anders. Ein Kind kann nicht ohne die Eltern leben, aber Erwachsene haben über Erwachsene nicht so viel Macht."

Der Deutung folgten genetische Einfälle der Angesprochenen - nicht aus den ersten Lebensjahren, wohl aber aus späterer Zeit.

Im weiteren Gruppenverlauf konnten die Patienten mehr als bisher darüber sprechen, wie abhängig sie eigentlich von "der Therapie" seien, wobei die verschiedenen Grade der Abhängigkeit und ihre Qualitäten mit den realen und Übertragungsanteilen deutlicher wurden.

Die Rekonstruktion in Verbindung mit dem Hinweis auf die gegenwärtige Realität ermöglichte es den Patienten, ihre abhängige Übertragungseinstellung gegenüber dem Therapeuten (zunächst gegenüber "der Therapie") angstfreier ins Auge zu fassen und zu bearbeiten.

Der Umgang mit szenischen Spontandarstellungen, die durch eine Erzählung induziert werden

ARGELANDER (1972a) beschreibt, wie Erzählungen von Patienten über Außenereignisse die Übertragungssituation in der Gruppe darstellen; durch die Übertragungssituation in der Gruppe wird ein Patient angeregt, eine bestimmte Begebenheit zu erzählen. Die Erzählung hat den Charakter eines Einfalls. Nach FOULKES (1974) handelt es sich dabei um unbewußte Interpretationen des Gruppengeschehens.

Wir haben in unseren Gruppen auch das Umgekehrte beobachtet: Ein Patient eröffnet die Gruppensitzung mit einer Erzählung, und in der Gruppe konstelliert sich eine Situation, in der das Erzählte gewissermaßen "nachgespielt" wird. Während es sich bei den von ARGELANDER beschriebenen Phänomenen um durch die Übertragungssituation bedingte Einfälle handelt, sind die von uns beobachteten Erscheinungen analog dem von A. HEIGL-EVERS und A. HERING (1970) beschriebenen Spiegelphänomen zu sehen. Das sogenannte Spiegelphänomen tritt auf, wenn eine Kontrollgruppe von Therapeuten eine Patientengruppensitzung beobachtet und im Anschluß daran über diese Sitzung diskutiert. Das Phänomen läßt sich auch nachweisen, wenn ein Therapeut über eine Gruppensitzung aus seinen Aufzeichnungen berichtet oder wenn eine Tonbandaufnahme in einer Kontrollgruppe abgespielt wird. Bringt ein Patient nun eine Erzählung in seine Therapiegruppe ein, kann es zu einem ähnlichen Phänomen kommen.

Im folgenden soll dieses *Resonanzphänomen*, das durch die Erzählung eines Patienten induziert wird, und dessen Zustandekommen wohl durch Identifikationsvorgänge erklärt werden kann, in kasuistischen Beispielen dargestellt werden. Anschließend wollen wir erörtern, wie solche Phänomene therapeutisch nutzbar gemacht werden können.

Eine Studentin berichtet vom neuesten Stand ihrer Eheproblematik: Sie hatte einen anderen Mann kennengelernt, der ihr mehr Verständnis entgegenzubringen schien als der Ehemann. Dem Ehemann warf sie besonders vor, daß er dauernd mit ihr zu schlafen wünsche, auch wenn sie selbst nicht in der Stimmung dazu sei. Der Mann werfe ihr vor, sie wolle durch die Verweigerung des Geschlechtsverkehrs ihn zu einem bestimmten Verhalten zwingen, ihn erziehen. Die Patientin hatte gehofft, mit dem anderen, verständnisvolleren Mann zusammenleben zu können; dieser habe aber einen Termin für eine Aussprache zu dritt nicht eingehalten, weil ihm das ganze ein zu großes Problem sei. Nun hätten sich die beiden Männer zu einer Aussprache verabredet, ohne die Patientin dazu einzuladen, und sie überlege sich nun, ob sie ihrerseits den verständnisvollen anderen Mann "um einen Termin bitten" solle. Auf jeden Fall wolle sie sich von ihrem Ehemann, wenigstens vorübergehend, trennen.

Die übrigen Gruppenmitglieder unterstützten die Patientin zunächst in diesem Vorhaben, indem sie ihr die Vorteile der Selbständigkeit ausmalten, wandten sich dann aber doch mehr der Art des Konfliktes zwischen Ehefrau und Ehemann zu, den sie besser zu verstehen suchten. Dabei waren zwei männliche Gruppenmitglieder, ein etwa 20jähriger Student und ein etwa 40jähriger Berufsschullehrer, besonders aktiv. Der Student suchte, in die Patientin mit Deutungen einzudringen, durch die sich die Patientin aber überfordert fühlte. Sie sagte ihm: "Ich höre gar nicht zu!". Der ältere Patient wurde von ihr mehr akzeptiert; sie sah in ihm einen verständisvollen Bearbeiter ihrer Problematik, der ihr wirklich helfen wollte, ohne selbst etwas dafür zu beanspruchen. Schließlich erlahmten die Bemühungen der beiden Männer, die zuletzt fast allein mit der Patientin gesprochen hatten; die des jungen Mannes, weil er sich zurückgewiesen fühlte, und die des älteren Mannes, weil er das Gefühl hatte, das von der Patientin an sich akzeptierte und belobigte Verständnis nicht länger aufbringen zu können. Die beiden Patienten tauschten daraufhin ihre Erfahrungen darüber aus, wie sie mit der Patientin umgegangen seien, und versuchten ihre gegenseitige Beziehung zu klären, insbesondere ihr Rivalitätsverhalten bei gleichzeitigem Wunsch, einander näherzukommen. Es entwickelte sich ein längerer Dialog zwischen den beiden Männern, dem die Gruppe zuhörte. Die Patientin befand sich in bezug auf die Männer "draußen". Nun intervenierte der Therapeut, indem er den bisherigen Verlauf der Gruppensitzung mit der Erzählung der Patientin in Beziehung setzte. Er deutete das Verhalten des jungen Mannes als analog dem Verhalten des Ehemannes, der wünsche, in die Patientin einzudringen und eine genitale Beziehung herzustellen, der eine Mutter-Sohn-Beziehung in eine Partnerbeziehung umwandeln wolle. In diesem Bemühen fühlte er sich zurückgewiesen. Der ältere Mann bot väterliches Verständnis an, fühlte aber, daß er diese Rolle nicht lange durchhalten konnte. Schließlich sprachen die beiden Männer miteinander, wie dies in der Erzählung der Patientin beschrieben worden war, und die Patientin selbst war draußen. Diese Deutung hatte für die Patientin unmittelbaren Evidenzcharakter, da sie im hic et nunc der Gruppe von seiten anderer Menschen ein Verhalten erlebte, das dem ihrer beiden Partner glich, und den Schluß daraus ziehen mußte, so könne es ihr auch mit anderen gehen, und sie habe vielleicht doch auch einen Anteil am Ehekonflikt, den sie bisher nicht deutlich sehen konnte. Die beiden Männer bearbeiteten dann mit Hilfe der übrigen Gruppenmitglieder ihre Art der Partnerbeziehung in der Primärgruppe ihrer Familie und in aktuellen Situationen.

Das Auftreten der beschriebenen Phänomene in einer therapeutischen Gruppe gestattet es dem Gruppenleiter, szenische Deutungen von besonderem Evidenzgrad zu geben, weil der Zusammenhang zwischen dem sich in der Gruppe Darstellenden und der Erzählung eines Patienten unmittelbar deutlich gemacht werden kann. Es ist auf diese Weise möglich, ein Beziehungsgefüge in der Gruppe deutlich zu machen. Dem Evidenzcharakter der szenischen, durch Erzählung induzierten spontanen Darstellungen können sich die Patienten schwer entziehen, und es kommt so zu fruchtbaren Beunruhigungen. Wir sind allerdings der Meinung, daß das Erleben der induzierten szenischen Spontandarstellungen nur dann bleibend fruchtbar gemacht werden kann, wenn im Weiteren eine Durcharbeitung der aufgedeckten Problematik erfolgt, auch im Sinn der Überführung in den Lebensalltag.

In Grenzfällen mag es schwierig sein, Übertragungseinfälle, das heißt Einfälle, die durch die Übertragungssituation der Gruppe induziert werden, von Erzählungen zu unterscheiden, die eine bestimmte Übertragungssituation in der Gruppe konstellieren.

Auch eine Erzählung, die zu Beginn einer Gruppensitzung gebracht wird, kann natürlich durch die Übertragungssituation in der Gruppe induziert sein; umgekehrt muß in der Gruppe eine gewisse Bereitschaft vorhanden sein, eine durch eine Erzählung induzierte Situation spontan szenisch darzustellen. Die Bereitschaft der Gruppe, dies zu tun, dürfte einmal von der Übertragungssituation beeinflußt werden, die vorher bestanden hat, zum anderen durch die Position des erzählenden Mitglieds in der Gruppe, weiterhin durch die Art der Darstellung. Ein Gruppenmitglied in einer Randposition wird es schwerer haben, die Gruppe für seine Erzählung zu interessieren, als ein Gruppenmitglied, das in der Gruppe "drin" ist; andererseits kann ein Gruppenmitglied, das lange Zeit geschwiegen hat, gerade durch die Seltenheit seiner Äußerungen die Aufmerksamkeit der Gruppe auf sich ziehen. Wir haben hier eine andere Situation als in einer Supervisionsgruppe, die mit der erklärten Absicht zusammengekommen ist, sich einem bestimmten Phänomen, etwa einer demonstrierten Patienten-Gruppensitzung, einem Therapeutenbericht oder einem Tonband zuzuwenden.

In der Regel wird man es mit dem von uns gemeinten Phänomen zu tun haben, wenn ein Gruppenmitglied eine Erzählung bringt, die für dieses Mitglied eine solche Bedeutung hat, daß die betreffende Person die geschilderte Situation in der Gruppe anbietet, weil sie Hilfe von der Gruppe erwartet, - also wenn die Erzählung nicht nur einen Einfall im Gruppengeschehen darstellt, sondern klar erkennbar ein von außen in die Gruppe hereingetragenes Problem schildert. Weiter haben wir beobachtet, daß das von uns gemeinte Phänomen im allgemeinen nur dann auftritt, wenn in der Gruppe wirklich eine "Erzählung" stattfinden konnte, das heißt, wenn ein Gruppenmitglied das Problem in einem Stück darstellen konnte und dabei die Aufmerksamkeit der Gruppe hatte; auch dieses ist eine Parallele zu der Supervisionssituation, wo ja auch ein zusammenhängender "input" gegeben wird.

Vertritt der Gruppentherapeut die Ansicht, daß es in der Gruppentherapie vor allem auf das Geschehen im hic et nunc ankomme, wird er eine längere zusammenhängende Erzählung eines Patienten, die äußere Ereignisse zum Inhalt hat, als *Widerstandsphänomen* auffassen und deuten. Die Aufmerksamkeit der Gruppenmitglieder wird durch eine solche Erzählung ja vom hic et nunc weg nach außen und in die Vergangenheit gelenkt; die Erzählung eines Patienten, auf den sich die Aufmerksamkeit der Gesamtgruppe richtet, verhindert Interaktionen der Gruppenmitglieder untereinander und mit dem Therapeuten. Einer solchen Auffassung würden wir beipflichten, wenn ein Patient habituell nur über Außendinge, aber nicht über sein Erleben in der Gruppe spricht. Bei der diagnostischen Unterscheidung, ob die Erzählung über Außenkonflikte Widerstandscharakter hat oder ob im Gegenteil ein Verschweigen des Außenkonfliktes Widerstand wäre, kann einfühlende Identifikation mit dem erzählenden Patienten weiterhelfen, wobei besonders auf den emotionalen Gehalt der Erzählung zu achten ist.

Die Methode der Deutung von Inszenierung, die durch eine Erzählung ausgelöst wurde, sollte sparsam angewandt werden und sich auf jene Fälle beschränken, in denen ein starkes Evidenzerleben für den erzählenden Patienten und für die Gruppe zu erwarten ist. Auch sollte ein solches Evidenzerleben für den Patienten und die Gruppe im derzeitigen Entwicklungsstadium voraussichtlich therapeutisch fruchtbar gemacht werden können. Dann wird man auch nicht Gefahr laufen, durch zu häufiges Deuten induzierter szenischer Spontandarstellungen mehr als es therapeutisch von Nutzen ist, zum Erzählen von Außenkonflikten zu ermuntern.

Zum Umgang mit Träumen

Wie viele oder wie wenige Träume im Verlauf einer Gruppentherapie erzählt werden, hängt stark von der - reflektierten oder nicht reflektierten - Einstellung des Therapeuten ab. Wer das Erzählen von Träumen in der Gruppe ausschließlich für ein Widerstandsphänomen hält, wird in der Regel schon das Erzählen von Träumen unter dem Widerstandsaspekt ansprechen und damit bremsen. Wer dazu neigt, aus einer psychoanalytischen Gruppe eine individuelle Traumanalyse mit Zuschauern zu machen, wird die Produktion von Träumen geradezu inflationär fördern.

Dafür, daß Träume in einer Gruppe Ausdruck von Widerstand sind, werden folgende Argumente vorgebracht: Träume sind intime Phänomene, die in die Einzelanalyse, das heißt in die therapeutische Zwei-Personen-Beziehung gehören. Sie in die Gruppe einzubringen bedeutet auch, zum Therapeuten eine die anderen Gruppenmitglieder mehr oder weniger ausschließende Beziehung haben zu wollen, da er die Traumsprache in der Regel am besten versteht. So kann jemand, der in der Gruppe einen Traum erzählt, konflikthaften Beziehungen mit den anderen Gruppenteilnehmern ausweichen wollen. Träume in der Gruppe zu erzählen, so wird weiter argumentiert, ist therapeutisch unpraktisch, weil die Zeit im allgemeinen nicht ausreiche, um regelmäßig Träume der Gruppenmitglieder bearbeiten zu können.

Für die Position, daß Träume auch in einer Gruppe einen guten und praktikablen Zugang zum Unbewußten der einzelnen Patienten vermitteln, werden folgende Argumente genannt: Eine Gruppe ist ein guter Resonanzkörper, in dem ein Traum zum "Klingen" gebracht werden kann. In der Brechung der Einfälle und Reaktionen der einzelnen Gruppenteilnehmer gewinnt ein Traum in der Spannung zwischen manifestem und latentem Trauminhalt oft eine besonders klare Gestalt, in der sich auch der gegenwärtige Gruppenkonflikt ausdrückt. Selbst wenn sich kein Gruppenkonflikt im Traum darstellt, ist es therapeutisch wertvoll, Träume in der Gruppe zu erzählen und zu bearbeiten.

Träume einzelner könnten die Gruppensituation erhellen und auf diesem Wege für jeden einzelnen wirksam werden. Es ist dazu nicht unbedingt nötig, daß einem jeden Gruppenmitglied die Gelegenheit geboten wird, regelmäßig seine Träume zu erzählen.

Wir nehmen bezüglich der Träume eine Mittelposition ein. Auch während einer Gruppentherapie können die Gruppenmitglieder Träume erinnern und sich mit ihnen auseinandersetzen wollen. Wenn man das Erzählen von Träumen in einer therapeutischen Gruppe in jedem Falle, gleichsam automatisch, als Widerstand gegen konflikthafte Binnenbeziehungen anspräche, würde das bedeuten, daß man es wie Agieren in der Gruppe behandelt: als eine Widerstandsform, die vorrangig zu bearbeiten ist.

Die Auseinandersetzungsweise eines Individuums mit sich selbst im Traum ist nun zwar nicht die umgangssprachlich-interaktionelle, die den größten Teil der Kommunikation in einer Gruppe einnimmt. Sie ist aber eine Sprechweise, die neben dem Sprechen über konflikthafte Außenerlebnisse und -beziehungen und konflikthafte Binnenerlebnisse und -beziehungen in einer Gruppe ihren Platz hat. Träume können ähnlich wie Phantasien behandelt werden, die ein Mitglied in die Gruppe einbringt. Die Traumanalyse ist aus dem Gespräch eines Einzelnen - FREUDS - mit sich selbst entstanden. Durch das Überführen der Traumanalyse aus der Ein-Personen-Beziehung in die Zwei-Personen-Beziehung hat sich der therapeutische Umgang mit Träumen aber von der Analyse von inneren Triebkonflikten und der Charakteranalyse zur Analyse auch in der Übertragungs-Gegenübertragungs-Beziehung hin entwickelt. Erfahrungen im Umgang mit Träumen in der Gruppe haben uns gezeigt, daß Träume von Einzelnen durchaus eine Vertiefung konflikthafter Auseinandersetzungen innerhalb einer Gruppe bewirken können, freilich nicht in allen Kontexten und zu jeder Zeit. In diesen Zusammenhang gehört das Phänomen der sogenannten *Gruppenträume,* die oft schon in ihrem manifesten Trauminhalt eine innere Auseinandersetzung eines Mitglieds mit der Gruppe erkennen lassen und dabei oft Beziehungen innerhalb der Gruppe aus einer bisher nicht eingenommenen, neuen Perspektive erhellen.

Auf dem Hintergrund dieser Überlegungen kann der Therapeut in den Vorbereitungsgesprächen, wenn es darum geht, was man in der Gruppe alles sagen könne, erwähnen, daß dem Patienten auch Träume einfallen könnten. Sein späterer Umgang mit

Träumen in der Gruppe selbst macht dann noch deutlicher, welchen Stellenwert der Therapeut ihnen einräumen will.

In der Regel kann der Therapeut an der Art und Weise, wie Träume in die Gruppe eingeführt werden, schon ablesen, ob der Widerstandsaspekt im Vordergrund steht oder nicht. Wie auch sonst wird er dann entscheiden müssen, ob er den Widerstand jetzt anspricht. Wir haben gefunden, daß die "Einleitungsformel" von Träumen, und überhaupt die Art und Weise, *wie* Träume zu Beginn oder im Laufe einer Gruppensitzung von einem Patienten eingebracht werden, besonders wichtig ist.

Ein Gruppenmitglied beginnt zum Beispiel eine Sitzung, nachdem es in der vorangegangenen Sitzung heftige Rivalitätsauseinandersetzungen gegeben hat, unmittelbar nachdem der Therapeut den Gruppenraum betritt, und noch ehe er richtig sitzt, mit deutlichem Augenkontakt zum Therapeuten und sagt: "Ich wollte heute die Stunde beginnen und nicht warten, bis andere etwas sagen, und einen Traum erzählen." Darauf folgt nun ein Traum von einer Wanderung mit dem Vater durch Wiesen und Felder. Allein schon die Formulierung des Einleitungssatzes legt dem Therapeuten nahe, daß die anderen Gruppenmitglieder ausgeschlossen werden sollen; der Inhalt des Traumes hat vielleicht auch etwas mit dem Wunsch zu tun, in Begleitung des Therapeuten mit der Mutter Gruppe, die als Landschaft geträumt wird, in ruhiger Harmonie zu verschmelzen, wobei Gruppenmitglieder als Individuen stören würden.

Ein anderes Beispiel: In der fünften Sitzung einer fraktionierten psychoanalytischen Gruppe beginnt eine Teilnehmerin, die sonst nie als erste gesprochen hatte, nach einem längeren anfänglichen Schweigen der Gruppe zu sprechen: "Ich bin nach vier Sitzungen gestern abend und heute vormittag zwar müde und wollte mich eigentlich gern anhängen und hoffte, daß jemand anderes etwas sagen würde, aber nun habe ich den Eindruck, ich sollte den Prozeß hier doch in Gang und voran bringen und will einmal einen Traum erzählen, den ich seit Monaten wiederholt geträumt habe, in der letzten Woche, vor der Gruppensitzung, übrigens mit einem neuen Schluß. Ich kann mit dem Traum noch nichts anfangen. Sagt ihr mir doch einmal eure Einfälle dazu." Auch an dieser "Einleitungsformel" des Traumes wird deutlich, worauf besonders zu achten ist: auf die Rolle, die jene Gruppenteilnehmerin in dieser Gruppensitzung übernehmen möchte. Sie sagt, daß sie sich für das Vorankommen der Gruppe verantwortlich fühlt, und begründet mit der Absicht, die Gruppe voranzubringen, ihre neue Aktivität; es ist zu vermuten, daß der neue Schluß des Traumes in einem Zusammenhang damit steht, was sich in der Folge bestätigte.

Jeder Traum, der in der Gruppe erzählt wird, sollte aber auch dann auf den Kontext der Gruppensituation bezogen werden, wenn der manifeste Trauminhalt und die Gruppensituation zunächst keine Beziehungen zu haben scheinen.

Beispiel: Eine Frau erzählt: "Ich träume, mir fallen die Zähne aus." Dieser Traum wird von der Frau in folgender Gruppensituation erzählt: Die Gruppenmitglieder setzen sich schon seit einigen Sitzungen mit der Scham vor dem Offenbarwerden des Unterschieds zwischen dem idealen Selbstbild und den tatsächlichen Möglichkeiten der einzelnen Gruppenmitglieder auseinander. Seiner selbst im Spiegel der anderen Gruppenmitglieder ansichtig zu werden, löst Scham aus. Auf einen Bezug des Traums zum Kontext des Gruppenprozesses hat der Therapeut zunächst zu achten.

Ein jeder Traum kann nicht nur auf einer individuellen Ebene verstanden werden, sondern auch im Bezug zu den Gruppenmitgliedern, die zum Beispiel von dem Ausfallen der Zähne jetzt erfahren, wenn die Patientin den Traum erzählt. Zahnärzte berichten über starke Schamgefühle ihrer Patienten beim Verlust von Zähnen. Die Zähne können aber auch die Gruppenmitglieder darstellen, die unsere Patientin "verliert": Menschen, die in einer intimen Beziehung zu ihr stehen (sie von innen her kennen), verlassen sie. Die Antwort der anderen Gruppenmitglieder auf Traumerzählungen, und ihr Umgang damit, ist vor dem Trauminhalt zu beachten und therapeutisch aufzunehmen.

Ein weiteres Beispiel: Eine Gruppenteilnehmerin erzählt einen Traum, und nacheinander erzählen alle anderen ihre Träume der vorangegangenen Nacht. Der Therapeut hat den Eindruck, die Gruppenmitglieder würden "abtauchen" und die in der letzten Gruppensitzung noch manifest vorhandene Rivalität um den Gruppentherapeuten sozusagen "unterschwimmen". Im "Sängerwettstreit der Träumenden" bleibt die Rivalität um den Therapeuten allerdings noch erkennbar.

Das Beachten der therapeutischen Faustregel, *Widerstand vor Inhalt, Analysieren von der Oberfläche her* (unter den Bedingungen der Anwendung von Psychoanalyse in der Gruppe) und das Beachten der Zusammenhänge zwischen dem manifesten Trauminhalt, dem latenten Traumgedanken und den Beziehungen der Gruppenteilnehmer zueinander ermöglicht ein sinnvolles Bearbeiten und Nutzen von Träumen in der analytischen und analytisch orientierten Gruppentherapie.

Andererseits kann man immer wieder beobachten, daß in der Gruppe "keine Zeit" für Träume ist, wenn viele manifeste konflikthafte Beziehungen zwischen den Gruppenmitgliedern deren Aufmerksamkeit und Kräfte in Anspruch nehmen.

In der analytisch orientierten und mehr noch in der psychoanalytisch-interaktionellen Gruppentherapie des Göttinger Modells wird man die regressionsfördernde Wirkung beachten müssen, die eine Beschäftigung mit Träumen haben kann, und allenfalls auf den manifesten Trauminhalt eingehen, wenn man den Eindruck hat, daß es zu einer Regression kommen kann, die therapeutisch zur Zeit nicht erwünscht ist. Das kann natürlich auch, wenngleich seltener, in der analytischen Gruppentherapie der Fall sein.

Zum Umgang mit Regression in der analytisch orientierten und in der analytischen Gruppenpsychotherapie

Bei der analytisch orientierten Therapie des Göttinger Modells arbeitet man an abgeleiteten Konflikten (GILL 1963) und den Impulsen und Abwehrmechanismen, die zu ihnen gehören. Die Phänomene, um die es geht, sind komplex. Der Therapeut verhält sich wenig regressionsfördernd, um auf der Ebene der abgeleiteten Konflikte bleiben zu können.

In der analytischen Gruppenpsychotherapie verhält sich der Therapeut dagegen regressionsfördernder, so daß Grundkonflikte an die Oberfläche kommen. Diese Phänomene sind vergleichsweise einfacher strukturiert, das Beobachtungsfeld ist weniger komplex. Die Phänomene sind oft auch prägnanter.

Beeinflussen kann man das Regressionsniveau durch die Häufigkeit und den Inhalt der Interventionen. Wenn ein Therapeut wenig interveniert und langes Schweigen zuläßt, wenn seine Interventionen einen mehr andeutenden Charakter haben und wenig beschreiben, und wenn der Therapeut von sich wenig erkennen läßt, fördert dies die Regression. Interveniert ein Therapeut häufiger, läßt er nicht solange schweigen, führt er seine Interventionen mehr aus und verhält er sich transparenter, wird Regression wenig induziert. Umgekehrt ergibt sich aus der größeren Komplexität der Phänomene in einer Gruppe, die wenig regrediert ist, schon eine größere Länge der Interventionen. Man kann also sagen, daß längere Interventionen auch eine notwendige Folge der komplexen Phänomene in einer psychoanalytisch orientierten Gruppenpsychotherapie sind. Durch ihre Länge bremsen sie dann wieder die Regression, im Gegensatz zu kurzen und mehr andeutenden Interventionen, die dann auch weniger Informationen über die Person des Therapeuten enthalten.

Während man in der analytischen Gruppenpsychotherapie eher das Gemeinsame betont und nicht von einzelnen Patienten, sondern mehr von "der Gruppe" spricht, betont man in der psychoanalytisch orientierten Gruppenpsychotherapie die Unterschiede im Erleben und Verhalten der Gruppenmitglieder.

In der psychoanalytisch orientierten Gruppenpsychotherapie kann man auch mit Vorteil Interventionen verwenden, die "nach oben" gerichtet sind; das heißt, sie sprechen erwachsene Aspekte eines Erlebens an. Ein Beispiel: Die Patienten phantasieren darüber, auf einer Wiese oder auf einer Couch zu liegen. Einer sagt, daß er einmal drei Tage zu Hause die meiste Zeit auf einer Couch gelegen habe und nicht aufgestanden sei. Der Therapeut sagt: "Sie möchten alle gerne Urlaub machen." Damit bezieht er sich auf eine Situation, in der Regression gut toleriert werden kann, weil sie zeitlich und durch die Situation begrenzt ist.

Eine klare zeitliche Begrenzung der Gruppensitzung wirkt sich so aus, daß Regression als weniger gefährlich erlebt wird, weil die Gruppenmitglieder wissen, daß die Gruppensitzung zu einem bestimmten Zeitpunkt zu Ende sein wird. Sie können sich der Regression überlassen, ohne allzuviel Angst zu bekommen.

Zur Arbeitsweise des Therapeuten in der psychoanalytisch-interaktionellen Gruppentherapie

Während man die analytisch orientierte Gruppentherapie als psychoanalytische Gruppentherapie betrachten kann, in der der Therapeut sich bemüht, die Gruppe an tiefer Regression zu hindern, so daß reifere Formen der psychosozialen Kompromißbildung - und nicht etwa die "Grundannahmen" nach BION (1974) - überwiegen, unterscheidet sich die psychoanalytisch-interaktionelle Gruppentherapie stärker von der analytischen. Der Therapeut spricht das gleiche Material, das bei Patienten mit einem stärkeren Ich gedeutet würde, anders an. Er deutet nicht, sondern "antwortet". Damit verhält sich der Therapeut selektiv, im Unterschied zu einem Patienten in einer analytischen Gruppe, der über seine eigenen Gefühlsreaktionen sprechen soll. So ist der Therapeut nicht nur Modell dafür, wie mit dem in der Gruppe Erlebten und Erfahrenen gearbeitet werden sollte. Er ist auch ein Modell für das Mitteilen von Gefühlen.

Zum therapeutischen Vorgehen in einer solchen Gruppe gehört es auch, Patienten mit Störungen ihrer Ich-Funktionen (BELLAK et al. 1973) zu konfrontieren. Im Rahmen einer solchen Konfrontation soll dem Patienten auch gezeigt werden, wie ein Verhalten, das durch eine Störung von Ich-Funktionen bedingt ist, beim Gegenüber ankommt. Damit wird gleichzeitig die Art der aktuellen Objektbeziehung infrage gestellt.

Bestimmte Arten der Objektbeziehung bewirken, daß Ich-Funktionen nicht zur Verfügung stehen, weil sie durch eine bestimmte Beziehungsphantasie außer Funktion gesetzt werden. Umgekehrt kann es bestimmte, archaische Objektbeziehungsphantasien und ein dazugehöriges Erleben und Verhalten fördern, wenn bestimmte Ich-Funktionen, zum Beispiel die Funktion der Realitätsprüfung, in der psychischen Entwicklung eines Patienten, wenig ausgebildet worden sind.

Indem sich der Therapeut mit seinem realen Erleben zur Verfügung stellt, ermöglicht er auch eine Korrektur von Übertragungen, ohne daß Deutung eingesetzt würde. Auf die gleiche Weise korrigieren Mitpatienten in einer analytischen Gruppe Übertragungen: Sie sprechen von ihrem tatsächlichen Erleben.

Der Therapeut kann auch sagen, wie er anstelle des Patienten oder anstelle eines anderen Gruppenmitgliedes, zu dem der Patient in einer Beziehung steht, erleben und eventuell auch handeln würde. Er übernimmt so eine Hilfs-Ich-Funktion, indem er alternative Möglichkeiten des Erlebens und Handelns aufzeigt oder indem er den Patienten mit verschiedenen Möglichkeiten der Auswirkungen seines Verhaltens konfrontiert und so dessen Wahrnehmung ergänzt. Das verbessert wiederum die Antizipation der Wirkung eigenen Verhaltens des Patienten auf andere.

Dabei sollte es vermieden werden, den Anschein zu erwecken, als gäbe es in einer bestimmten Situation nur eine einzige "richtige" Möglichkeit des Reagierens. Es kommt darauf an, wie man die Intervention formuliert. Wenn man zum Beispiel sagt:

"Ich würde an Ihrer Stelle so oder so fühlen und handeln", kann der Patient eher annehmen, der Therapeut sei der Meinung, seine Reaktionsweise müsse als "richtig" vom Patienten übernommen beziehungsweise entwickelt werden. Wenn der Therapeut sagt: "Ich würde so fühlen beziehungsweise handeln", läßt er offen, ob er meint, daß er als der Mensch, der er ist, so reagieren würde, oder ob er meint: "Wenn ich so ein Mensch wäre wie Sie, würde ich vielleicht so oder so reagieren". Der Therapeut sollte sich immer vor Augen halten, daß es ja verschiedene Charakterstrukturen gibt, die ein unterschiedliches Erleben und Verhalten bedingen, ohne daß man entscheiden könnte, welche Charakterstruktur "richtig" erlebt oder handelt (vgl. zum Menschenbild des Therapeuten S. 222ff). Daneben gibt es freilich auch extreme Ausprägungen von Charakterstrukturen, mit denen man es bei schwer gestörten Patienten regelmäßig zu tun hat, und die eindeutig als pathologisch aufzufassen sind. Der Therapeut sollte sich jedenfalls darüber im klaren sein, ob er als er selbst in der Situation des Patienten oder aus einer Einfühlung in den Patienten heraus interveniert. Ein Therapeut, der als er selbst in der Situation des Patienten interveniert, läuft nicht nur Gefahr, sein Erleben und Verhalten als einzig richtig darzustellen. Da der Therapeut in der Regel gesünder ist als der Patient, läuft er auch Gefahr, ein dem Patienten unerreichbares Ideal von Normalität und Gesundheit darzustellen, das diesen eher resignieren läßt als seine Entwicklung zu fördern.

Bei Patienten mit strukturellen Ich-Störungen sind meist die Introspektionsfähigkeit, die Frustrationstoleranz, die Fähigkeit im Ertragen von Affekten und die Fähigkeit, Impulse zu steuern, die Fähigkeit, sich durch adaptive und selektive Wahrnehmung von Reizen abzuschirmen, die Fähigkeit, die Wirkung des eigenen Verhaltens auf andere vorauszusehen, die Fähigkeit, Regression im Dienste des Ich zuzulassen und schließlich die Antizipation der Wirkung des eigenen Verhaltens auf andere in wechselndem Ausmaß gestört (Heigl-Evers und Heigl 1983).

Die Introspektionsfähigkeit ist eingeschränkt, wenn im eigenen Erleben starke Spannungen bestehen, mit denen man sich nicht konfrontieren möchte, oder wenn innere Konflikte abgewehrt werden, so daß die Innenwelt dann "uninteressant" erscheint. Der Patient hat ein Gefühl der inneren Leere und ist nicht motiviert, sich mit dieser Leere zu beschäftigen.

Die Frustrationstoleranz, die Affekttoleranz und die Impulssteuerung sind gestört, wenn entsprechende Strukturen im Ich nicht aufgebaut werden konnten. Das ist dann der Fall, wenn entwicklungsfördernde Interaktionen mit anderen im Laufe der Entwicklung gefehlt haben oder mangelhaft waren.

Die fehlende Möglichkeit, sich gegen Reize abzuschirmen, ist ein allgemeines Zeichen der Unreife des Ich. Sie hat etwas mit der Differenzierung von Selbst- und Objektrepräsentanzen zu tun.

Mangelnde Fähigkeiten zur Regression im Dienste des Ich hängen wiederum mit mangelnder Affekttoleranz und Impulssteuerung zusammen. Affekte ergreifen dann das Ich in allen Bereichen, es bleibt kein reflektierender Bereich im Ich übrig. Daraus, daß Impulse generell nicht zurückgehalten werden, resultiert, daß die mit einer Regression verbundenen Handlungsimpulse gefürchtet werden.

Die Wirkung eigenen Handelns auf andere kann nicht vorausgesehen werden, wenn entsprechende Erfahrungen in Interaktionen fehlen oder wenn eine symbiotische Phantasie die Beziehung beherrscht. Der Umgang mit dem anderen wird dann ähnlich gesehen wie Vorgänge im eigenen Selbst: "Der andere weiß ohnehin, was ich von ihm denke und wie ich ihn erlebe, was ich von ihm erwarte und was ich von ihm befürchte".

Sind Ich-Funktionen nicht ausreichend entwickelt oder durch Konflikte gelähmt, beeinträchtigt das die interpersonellen Beziehungen. Die gemachten Erfahrungen werden dann internalisiert und modifizieren die inneren Objekte. Diese können so im Pathologischen stabilisiert werden, manchmal kommt es zu karikaturhaften Ausformungen ohnehin archaischer Objekte.

Auch der interaktionelle Anteil von projektiver Identifikation des Übertragungstyps trägt zur Stabilisierung der inneren Objektimagines bei. Er bewirkt, daß die Objektimagines durch interpersonelle Erfahrungen immer wieder bestätigt werden. Entsprechendes gilt auch für die projektive Identifikation vom Konfliktentlastungstyp. Gelingt projektive Identifikation vom kommunikativen Typ, fördert das die Illusion einer breiten Kommunikation zwischen dem Selbst und den Objekten.

Die interaktionellen Anteile der drei Formen von projektiver Identifikation können durch den Therapeuten und durch die anderen Gruppenmitglieder konfrontiert werden. Der Patient wird dann darauf aufmerksam, weshalb er immer wieder bestimmte Erfahrungen macht, die er bisher nicht seinem eigenen Verhalten, sondern dem So-Sein der anderen zugeschrieben hatte. Das gilt übrigens nicht nur für die psychoanalytisch-interaktionelle Gruppentherapie, sondern auch für die beiden anderen Formen des Göttinger Modells.

Hat ein Patient gelernt, seine Schwierigkeiten in Objektbeziehungen durch ein kompensierendes Verhalten zu überbrücken, wäre der Patient darauf hinzuweisen, daß er möglicherweise kompensiert; hier wird man die Grenze zum Deuten oft überschreiten müssen. Zunächst ist es aber oft zweckmäßig, Nachteile des kompensierenden Verhaltens anzusprechen. Ein kontraphobischer Patient, der sich absichtlich Gefahren aussetzt, weil die Angst, die in dieser Erfahrung auftritt, für ihn weniger schlimm ist als die Kränkung, Angst zu haben (König 1986b), kann auf die Gefährlichkeit seines Verhaltens aufmerksam gemacht werden. Nicht nur beim kontraphobischen Verhalten, sondern auch sonst sind kompensierende Verhaltensweisen narzißtisch oft hoch besetzt. Kompensierende Verhaltensweisen sind als Fähigkeiten anzusehen, auf die der Patient stolz ist. Das erschwert aber auch die Bearbeitung.

Wenn es darum geht, Verbindungen zwischen einem Ich-Funktionsmangel und der zugrundeliegenden Objektbeziehung deutlich zu machen, wird man implizit oder explizit gleichfalls deuten müssen. Die narzißtische Kränkung wird geringer, wenn der Therapeut sagt, daß er in manchen Situationen selbst ein kompensierendes Verhalten einsetzt, zum Beispiel, daß er in seinem äußeren Verhalten zunächst höflicher wird, wenn er sich über jemanden ärgert.

Wie Heigl-Evers und Heigl (1983) betont haben, ist es wichtig, daß sich der Therapeut in Objektbeziehungsbedürfnisse der Patienten einfühlen kann. Das ermöglicht ihm, eine Akzeptanz zu signalisieren, die Konfrontationen erträglicher macht und ein Modell dafür herstellt, daß man einen anderen nicht in allem gut finden muß, um ihn zu akzeptieren und zu verstehen: Man kann sich in die Beziehungsbedürfnisse einfühlen und sie verstehen und gleichzeitig doch wünschen, daß sie sich verändern.

Auch eigene Erfahrungen bezüglich der Langsamkeit von Verhaltensänderungen könnten Therapeuten einbringen, wie Heigl-Evers und Heigl (1983) vorschlagen. Das erleichtert es dem Patienten, zu akzeptieren, daß Fortschritte langsam sind und Rückschläge eintreten können. Ferner schlagen die Autoren vor, daß Lernfortschritte im Sinne von Heigl und Triebel (1977) oder von Blanck und Blanck (1978) bestätigt werden.

Eine wichtige Interventionsform in der psychoanalytisch-interaktionellen Gruppentherapie, die freilich auch in den anderen Formen des Göttinger Modells eingesetzt werden kann, ist die *Affektdifferenzierung*. Der Therapeut schlägt dem Patienten Benennungen der Gefühle vor, die er bei ihm vermutet, oder er stellt Vermutungen darüber an, was er selbst in der Situation des Patienten empfinden könnte. Auch hier ist es wichtig, deutlich zu machen, daß man selbst ein anderer Mensch ist als der Patient. Kann der Patient nämlich das entsprechende Gefühl nicht empfinden, reagiert er vielleicht auf derartige Interventionen wie ein Kind auf eine Mystifizierung, wie sie zum Beispiel stattfindet, wenn Eltern, die wünschen, daß ein Kind schlafen geht, diesem einreden wollen, es sei müde, während es tatsächlich nicht müde ist.

Weiter oben haben wir schon dargestellt, daß das Ich des Patienten von ihm als "leer" erlebt werden kann, weil Konflikte abgewehrt werden. Die Affekte, die durch die Konflikte ausgelöst werden, werden zu stark, um vom Ich ertragen werden zu können. Würden sie in Handlungen umgesetzt, könnte das katastrophale Folgen haben. Ähnlich wie bei der Rekonstruktion nach oben (vgl. S. 121) kann der Therapeut hier mit der Benennung von Affekten und Handlungsimpulsen einspringen, die sozial adäquat werden. Damit wird gelegentlich bewirkt, daß ein Patient ein intensiveres Gefühl der gleichen Art zulassen kann, wenn er sich nur darüber im klaren ist, daß es "erwachsenere" Arten des Reagierens und Handelns gibt als die, die er befürchtet. Kommen die entsprechenden Affekte und Impulse dennoch nicht ins Bewußtsein, werden doch Strukturen zum Umgang mit ihnen vorbereitet, die schon ansatzweise zur Verfügung stehen, wenn zum Beispiel in einer späteren analytischen Therapie Widerstände durch Deutung aufgelöst und Impulse freigesetzt werden, die der Patient zunächst im Umgang mit Personen des Alltagslebens fürchtet. Auch hier ist zu beachten, daß nicht ein unerreichbares Ideal von Normalität zur Darstellung kommt, das den Patienten eher entmutigt, als in seiner Entwicklung fördert.

Um frühgestörte Patienten nicht mit unbewußtem Material zu belasten, wenn sie ohnehin schon mit den bewußt erlebten Konflikten nicht fertig werden können, wird man Widerstände, die sich gegen das Bewußtwerden richten, selten und nur sehr vorsichtig ansprechen. Das gilt für die psychosozialen Kompromißbildungen wie für die individuellen Abwehrmechanismen des Patienten. Eher ist es therapeutisch nützlich, normative Verhaltensregulierungen (HEIGL-EVERS und SCHULTE-HERBRÜGGEN 1977, HEIGL-EVERS und STREECK 1985) in Frage zu stellen, die eine Gruppe "aushandelt" (STREECK 1980). Die Normen einer Gruppe können ja mehr oder weniger Freiräume lassen. Eine Reduktion der Freiräume hat Schutzfunktionen, bremst aber die Entwicklung. Die Ich-Funktionsmängel ich-strukturell gestörter Patienten gehen in das ausgehandelte Normengefüge ein. Ich-Funktionsmängel können allerdings auch bewirken, daß Freiräume als existent angenommen werden, wo es sie in Wirklichkeit nicht gibt.

HEIGL-EVERS und STREECK (1985) führen als Beispiel an, daß sich in einer Gruppe die Norm herausbildete, man solle sich dem anderen vorbehaltlos anvertrauen, was durch eine primitive Idealisierung der Gruppenmitglieder bedingt war. Der Therapeut sagte: "Ich weiß nicht so recht; wenn ich mich hier so umschaue und mir vorstelle, ich sollte mich vorbehaltlos anvertrauen, dann ist mir doch etwas unbehaglich zumute, weil ich im Augenblick noch nicht recht wüßte, womit ich da bei einigen anderen zu rechnen hätte."

In dieser Intervention benannte der Therapeut die Norm (sich vorbehaltlos anvertrauen), und er teilte gleichzeitig mit, daß er diese Norm nicht akzeptierte. Durch den Ausdruck seines eigenen Unbehagens wollte er die Normen relativieren und die Aufmerksamkeit der Gruppenmitglieder auf die Frage lenken, wie denn die Beziehungen in der Gruppe wirklich beschaffen seien. In der Folge stellte sich dann auch heraus, daß Gruppenteilnehmer, die während der Normendiskussion geschwiegen hatten, gerade nicht freundlich akzeptierend vor absoluter Offenheit reagiert hätten, was natürlich ihre Idealisierung in Frage stellte.

In einem anderen Entwicklungsstand der Gruppe könnten paranoide Vorstellungen vorgeherrscht haben, etwa mit der Norm: Man darf nicht offen sein, weil man damit immer schlechte Erfahrungen macht. Auch hier hätte der Therapeut aus eigener Erfahrung mitteilen können, daß man nicht immer und nicht in jeder Situation mit Offenheit schlechte Erfahrungen zu machen braucht. Er hätte damit darauf hingewiesen, daß vielleicht mehr Freiräume bestehen, als die Norm annehmen läßt.

Wenn es darum geht, Normen zu verändern, führt der Therapeut eine Aktion an. Er befindet sich damit in der Alpha-Position; eine Position, die er in den beiden anderen Formen des Göttinger Modells nicht anstreben sollte, außer eventuell auf der Ebene der Arbeitsbeziehungen. Der Therapeut kann mit seinem

Normenvorschlag angegriffen werden; dann gelangt er in eine Omega-Position, also in die Position eines inneren Gegners der Gruppe, kann dann aber aus dieser Position heraus wieder in die Position des Anführers der Gruppe (Alpha-Position) kommen.

Wie alle psychoanalytischen Verfahren befindet sich die psychoanalytisch-interaktionelle Therapie in einer Weiterentwicklung. Fragen, die dabei interessieren, sind: Wie kann der Therapeut durch seine Beziehungsangebote die Internalisierung eines Objekts am besten fördern, das über Identifikationsvorgänge den Aufbau funktionierender Ich-Strukturen gewährleistet? Ist es dabei zweckmäßig, Gefühle, die der Therapeut empfindet, immer zu benennen, oder genügt es, wenn er die Gefühle nonverbal ausdrückt?

Viele ich-strukturell gestörte Patienten leiden an einer Dekodierungsschwäche für die Gefühle anderer Menschen, die nicht verbal, sondern mimisch oder gestisch vermittelt werden; gerade bei diesen Patienten kann es sinnvoll sein, die Gefühle, die der Therapeut empfindet, zu benennen. Andererseits könnte ein Patient mit einer solchen Dekodierungsschwäche Schwierigkeiten haben, die Benennungen mit etwas Konkretem zu verbinden, zumal wenn er die entsprechenden Gefühle bei sich selbst noch nicht benennen kann. Dann bleiben Benennungen ohne ein dem Patienten zugängliches Substrat. Vielleicht sollte bei solchen Patienten Vorrang haben, daß der Therapeut sich um eine Klärung dessen bemüht, was ein Patient empfindet, und den Gefühlszuständen des Patienten eine größere Prägnanz verleiht und sie besser handhabbar macht, indem er sie mit Benennungen verknüpft, wie dies im Klarifizieren von Affekten geschieht. In der Folgezeit könnte der Patient dann auch mit Benennungen von Gefühlen des Therapeuten mehr anfangen.

Eine Befragung von Gruppenmitgliedern aus psychoanalytisch-interaktionellen Gruppen (Ott 1991) hat ergeben, daß sie es als weniger hilfreich empfanden, wenn der Therapeut seine eigenen Gefühle benannte, als wenn er die Gefühle der Gruppenmitglieder zu klären versuchte. Bei den Gruppenmitgliedern handelte es sich allerdings nicht um schwer ich-strukturell gestörte Patienten. Vielleicht wird die Schwierigkeit, eigene Gefühle zu benennen, ganz allgemein unterschätzt. In diese Richtung weisen auch die Schwierigkeiten psychoanalytischer Weiterbildungsteilnehmer, eigene Gefühle zu benennen, wenn es um die Gegenübertragungsdiagnostik geht.

Weiter sollte vielleicht mehr berücksichtigt werden, daß ein Therapeut nicht nur durch Gefühle wie Neugier, Ärger oder Sympathie in seinem Handeln bestimmt wird, sondern auch durch die Erfordernisse seiner therapeutischen Rolle. Wenn ein Therapeut zum Beispiel eine Informationsfrage stellt, kann dies aus Neugier geschehen, wahrscheinlicher aber deshalb, weil er die Information, nach der er fragt, nutzen kann, um seine therapeutische Aufgabe zu erfüllen, zum Beispiel, um einen Patienten besser zu verstehen.

Hier erscheint es weder nötig noch förderlich, wenn der Therapeut eine Frage mit Gefühlen verknüpft, die er vielleicht auch empfindet, die ihn aber nicht überwiegend motivieren. Manche ich-strukturell gestörten Patienten können es zunächst leichter akzeptieren, daß ein Therapeut etwas von ihnen wissen will, weil er die Information braucht, um seine therapeutische Aufgabe zu erfüllen, als wenn er etwas wissen möchte, weil es seine Neugier befriedigt.

Gruppentherapeutische Konzepte und der praktizierte Umgang mit ihnen

Es ist eine Selbsttäuschung, wenn ein Therapeut meint, nur zu deuten oder, wie im Göttinger Modell der psychoanalytisch-interaktionellen Therapie, nur zu "antworten". Das haben auch Untersuchungen gezeigt, zu denen sich HEIGL-EVERS als Therapeutin dankenswerterweise zur Verfügung gestellt hat (DAVIES-OSTERKAMP et al. 1987). Es zeigte sich, daß die Therapeutin in psychoanalytisch-interaktionellen Gruppen viel häufiger *deutete,* als es dem psychoanalytisch-interaktionellen Konzept entsprach, und andererseits, wenn sie die psychoanalytisch orientierte Form der Göttinger Gruppentherapie anwandte, viel häufiger *antwortete,* als sie selbst zu bemerken schien. Bei Therapeuten, die nicht wie HEIGL-EVERS ein Konzept anwenden, das sie selbst entwickelt haben, dürfte der Unterschied zwischen Konzept und Praxis noch größer sein.

Solche Diskrepanzen zwischen Konzept und Praxis kann man bedauern, man kann sie aber auch positiv werten: In der Praxis setzen sich die Erfordernisse der therapeutischen Arbeit in der Weise durch, daß ein Therapeut Bedürfnisse der Patienten mitbekommt und sein Verhalten auch dann auf sie einstellt, wenn sein Konzept es nicht vorsieht.

Auch die Tatsache, daß erfahrene Anwender bestimmter Konzepte mit günstigen Auswirkungen über die Grenzen des Konzeptes hinausgreifen - wir haben das auch sonst bei Kollegen beobachtet, die bestimmte Konzepte "schulmäßig" anzuwenden meinten - ermutigt uns, das für die Praxis zu *empfehlen.* Für die didaktische Vermittlung gruppentherapeutischer Verfahren mag es zweckmäßig sein, zunächst auf der Einhaltung eines Konzeptes zu bestehen; das kann aber immer nur einen Schwerpunkt bezeichnen, auf den sich die therapeutische Arbeit konzentrieren sollte, ohne daß sie sich darauf beschränken muß.

Andererseits kann der Therapeut aber nicht zu viele Dinge *gleichzeitig* im Auge haben, weil seine Fähigkeit, mehrere, miteinander in Verbindung stehende Phänomene gleichzeitig zu überblicken, natürliche Grenzen hat. Er kann aber verschiedene Dinge *nacheinander* sehen oder auch tun. Er kann nacheinander verschiedene Aspekte des therapeutischen Prozesses betrachten, mit dem Hier und Jetzt, in den Außenbeziehungen, in der Vergangenheit des Patienten arbeiten, mehr deutend und mehr antwortend intervenieren, mehr die Beziehung der Gruppe zu sich selbst oder mehr die Beziehungen der Gruppenmitglieder untereinander ansprechen, er kann die Gruppe wie eine Wesenheit auffassen und entsprechende Deutungen geben, er kann die therapeutische Arbeit den Gruppenmitgliedern überlassen, und er kann vorübergehend Einzeltherapie in der Gruppe betreiben.

Das heißt natürlich nicht "anything goes". Einem beliebigen und willkürlichen Therapeutenverhalten reden wir nicht das Wort, wohl aber einem variantenreichen und flexiblen Verhalten. Der Therapeut sollte wissen, warum er etwas tut oder es zumindest im Nachhinein gut begründen können - manchmal wird man in der therapeutischen Situation die Begründung mehr ahnen als sie in Gedanken ausformulieren und die Patienten sollten spüren, daß der Therapeut sich variantenreich verhält, weil er sich an die Gegebenheiten adaptiert und mit ihnen kompetent umgeht; nicht weil es ihn etwa langweilt, immer das gleiche zu tun, wie man das bei sprunghaften hysterischen Therapeuten gelegentlich beobachten kann. Solche Therapeuten ängstigen und irritieren ihre Patienten.

Spezielle Praxis

Struktur- und übertragungsspezifisches Patienten- und Therapeutenverhalten

Schweigen eines Patienten ist in der Gruppe häufiger als in der Einzeltherapie. Ein Gruppenmitglied kann ja die anderen reden lassen. Manche schizoide Patienten schweigen lange. Sie sind einerseits noch nicht in der Lage, an den verbalen Interaktionen der Gruppe teilzunehmen; andererseits partizipieren sie aber über eine Identifikation mit anderen Gruppenmitgliedern am Gruppenprozeß. Durch reale Informationen, die sie über andere Gruppenmitglieder erhalten, korrigieren sie übertragungsbedingte Verkennungen. Sie können schweigend erhebliche Fortschritte machen (KÖNIG 1975c). Dies könnten sie in Einzeltherapien nicht. In der Einzeltherapie ist der Patient verbal gefordert. Ein therapeutischer Prozeß, an dem er schweigend partizipieren könnte, findet nicht statt.

Im Schweigen ist es diesen Patienten möglich, das zu sortieren, was sie aufnehmen wollen, indem sie ihre Wahrnehmung selektiv ausrichten. Die übrigen Gruppenmitglieder tolerieren das Schweigen dieser Patienten, weil sie spüren, daß diese einerseits "dabei sind", andererseits aber nicht mehr tun können als schweigen. Für den Therapeuten stellt sich die Frage, ob es sich um einen innerlich produktiv schweigenden Patienten handelt, oder ob ein Widerstand vorliegt, den es zu bearbeiten gilt. Aus der Frühzeit unserer eigenen gruppentherapeutischen Arbeit erinnern wir eine Patientin mit Obstipation und Laxantienabusus, die nach einigen Sitzungen, die sie schweigend verbrachte, die Therapie abbrach. Hier wäre eine Intervention des Therapeuten angezeigt gewesen.

An den Beispielen der schweigend partizipierenden, frühgestörten Patienten und der Patientin mit chronischer Obstipation, die im unproduktiven Widerstand schwieg, wird ein Entscheidungsproblem des Therapeuten deutlich: Soll er ein Schweigen ansprechen oder nicht? Es gibt auch ein Schweigen des Sich-Eingewöhnens und ein kommunikatives Schweigen, bei dem auf dem Weg nonverbaler Signale eine gemeinsame Gruppenphantasie entsteht.

Keinesfalls alle frühgestörten Patienten schweigen. Es gibt Patienten mit Borderline-Struktur, die versuchen, in Gruppen eine Situation herzustellen, in der sie die gespaltenen Objekte wiederfinden: Sie stellen durch projektive Identifikationen vom Übertragungs- und Konfliktentlastungstyp Untergruppen her, die ihnen entweder freundlich oder aber feindlich gesonnen sind. An ihnen "scheiden sich die Geister", sie faszinieren oder provozieren Ablehnung.

Besonders häufig läßt sich dies bei Borderline-Patienten finden, die einen hysterischen Überbau aufweisen. Auch die hysterische Strukturkomponente macht es für sie schwer erträglich, nicht im Mittelpunkt der Aufmerksamkeit zu stehen. Sie müssen geliebt oder gehaßt, jedenfalls aber manifest wahrgenommen werden. Mehr narzißtisch strukturierte Patienten kann der gleiche hysterische Überbau zu einem kühl-manipulierenden Verhalten befähigen. Die Patienten stimmen die Gruppe auf sich ein, wobei sie "in der Menge baden", auch wenn die Menge nur aus sieben anderen Patienten und dem Therapeuten besteht. Dabei ist ihnen die Einzelperson unwichtig. Mit dem Gesamtobjekt Gruppe phantasieren sie eine Symbiose, in der sie narzißtische Zufuhr erhalten.

Narzißtische Patienten können gleichgültig-zurückgezogen, kühl-bewußt manipulierend, auffallend kränkbar oder besonders rechthaberisch auftreten. Wie sich eine narzißtische Grundstruktur im Verhalten des Gruppenteilnehmers äußert, hängt weitgehend von den daneben noch vorhandenen Strukturanteilen ab. So findet sich rechthaberisches Verhalten besonders bei zwangsstrukturierten narzißtischen Patienten. Narzißtisch-depressive Gruppenteilnehmer haben einerseits die depressive Position nach MELANIE KLEIN teilweise erreicht; andererseits leiden sie oft unter besonders starken Problemen des Selbstwertgefühls, was sie leicht kränkbar macht.

Es erscheint uns wichtig, sich klarzumachen, daß die narzißtische Strukturbildung als ein Lösungsversuch gesehen werden kann, mit einer besonders frustrierenden Umwelt fertigzuwerden, wenn der Betreffende die Umwelt nämlich als gleichgültig erlebt, was es ihm auch leichter macht, sie zu manipulieren und so noch zu einer Befriedigung seiner funktionalen Bedürfnisse zu kommen. Das zu sehen, ist für den Therapeuten auch deshalb wichtig, weil es aggressive Gegenübertragungsgefühle reduzieren kann.

Ein paranoides Verhalten findet sich besonders bei Patienten mit einer Kombination von schizoider und Zwangspersönlichkeit. Einige dieser Patienten strukturieren die Gruppe so, daß sie zum Verfolger wird, und beweisen dabei oft eine starke "interaktionelle Potenz" (KÖNIG 1982). Andere wieder verbergen im Schweigen ihre paranoiden Befürchtungen. Ihre paranoiden Erwartungen bestätigen sie durch die Selektivität ihrer Wahrnehmung des Verhaltens der anderen und durch projektive Identifizierungen. Die narzißtisch-depressiven, leicht gekränkten Patienten schweigen selten über längere Zeit, weil sie konkrete Beziehungen zu den Objekten herstellen müssen; sie schweigen aber im Gekränktsein und sind dann oft ihrem Selbsthaß überlassen, was bis zur Suizidgefährdung gehen kann; sie hassen sich auch deshalb, weil sie eben Menschen sind, die man kränken kann. Ein Dauerschweigen kann bei den depressiven "unwillkommenen" Patienten auftreten, die den Eindruck haben, sie seien überall überflüssig.

Bei der Differentialdiagnose der verschiedenen Formen des Schweigens spielt das nonverbale Verhalten eine große Rolle. Es läßt sich meist erkennen, ob jemand partizipierend, trotzig, gekränkt oder paranoid-ängstlich schweigt, ob er sich unwillkommen und überflüssig vorkommt, oder ob er zum Beispiel phobisch vermeidet und als Phobiker Angst hat, sich aus der Gruppe heraus zu profilieren (KÖNIG 1986b). Es empfiehlt sich, Patienten, bei denen man unsicher ist, gegen Ende der Sitzung anzusprechen - gegen Ende der Sitzung nicht nur, um abzuwarten, ob sie nicht doch von selbst reden, sondern auch, weil manche Patienten mehr von sich sagen können, wenn sie wissen, daß die Sitzung bald zu Ende ist, so daß der feste Zeitrahmen sie daran hindern würde, sich in unübersehbarer Weise einzulassen.

Nicht nur die Gruppenstruktur, sondern auch die Übertragungskonstellation bestimmt, ob ein Patient schweigt oder spricht. Es gibt Patienten, die als Kind durch hartnäckiges Schweigen auf sich aufmerksam machten (KREISCHE 1986), wenn sie in der Familie "das fünfte Rad am Wagen" waren. Es gibt Patienten, die, wie manche hysterischen und / oder latent homosexuellen Männer, ihr Verhalten in der Gruppe und das der anderen vorwiegend unter dem Gesichtspunkt der Rivalität mit dem Vater erleben und Rivalitätsauseinandersetzungen ausweichen möchten. Es gibt schließlich die Übertragung des steuernden Objekts (KÖNIG 1986b), die charakterologische *und* Übertragungsaspekte hat: Das Bedürfnis nach einem steuernden Objekt entsteht aus Defiziten der Ich-Struktur *und* aus einem Wunsch nach Familiarität.

Allgemein läßt sich sagen, daß ein Verhalten um so mehr charakterbedingt und um so weniger übertragungsbedingt ist, je weniger die Personen, denen gegenüber der Betreffende in einer bestimmten Weise reagiert, in dem Sinne "passen" müssen, daß sie bestimmte Übertragungsauslöser aufweisen. So können Patienten, die eigene ausbeuterische Impulse auf die Gruppe projizieren und deshalb schweigen, weil sie das Sprechen als verbales Sichverausgaben empfinden, oder Angst haben, ausgesaugt zu werden, wenn sie sich der Gruppe zeigen, dies in allen Phasen einer Gruppenentwicklung tun oder nur in bestimmten Phasen der Gruppenentwicklung, in denen sich die Auslöser im Verhalten der anderen Gruppenmitglieder konstellieren, die eine Externalisierung entsprechender Selbstanteile nahelegen. Natürlich können auch ausbeutende *Objekte* übertragen werden.

Auch Patienten, die Angst haben zu kränken und deshalb schweigen, können dies mehr aus strukturellen Gegebenheiten oder mehr aus übertragungsbedingten Motiven tun.

Manche Patienten haben schließlich die Erfahrung gemacht, daß sie tatsächlich kränken, weil bestimmte Ich-Funktionen nicht ausreichend entwickelt oder aber durch Konflikte gelähmt sind, besonders die Ich-Funktion der Antizipation der Wirkung des eigenen Verhaltens auf andere.

Ich-psychologisch läßt sich Charakterentwicklung als Modifikation ursprünglicher Beziehungswünsche unter Einsatz von Abwehrmechanismen verstehen. Die Objektbeziehungstheorie betont den ständigen Einfluß der inneren Objekte auf das habituelle Verhalten des Menschen: jene inneren Objekte, die *habituell* in Beziehungen *übertragen* werden, wobei der Patient versucht, seine innere Welt durch selektive Wahrnehmung und durch den interaktionellen Anteil der Übertragung in der Außenwelt zu reproduzieren. Am fruchtbarsten ist es wohl, ich-psychologische und objektbeziehungstheoretische Aspekte gleichzeitig oder abwechselnd im Auge zu haben. Dabei ist auch darauf zu achten, wodurch Abwehrmechanismen in Gang gesetzt werden: ob sie habituell in Aktion treten oder ob sie nur im Zusammenhang mit bestimmten Übertragungskonstellationen aktiv werden.

Eine Sonderstellung nehmen die Abwehrmechanismen der Depersonalisation und der Derealisation ein. Sie treten in Alltagssituationen nur bei sehr ich-schwachen Patienten auf. Bei gesunden Personen kommen sie unter der Einwirkung starker traumatischer Einflüsse vor (JACOBSON 1973). Patienten in Einzelanalyse sprechen meist über solche, sie stark beunruhigenden Veränderungen von Selbst- und Fremdwahrnehmung; in Gruppen können sich die gleichen Patienten aber zurückziehen und schweigen. Hier sind Informationen aus der Anamnese nützlich, die sich auf die Ich-Leistungen der Patienten beziehen. Zustände von Depersonalisation und Derealisation können nicht nur sehr quälend sein, sie verhindern durch die damit verbundene Distanzierung vom Körper-Selbst und von der Umwelt ein Wirksamwerden des Gruppenprozesses, allerdings auch im Sinne einer Schutzfunktion, die es zu erkennen und diagnostisch einzuordnen gilt. Nach unserer Erfahrung haben Depersonalisation und Derealisation in Gruppen meist die Funktion einer Abwehr gefährlicher destruktiver Impulse nach Frustration.

Schweigen kann anzeigen, daß die Toleranzgrenze eines Patienten überschritten ist. So gibt es kaum Menschen, die Veränderungen des Selbstkonzepts, die durch die Therapie bewirkt werden, von vornherein und uneingeschränkt positiv gegenüberstehen. Konfrontationen mit Mängeln des Selbstkonzepts sind verunsichernd und kränkend. Dann wird weniger das Sprechen gefürchtet als die aus der Gruppe erwarteten Antworten.

Im Sprechen ungeübte Patienten fürchten, sich zu blamieren. Das ist als ein normales Phänomen zu betrachten. Die Angst eines Erythrophoben, beim Sprechen rot zu werden, ist hingegen ein Krankheitssymptom.

Bildungs- und Sozialschichtprobleme spielen nicht nur bei der Angst, sich zu blamieren, eine Rolle, sondern auch bei der Befürchtung, nicht verstanden zu werden. Andererseits werden Sozialschichtprobleme oft vorgeschoben, um ödipale Rivalitätsängste zu rationalisieren, wobei Angehörige der Mittel- und Oberschicht Übertragungsauslöser für Eltern bieten.

Selbstverständlich können auch abgewehrte Exhibitionswünsche, besonders solche phallischer Art, Kastrationsängste und die Angst vor eigenen kastrierenden Tendenzen bei gleichzeitigem Wunsch, den anderen als nichtkastriertes Wesen zu behalten, beteiligt sein, natürlich auch die Angst vor der Rache kastrierter anderer.

Manche Patienten finden keine Vertrautheit, weil sie ihre Übertragungen nicht unterbringen können. Es entsteht für sie in der Gruppe keine Familiarität (vgl. S. 53), und deshalb schweigen sie unter Umständen resigniert oder verängstigt. Spricht man sie darauf an, werden oft äußere Dinge vorgeschoben, etwa daß die Mitglieder der Gruppe eben andere Interessen hätten, in einer anderen Welt lebten, etc. In Wahrheit bieten sie keine Übertragungsauslöser für die Übertragungsbedürfnisse des Patienten.

Wie weiter oben schon erwähnt, geht es für den Therapeuten beim Umgang mit schweigenden einzelnen Patienten darum, Hypothesen zu bilden, warum sie schweigen, und zu entscheiden, ob er sie ansprechen soll oder nicht. Das Ansprechen kann in einem Fragen bestehen, wie sich der Betreffende fühlt, man kann Vermutungen äußern, und man kann schließlich auch beobachtetes Verhalten ansprechen. Das Fragen ist die schonendste Methode, weil sie am ehesten dem sozial Üblichen entspricht und dem Patienten die Wahl läßt, zu antworten oder nicht, und ihm auch die Wahl läßt, was er sagen will. Vermutungen unterstellen etwas Bestimmtes. Treffen sie zu, kann sich der Patient bloßgestellt fühlen; treffen sie nicht zu, fühlt er sich nicht verstanden.

Die Gefahr, daß sich der Patient bloßgestellt fühlt, besteht auch beim Ansprechen nonverbalen Verhaltens. Auch hier ist es zweckmäßig, sich am sozial Üblichen zu orientieren: Man sollte am ehesten das ansprechen, was als Ausdrucksverhalten allgemein anerkannt ist, also den Gesichtsausdruck und die Gestik (vgl. S. 51). Die Körperhaltung oder die Stellung der Beine, die oft einen direkten Bezug zu sexuellen Phantasien hat, sollte der Therapeut nur ansprechen, wenn nicht nur eine gute Arbeitsbeziehung zwischen ihm und dem betreffenden Patienten besteht, sondern dieser auch gute Arbeitsbeziehungen zu den anderen Gruppenmitgliedern hat. Die verbale Interaktion mit schweigenden Patienten sollte jedenfalls nicht durch eine Intervention eingeleitet werden, die den Patienten bloßstellen könnte.

Überhaupt empfiehlt es sich, darauf zu achten, wie weit sich in den Beziehungen der Patient bereits ein Kommunikationssystem entwickelt hat, das auf einer guten Arbeitsbeziehung basiert. Hatte der Therapeut noch keine Interaktionen mit dem schweigenden Patienten, wohl aber mit anderen, so hat er in der Gruppe zumindest demonstriert, wie er arbeitet - durch die Art und Weise, wie er mit anderen Gruppenmitgliedern umging.

Daß sich eine Arbeitsbeziehung entwickelt, kann von seiten eines Patienten dadurch verhindert werden, daß er ein ganz anderes Konzept hat, wie die Therapie laufen sollte, als der Therapeut. Besonders bei zwanghaften Patienten kommt das vor.

Wenn solche Patienten dann Angst haben, sie würden ausgestoßen, wenn sie zu erkennen geben, daß sie ganz anders arbeiten möchten, kommt dieses Problem nicht in die Bearbeitung. In diesem Zusammenhang verweisen wir auf die Wichtigkeit der Vorgespräche, in denen der Therapeut die Frage stellen sollte, wie der Patient meint, daß die Gruppe ihm helfen kann und wie sie wirkt. Hier ist besonders darauf zu achten, ob der Patient Einwände zu verschweigen scheint.

Die Interaktionsroutine eines Kontaktgestörten, zum Beispiel in Form eines ironischen Provozierens, eines brillanten Intellektualisierens oder in Form des Einsatzes karikierender Selbstironie, kann sich als schwer zu bearbeitender Widerstand erweisen, weil es schwierig ist, sie zu hinterfragen und die Kontaktstörung damit manifest werden zu lassen, wenn der Patient keine anderen Kontaktmöglichkeiten zur Verfügung hat. Meist sind die gefundenen Lösungen aber suboptimal, die Interaktionskompetenzen erweisen sich als einengend. Am Ende ist es meist doch angezeigt, sie in Frage zu stellen, ohne daß man sie dem Patienten ganz schlechtmachen sollte. Manchmal kann es auch nötig sein, ein Kontaktverhalten, das an sich Widerstandscharakter hat, gegen die übrigen Gruppenmitglieder gleichsam abzuschirmen, indem man die auch vorhandenen Vorzüge benennt. Oft geht es ja nur darum, eine Erweiterung des Verhaltensspektrums zu fördern, und nicht darum, es durch ein völlig anderes zu ersetzen.

Im psychotherapeutischen Jargon, der oft von Patienten übernommen wird, wenn sie einige Therapieerfahrung haben, verbergen sich Widerstände gegen alternative Sichtweisen. Ein solcher Terminus ist das Wort "Leistungsdruck". Wer arbeitsgestört ist, hat vielleicht nie erlebt, daß Leisten auch Funktionslust erzeugt und daß Leistung nicht nur immer von außen motiviert sein muß. Depressive Patienten, denen es an Antrieb fehlt, erleben jede Handlung als mühsam, weil sie durch Zweckmäßigkeitsüberlegungen oder durch Über-Ich- oder Ich-Ideal-Anforderungen motiviert sind, nicht aber durch Funktionslust; phobischen Patienten machen Handlungsimpulse Angst. Sie halten sich in Gruppen deshalb in der Arbeit zurück.

In jeder Therapie sind Leistungen des Patienten gefordert. Ein Patient muß arbeiten, damit er Fortschritte macht. Manche Therapeuten, besonders *depressive*, die ja nicht selten sind, haben ein schlechtes Gewissen, wenn sie von Patienten Leistungen erwarten. Sie erwecken die Illusion, alles werde von selbst gehen. Im

Geheimen ärgern sie sich aber über Patienten, die in der Gruppe nichts tun mögen, und werten sie innerlich ab. Manche dieser Therapeuten haben auch die Neigung, sich mit Subgruppen zu verbinden, die gegen Leistung protestieren, und sie gegen andere, die Spaß daran haben, etwas zu tun, und das gleiche von dieser Subgruppe erwarten, in Schutz zu nehmen.

Auch was er in der Gruppe aufgreift oder beiseite läßt, kann mit der Struktur des Therapeuten zusammenhängen. *Schizoide Therapeuten*, die Nähe fürchten, regen die Gruppe zu aggressiven Auseinandersetzungen an, *zwanghafte* provozieren gleichfalls Aggressivität und genießen sie insgeheim, solange sie sich entweder nicht gegen sie selbst richtet, oder sie das Gefühl haben können, sie selbst hervorgerufen zu haben, zum Beispiel indem sie Aggression "locken". Wer Aggression "lockt", ist ja ihr Verursacher. Ein solches Verhalten bewirkt dann oft, daß autochthone Aggression in der Gruppe nicht stattfinden kann, weil der Therapeut sie ja offensichtlich erwartet.

Natürlich ist es für den Therapeuten leichter, abgelehnte erlebte Impulse zu kontrollieren, als dahinterzukommen, daß er abgelehnte Impulse abwehrt und zum Beispiel, bei Reaktionsbildung, Aggressivität durch Fürsorglichkeit ersetzt. Entsprechend können abgewehrte phallische Rivalitätsimpulse dazu führen, daß jemand ein Gruppenmitglied, das die Therapeutenrolle anstrebt, darin nicht in Frage stellt oder sogar darin fördert, obwohl es therapeutisch für den Patienten und oft auch für die Gesamtgruppe ungünstig wäre, wenn es dem Rivalisierenden gelänge, den Therapeuten zu entmachten oder in manchen seiner Funktionen auf unzweckmäßige Weise zu ersetzen.

Es gibt Naturtalente, die schnell auf Deutungen kommen. Solchen Gruppenmitgliedern fehlt aber doch eine wesentliche Kompetenz des Therapeuten, nämlich die Fähigkeit, die Auswirkungen von Interventionen zu antizipieren, sie richtig zu dosieren und zum richtigen Zeitpunkt zu geben. Ein wildes Analysieren eines Gruppenmitglieds in einer Gruppe sollte nicht nur im Interesse dieses Gruppenmitglieds, sondern auch der anderen Gruppenmitglieder angesprochen werden.

In diesem Zusammenhang möchten wir noch darauf hinweisen, daß eine hypomanisch abgewehrte Depression einen Therapeuten ebenfalls zu unzweckmäßiger Aktivität verleiten kann, eine überkompensierte primäre Kontaktstörung zu übertriebenen und verschreckenden Kontaktangeboten. Entwertet er Gruppenmitglieder, entdeckt ein Therapeut das meist leichter, und er kann Entwertungen leichter kontrollieren als Idealisierungen, die dazu führen, daß ein Patient überfordert wird oder daß sich der Therapeut an Fähigkeiten begeistert, die ein Patient hat, und aus dem Blick verliert, was gleichzeitig in dessen Leben und in der Gruppe schief läuft und bearbeitet werden müßte. Eine solche Begeisterung kann auch auf abgewehrten Neid zurückgehen (KIERKEGAARD: "Gegen die Vorzüge anderer gibt es nichts als Bewunderung"), oder aufkommen, weil die Gruppe als Ganzes sich durch den Verlust eines "Gliedes" traumatisiert fühlt.

Kontraphobische Analytiker, die es kränkt, Angst zu haben, und die deshalb Risiken eingehen (KÖNIG 1986b), können Patienten in waghalsige Unternehmungen treiben, indem sie bewußt oder unbewußt entsprechende Handlungsentwürfe bestätigen. *Hypomanische,* überoptimistische Therapeuten oder *hysterische* Therapeuten, deren Realitätsprüfung beeinträchtigt ist, können bezüglich der Möglichkeiten von Patienten überoptimistisch sein und nicht nur eine Therapie zu frühzeitig beenden, sondern auch die realen Möglichkeiten dieser Patienten im beruflichen und privaten Bereich überschätzen.

Schließlich sollte ein Therapeut in der Gruppentherapie bedenken, in welcher Lebenssituation er selbst sich befindet. Seine Übertragungsbedürfnisse hängen davon ab, welche Entsprechungen die innere Welt seiner Objekte in den Außenbeziehungen bereits findet.

Selbst wenn ein Therapeut sich bemüht, eigene Vorlieben und Ängste nicht in der Therapie wirksam werden zu lassen, wird ihm das doch nicht immer gelingen. Lebenslösungen wie die Trennung einer konflikthaften Beziehung oder aber das Durchstehen einer Beziehung, die keine Perspektive hat, können die Einstellung des Therapeuten gegenüber Beziehungen seiner Patienten beeinflussen (vgl. KÖNIG und KREISCHE 1991). Das gilt für Beziehungen innerhalb und außerhalb der Gruppe. Entsprechendes gilt für Erfahrungen, die ein Therapeut mit seinen Kindern und mit seinen alten Eltern gemacht hat. Jederzeit sollte ein Therapeut sich vor Augen halten, daß nicht nur die ersten fünf Lebensjahre eine Persönlichkeit formen. Daß die Adoleszenz dies tut, wird immer mehr anerkannt; die späteren Lebensjahre werden oft noch vernachlässigt oder nur unter dem Aspekt der Reinszenierung ödipaler und, wenn es hoch kommt, adoleszenter Konflikte gesehen.

Sicher ist jedes erwachsene Verhalten durch die Vergangenheit beeinflußt. Die Beziehungen zu den inneren Objekten lassen aber oft mehrere erwachsene Beziehungsmöglichkeiten und Problemlösungen in Beziehungen zu, und es hängt manchmal von Zufälligkeiten ab, welche Lösung einer wählt. Hat er sie aber gewählt und sein weiteres Leben darauf aufgebaut, kann es ihm Schwierigkeiten machen, andere Lösungsmöglichkeiten bei anderen zu akzeptieren und ihre Perspektiven, das heißt ihre Chancen und Gefahren, realitätsgerecht einzuschätzen. Hier können die Patienten einer Gruppe eine wichtige Korrektur sein; auch ihre Ansichten kommen ja ins Gespräch, wenn ein Patient vor Lebensproblemen steht.

K. König sagt in seinen Gruppen häufig: "Die Menschen sind verschieden." Eine banalere Intervention läßt sich schwer vorstellen, dennoch ruft sie nicht selten Überraschung hervor. Daß Menschen verschieden sind, gehört zu den Tatsachen, die jeder kennt, aber nicht jeder wirklich zur Kenntnis genommen hat. "Mit dem Verstand" sind sich viele Patienten darüber im klaren, daß es verschiedene Lebensmöglichkeiten gibt, die für verschiedene Menschen verschieden passen. Im geheimen haben viele aber doch eine Idealvorstellung davon, wie ein Mensch leben und sich in bestimmten Situationen verhalten sollte. Das gilt besonders für *zwanghafte* Patienten, die alles "richtig" machen müssen und deshalb an der Vorstellung eines idealtypischen Verhaltens oft zäh festhalten, aber auch für *schizoide* Patienten, die nur mit Menschen umzugehen gelernt haben, mit denen sie auf gleicher Wellenlänge liegen. Sie konnten anders geartete Menschen gar nicht so nah kennenlernen, daß sie deren Lebensmöglichkeiten voll erfahren und einschätzen lernten. Gerade für solche schizoiden Patienten bietet die Gruppe große Chancen einer Verbreiterung ihrer Einstellungen und einer Auffächerung der Skala ihrer Beziehungsmöglichkeiten. Bei *zwanghaften* Patienten muß die Angst vor dem "Falschen" meist im Sinne einer Abwehranalyse bearbeitet werden, wobei sich die Abwehr gegen das Andersartige hinter einer Scheintoleranz verstecken kann, die aber oft die Form hat: Für andere Menschen mag das gut sein, was ich toleriere, aber mir würde ich es nie gestatten (und deshalb bin ich ein besserer Mensch).

Gruppentherapeuten sollten nicht vergessen, daß die Gruppe nicht das einzig Wichtige im Leben der Gruppenteilnehmer ist. So kann ein Gruppenmitglied mit Ereignissen in seinen Außenbeziehungen so stark beschäftigt sein, daß er in der Gruppe dabei bleibt, sich damit zu beschäftigen. Er kann auch befürchten, daß etwas Unangenehmes passiert, wenn er davon spricht: Er "decouvriert" sich dann mit seinen Beziehungen außerhalb der Gruppe. Damit könnte er auf Kritik stoßen.

Er kann auch das Gefühl haben, daß "sein Problem" zur Zeit nicht "in die Gruppe hineinpaßt". Es gibt Menschen, die überall der Meinung sind, daß ihre Angelegenheiten nicht hineinpassen, es kann aber auch so sein, daß die Aufmerksamkeit der übrigen Patienten tatsächlich stark auf Beziehungsformen ausgerichtet ist, die einer anderen Entwicklungsphase angehören als die Beziehungsform, die den Patienten zur Zeit gerade beschäftigt. Die Befürchtung, ein Patient könnte mit dem, was er sagen will, nicht ankommen, hat dann eine realistische Komponente, die sich aus dem Stadium des Gruppenprozesses ergibt. In Gruppen, die zweimal pro Woche zusammenkommen, befassen sich die Patienten meist mehr mit den Beziehungen innerhalb der Gruppe als in solchen, deren Frequenz geringer ist. Deshalb geschieht in den niederfrequenten Gruppen meist mehr "Einzeltherapie in der Gruppe" als in den höherfrequenten Gruppen. Wenn man mit GARLAND (1982) der Meinung ist, daß es eine wesentliche Wirkungskomponente der Gruppe sei, ein alternatives System anzubieten, das mit den Systemen, in denen der Patient sonst lebt, in Konkurrenz tritt, ist es wichtig zu sehen, daß diese Wirkungskomponente bei Gruppen, die sich zweimal pro Woche treffen, höher sein wird als bei Gruppen, die nur einmal wöchentlich stattfinden.

Initiales Schweigen der gesamten Gruppe ist von einem Schweigen zu unterscheiden, das während einer Sitzung auftritt. Ein initiales Schweigen ist nach längeren Unterbrechungen oft nötig, damit die Gruppenmitglieder miteinander wieder, zunächst optisch, vertraut werden, zum Beispiel wenn sich eine Gruppe nach einem Urlaub des Therapeuten das erste Mal trifft.

Präverbale Phantasien werden oft nonverbal kommuniziert. So entwickelt sich eine gemeinsame Gruppenphantasie, die nicht entstanden wäre, wenn die Patienten gesprochen hätten. Beginnen die Patienten dann zu sprechen, wird deutlich, daß eine gemeinsame Gruppenphantasie bereits besteht und nicht erst über eine verbale Kommunikation zustande kommen mußte. Bei längerem Schweigen nimmt die Angst der Gruppenteilnehmer in der Regel zu, soweit sie in der Lage sind, Angst zu empfinden. Wenige unserer Gruppen haben über längere Zeit als 25 Minuten geschwiegen, doch scheint dies bei verschiedenen Therapeuten verschieden zu sein. Sicher hat das nonverbale Verhalten des Therapeuten hier einen Einfluß.

Das initiale Schweigen kann aber auch zu einem unproduktiven Ritual werden. Es kann dem Vermeiden dienen: "Sollen doch die anderen vorangehen." Manche Gruppen, besonders in einer analen Phase einer Gruppenentwicklung, schweigen, um zu zeigen, daß sie das Schweigen aushalten können.

Die nonverbalen Signale des Therapeuten hängen sicher unter anderem davon ab, wie er die Qualität des Schweigens empfindet, ob er sich im Schweigen wohlfühlt, ob er Angst hat, die schweigende Gruppe könnte sich seiner Kontrolle entziehen, und wie er den Stellenwert nonverbaler Kommunikation in der Gruppe einschätzt. Manche Therapeuten nehmen an, in einer Gruppe geschehe nichts, wenn nicht gesprochen wird.

Ein Schweigen kann auch bedeuten, daß die Gruppe depressiv versackt. Sie wird dann immer initiativeloser. Ein solches Schweigen sollte angesprochen werden, da sich die Gruppe aus einer oralen Regression in der Regel selbst schwer befreien kann.

Wenn der Therapeut darauf achtet, kann er meist erkennen, welche Patienten etwas sagen möchten, sich aber nicht trauen, welche abwarten und welche depressiv versacken. Das alles äussert sich im nonverbalen Verhalten.

Gemeinsames Schweigen wirkt vereinheitlichend und fördert die Ausrichtung der Aufmerksamkeit der Patienten auf das Globalobjekt Gruppe.

In analytischen Gruppen wird man ein Schweigen länger bestehen lassen als in einer psychoanalytisch orientierten Gruppe. Das ergibt sich aus der Ebene, auf der man arbeiten will: In der analytischen Gruppe geht es mehr um die gemeinsamen Gruppenphantasien, die in der Regression entstehen; in der analytischen Gruppe geht es vorrangig um die *Übertragung* auf die Gesamtgruppe und auf den Therapeuten, in der analytisch orientierten Gruppe mehr um die *Klärung des Beziehungsnetzes*, in dem sich die inneren Konflikte des Patienten darstellen (vgl. auch FOULKES 1974, 1986, 1990a, 1990b). Das geht am besten mit wenig - vereinheitlichender - Regression.

In einer psychoanalytisch-interaktionellen Gruppe wird man nicht lange schweigen lassen, weil die Angst bei den frühgestörten Patienten, für die das Verfahren vor allem gedacht ist, sonst zu groß wird. Die nonverbale Kommunikation ist bei solchen Patienten oft gestört oder in ihrem Wahrnehmungsanteil sehr selektiv.

Welche gemeinsame Gruppenphantasie im Schweigen entsteht, hängt unter anderem von dem Entwicklungsstand der Gruppe ab. Phantasien, die sich auf den Entwicklungsabschnitt vor der Triangulierung (ROTMANN 1978, 1985; ERMANN 1985) beziehen, sogenannte dyadische Phantasien, richten sich meist auf die Gesamtgruppe. Der Therapeut wird in sie einbezogen, oder er wird als Beschützer der Gesamtgruppe gesehen, nicht aber als unmittelbarer Bezugspartner. In die ödipalen Phantasien wird der Therapeut meist als von der übertragenen Gruppe unterschiedenes Individuum einbezogen. Die Rolle des gegengeschlechtlichen Elternteils übernehmen einzelne Gruppenteilnehmer, seltener die Gesamtgruppe. Es kommt aber auch vor, daß eine gemeinsame unbewußte Phantasie gar nicht auftritt. Jeder ist "woanders". Hier kann es sich um eine Abwehr von Verschmelzungswünschen per Distanzierung handeln.

Auch beim Schweigen der Gesamtgruppe ist es, wie beim Schweigen eines einzelnen Patienten, am sichersten, in Form einer Frage zu intervenieren. Man kann etwa fragen, um was für ein Schweigen es sich wohl handele, wie die Stimmung sei. Man kann die Gruppe aber auch mit der eigenen Wahrnehmung konfrontieren, indem man zum Beispiel sagt, daß einem das Schweigen gespannt oder gemütlich oder sonstwie vorkommt. Dabei macht es einen Unterschied, ob der Therapeut sagt, wie er das Schweigen wahrnimmt, oder ob er außerdem sagt, wie er auf die Wahrnehmung reagiert, etwa ob sie ihn ängstigt oder ungeduldig macht. Letzteres stellt eine Mitteilung von antwortenden Gefühlen dar, wie das in psychoanalytisch-interaktionellen Gruppen angebracht sein kann.

Ebenso wie der Therapeut sich fragen sollte, warum er jetzt intervenieren möchte, sollte er sich fragen, warum er jetzt schweigt. Das Schweigen des Therapeuten muß ja nicht zweckmäßig sein. Es kann ein Gegenübertragungsagieren darstellen. Der Therapeut kann zum Beispiel Angst haben, sich vom Mutterobjekt zu trennen, indem er sich aus der Gruppe absetzt oder herausprofiliert. Das findet sich besonders häufig bei Therapeuten, die, wenn sie intervenieren, gern die Wir-Form anwenden, wo sie nicht zutreffend ist. Ein weiterer Hinweis ist, wenn der Therapeut sich so darstellt, als ob das, was er sagt, von den Gruppenmitgliedern nicht wegen der besonderen Stellung des Therapeuten anders aufgenommen wird, als das, was die anderen sagen.

Der Therapeut kann in der Phantasie abdriften, er kann Lähmungsgefühle oder Angst empfinden. Er kann schweigen, weil seine Interventionen perfekt sein müssen, oder er kann die realistische Angst haben, mit den Interventionen nicht das Richtige zu treffen, was besonders für Anfänger gilt. Schließlich kann er fast jedes andere der bei den Patienten schon erwähnten Motive haben zu schweigen.

Den Therapeuten können auch therapeutische Ideologien behindern. Er kann es zur Ideologie machen, den Gruppenprozeß sich entwickeln zu lassen, ohne einzugreifen. Er kann die Leiterrolle radikal zurückweisen, weil er mit leitenden Rollen schlechte Erfahrungen gemacht hat, oder weil er eine besondere Tendenz hat, direktiv zu sein, die er unterdrücken muß. Er kann eigene sadistische Tendenzen *abwehren*, die in den Interventionen manifest werden könnten. Andererseits kann ein Schweigen des Therapeuten, der seine Patienten bewußt "hängenläßt", natürlich auch direkter *Ausdruck* sadistischer Impulse sein.

Ein Schweigen des Therapeuten wirkt sich besonders dann ungünstig aus, wenn sich Widerstände einschleifen. Schlimm kann sich ein Schweigen des Therapeuten auswirken, wenn er dadurch seine Schutzfunktion nicht wahrnimmt, zum Beispiel wenn ein Patient in traumatisierender Weise angegangen wird, oder wenn die Gruppe mit einem monopolisierenden Patienten (vgl. S. 151f) nicht zurechtkommt.

Die Tendenz des Therapeuten, aus Angst zu schweigen, kann durch eine kontraphobische Tendenz, überaktiv zu sein, abgewehrt werden. Die Überaktivität kann sich in verfrühten Inhaltsdeutungen oder verfrühten Widerstandsdeutungen äußern, aber auch in einer Annäherung an die traditionelle Leiterrolle. Ein Widerstand kann das Ziel haben, funktionierende, aber suboptimale Lösungen aufrecht zu erhalten, obwohl bessere Lösungen erreichbar wären. Insoweit vertritt der Therapeut das Prinzip: das Bessere ist der Feind des Guten. Andererseits kann ein Widerstand noch notwendig sein, damit der Gruppenprozeß vorangeht (optimales Widerstandsniveau, vgl. S. 93f). Der Therapeut wird aber aktiv werden müssen, wenn Gruppenmitglieder dazu neigen, ihre Widerstände zu überspringen, statt sie zu überwinden oder aufzulösen. Das Schweigen von Gruppen, nachdem nützliche Widerstände "fortgeworfen" wurden, ist besonders schwer zu beeinflussen.

Besonders schwierige Patienten

Zum Schwierigsten in einer Gruppe gehört, wenn sich ein Patient besonders kränkend verhält. Das hängt nicht immer damit zusammen, daß der Betreffende nicht fähig ist, die Auswirkungen des eigenen Verhaltens auf andere vorauszusehen. Oft erfolgen Kränkungen gezielt. Ein Patient kann mit einer Kränkung beabsichtigen, den anderen zu entwerten, damit er sich selbst besser fühlen kann. Zugrunde liegt ein schlechtes Selbstwertgefühl. Sadistische Motivationen sind eher selten; als Zwangsstrukturen noch häufiger waren, sah man sie öfter. Bei sogenannten kastrierenden Frauen wird oft ein Penisneid als motivierend angenommen. Wie an anderer Stelle ausführlicher dargestellt (König 1991b), kommt es zu einem Penisneid dann, wenn die Identifizierung eines Mädchens mit dem Vater erfolgt ist, weil das Mädchen mit der Mutter schlechte Beziehungserfahrungen gemacht hat. Dann stimmt die Anatomie nicht mit der Anatomie des Objekts überein, mit dem die Frau identifiziert ist, und die Beschaffenheit des eigenen Genitales erinnert sie ständig daran, daß sie nicht ganz so sein kann wie der Vater; während eine Frau, die mit der Mutter identifiziert ist, einen Penis nicht vermissen müßte, allenfalls als Symbol für Vorteile, die Männer in unserer Gesellschaft haben. Penisneid als motivierende Ursache für ein kastrierendes Verhalten ist aber seltener, als oft angenommen wird. Frauen mit allgemein schlechtem Selbstwertgefühl verhalten sich deshalb "kastrierend", weil sie nach der empfindlichsten Stelle bei einem Mann suchen; sie nutzen seine Kastrationsangst. Diese ist bei phallischen Männern besonders ausgeprägt, weil sie sich ihrer Männlichkeit unsicher sind und männliche Geschlechtseigenschaften deshalb überbetonen müssen.

Natürlich gibt es auch ein "kastrierendes" Verhalten von Männern. Es kann sich entweder auf den imaginierten Phallus der Frau richten oder aber auf die weiblichen Geschlechtseigenschaften, die eine Frau zu einer attraktiven potentiellen Geschlechtspartnerin machen. Die Motive entsprechen denen der kastrierenden Frauen: ein allgemein schlechtes Selbstwertgefühl oder Unsicherheiten im Bereich der eigenen Geschlechtseigenschaften. Unter kastrierendem Verhalten versteht man nicht nur ein Anzweifeln von Potenz oder körperlicher Attraktivität, sondern auch ein Anzweifeln von Kompetenz, Charme und anderen persönlichen Vorzügen.

Die ambivalente Einstellung vieler Frauen zum eigenen Genitale ("Schatzkästlein" oder etwas ganz Unattraktives) ist meist ein Ausdruck identifikatorischer Ambivalenzen: für die Frau als Frau ist das Genitale ein Schatzkästlein, für die Frau, die eigentlich ein Mann sein müßte, geradezu abstoßend. Unter dem "geraden Gegenteil" des weiblichen Genitales kann sie sich nur ein männliches vorstellen.

Die Einstellung zum eigenen Körper drückt sich oft in Körperpflege, Kleidung etc. aus; das gilt für Männer wie für Frauen. In einer Gruppe muß man sich, wenn eine Frau oder ein Mann ihre Kleidung verändert, fragen, wem diese Veränderung gilt: dem Therapeuten, der gesamten Gruppe, einer Untergruppe, einem einzelnen Patienten oder einem Menschen außerhalb der Gruppe. Manchmal ist neue Kleidung Ausdruck eines besseren Selbstwertgefühls, gelegentlich wird auch eine Beeinträchtigung des Selbstwertgefühls zuerst im Vernachlässigen des Äußeren sichtbar.

Manche Patientinnen und Patienten suchen eine Bestätigung ihrer Geschlechtseigenschaften, indem sie eine *intime Beziehung* mit einem Gruppenmitglied anfangen. Natürlich ist es nicht gerade ungewöhnlich, wenn eine solche Beziehung zwischen einem Mann und einer Frau entsteht oder eben auch bei entsprechender Disposition zwischen zwei Frauen oder zwei Männern, wenn diese sich häufig treffen und einander intime Dinge erzählen. Der Therapie tut eine solche Beziehung aber meist Abbruch. Die Interaktion zwischen den beiden Partnern in der Gruppe geht oft gegen Null. Die Art und Weise, wie die beiden sonst miteinander sprechen, würde nicht in die Gruppe "passen". Jeder versucht, sich in der Gruppe möglichst günstig darzustellen, weil der Partner dabei ist. Außerdem erhöht es die Angst, über sexuelle Phantasien in der Gruppe zu sprechen, wenn die Möglichkeit ihrer Verwirklichung demonstriert wird. Manche Gruppentherapeuten sind der Ansicht, daß zumindest einer der beiden die Gruppe verlassen muß, wenn es zu einer intimen Beziehung kommt. Wir sind der Meinung, daß man nach den näheren Umständen entscheiden sollte.

Meist wissen die Patienten sehr gut, daß solche Beziehungen therapeutisch unzweckmäßig sind. Sie dienen nicht nur der Bestätigung der eigenen Attraktivität. Zum Beispiel kann auch ein Mann dem Therapeuten aus der Gruppe eine Frau ausspannen wollen oder eine Frau der Therapeutin einen Mann. Idealisierungen können beteiligt sein - die Beziehung zur Gruppe wird über eine Intimbeziehung zu einem Gruppenmitglied intensiviert.

Alle übertragungsbedingten Motive, die sicher noch ergänzt werden könnten, bewirken aber, daß der andere weniger realitätsgerecht gesehen wird, als es der Fall wäre, wenn man sich in einer Alltagssituation getroffen hätte. Das bedeutet, daß eine Beziehung, die in einer Gruppe zustande kommt, in der Regel eine ungünstige Langzeitprognose haben wird, es sei denn, die Partner entwickeln sich im weiteren Verlauf der Therapie auf das jeweils vom anderen imaginierte Objekt hin. Meist zwingen sie sich nur dazu, den Beziehungserwartungen zu entsprechen und können das nicht lange durchhalten (KÖNIG und KREISCHE 1991).

Patienten, die eine Gruppe *monopolisieren,* indem sie sich immer wieder ins Zentrum des Geschehens rücken, können die verschiedensten Motive haben: phallisch-exhibitionistische, narzißtische, phobische oder kontraphobische Motive, masochistische Motive, sadistische Motive. Sadistische Patienten monopolisieren oft in einer Weise, die es schwer macht, zu protestieren, weil sie viel Geschick entwickelt haben, ihren Sadismus in Beziehungen unterzubringen. Entsprechendes gilt auch für masochistische Patienten. Häufig ist auch der Wunsch, die Gruppe zu kontrollieren, indem eine sternförmige Kommunikationsfigur etabliert wird: Alle interagieren mit dem Monopolisierenden.

Manche monopolisierenden Patienten erzeugen bei den Gruppenmitgliedern ein schlechtes Gewissen, wenn sie sich ihnen nicht zuwenden, weil es ihnen doch schlecht gehe. Das ist oft auch real. Man kann am Befinden des Patienten aber nichts Dauerhaftes ändern, wenn es ihm gelingt, der Gruppe seinen monopolisierenden Kommunikationsstil aufzuzwingen. In manchen Lehrbüchern der Gruppentherapie werden Vorschläge zum allgemeinen Umgang mit den monopolisierenden Patienten gemacht. Wir halten das für unrealistisch. *Den* monopolisierenden Patienten gibt es nicht, das Monopolisieren ist ein Verhalten, das die gemeinsame Endstrecke verschiedener innerer Vorgänge ist, die diagnostisch geklärt werden müssen. Mit einem *zwanghaften* Patienten, der die Gruppe kontrollieren will, wird man anders umgehen als mit einem *kontraphobischen*, der sich selbst seinen Mut beweisen will, oder mit einem *phobischen*, der sich nicht geschützt fühlt, wenn nicht alle auf ihn blicken. Ist die Motivationslage klarer geworden, kann man mit dem monopolisierenden Verhalten meist gut umgehen, aber nicht immer. Manche Patienten fühlen sich nur in dieser monopolisierenden Stellung wohl und haben vor jeder anderen Kommunikationsform große Angst. Dann mag es notwendig sein, einen solchen Patienten aus der Gruppe zu nehmen, weil weder er selbst noch die Gruppe Fortschritte machen, solange ein solches Verhalten andauert.

Ähnlich ist es mit dem sogenannten "help rejecting complainer", also mit einem Patienten, der klagt, aber Hilfe zurückweist. Wenn er aufhören würde zu klagen, würde er es, so meint er, überhaupt aufgeben, eine Beziehung zu den anderen Gruppenmitgliedern zu haben. Er würde sich verlassen, gekränkt, entwertet, kaltgestellt und entmachtet oder ausgestoßen fühlen. Daß Hilfe zurückgewiesen wird, dient ja dem Erhalt einer speziellen Kommunikationsstruktur. Hilfe muß zurückgewiesen werden, weil sonst die Gründe für das Klagen geringer werden oder fortfallen könnten.

Es kann aber auch sein, daß der Patient eine andere Vorstellung von Hilfe hat, zum Beispiel nicht durch Einsicht und neues Erleben, sondern durch Wiedergutmachung, indem die Gruppe und der Therapeut das nachliefern, was der Patient in der Kindheit entbehrt hat.

Eine jede Therapie hat mehr oder weniger auch diese Funktion. Sie gehört zu den sekundären Auswirkungen der psychoanalytischen Therapie, oder auf sie wird im besonderen Maße abgehoben, wie oft in einer psychoanalytisch-interaktionellen Therapie. Dieser Aspekt einer Therapie kann aber niemals allein wirksam sein, weil die Erwartungen an Wiedergutmachung das real mögliche Maß übersteigen. Ehe eine Wiedergutmachung wirksam werden kann, muß ein Patient der beschriebenen Art seine Wiedergutmachungsansprüche reduzieren. Davor aber hat er große Angst, weil er sich eine andere Form von Hilfe nicht vorstellen kann. Erst mit der Zeit mag er mitbekommen, daß auch andere Hilfe möglich ist, indem er beobachtet, was die anderen Patienten tun, was mit ihnen geschieht und wie sie sich dann entwickeln. Das Problem ist allerdings, daß man einer Gruppe einen solchen Patienten, im Gegensatz etwa zu den schweigenden schizoiden Patienten, oft nicht lange genug zumuten kann. Selbst wenn der Therapeut die Geduld hätte und auch die Gruppenmitglieder mitmachten, würde die Therapie in der Gruppe durch das beschriebene Patientenverhalten stark eingeschränkt, weil es immer wieder die Aufmerksamkeit auf sich zieht und selbst kaum ein therapeutisch nutzbares Potential hat. Damit mit einem solchen Patienten Therapie geschehen könnte, müßte das Verhalten zurückgenommen werden.

Da es immer sehr problematisch ist, Patienten aus der Gruppe zu nehmen, weil die Gruppenmitglieder dann schwer zu bearbeitende Schuldgefühle bekommen oder fürchten, wenn sie sich unbeliebt machen, gleichfalls die Gruppe verlassen zu müssen, oder weil die Gruppe als Ganzes sich durch den Verlust eines "Gliedes" traumatisiert fühlen würde, sollte bei klagenden Patienten, die Hilfe zurückweisen, eine Therapie in der Regel nicht in einer Gruppe begonnen werden. In einer Einzeltherapie hat der Therapeut eher die Möglichkeit, den Patienten mit seinem Verhalten zu konfrontieren und seine Ängste und Befürchtungen anzusprechen, ohne daß der sich vor anderen bloßgestellt fühlt. Allerdings fehlt dann die Demonstration anderer Objektbeziehungsformen durch die Patienten einer Gruppe, was die Prognose wieder einschränkt.

Vor der Tendenz mancher Gruppentherapeuten, solche Patienten in die Gruppe zu nehmen, mit denen sie sich nicht zutrauen, in Einzeltherapie zu arbeiten, möchten wir mit Nachdruck warnen. Oft gelingt es solchen Patienten, eine Gruppe dysfunktional zu strukturieren und damit die Therapie auch der anderen Patienten zu behindern. Zur Indikationsstellung gehört ein Anerkennen der eigenen Grenzen und der Grenzen einer Gruppe. Die therapeutischen Erfolge von Psychotherapie sind im Vergleich zu vielen anderen medizinischen Fächern groß; es scheint aber so zu sein, daß sich unter Psychotherapeuten besonders viele Menschen finden, die es viel schwerer ertragen als Ärzte in Fächern wie Innere Medizin und Neurologie, daß manchen Patienten nicht geholfen werden kann - zumindest nicht mit den zur Verfügung stehenden Mitteln einer Psychotherapie. Das kann dazu führen, daß Patienten eine medikamentöse Therapie, die ihnen das Leben erleichtern könnte, vorenthalten wird. Die Idealisierung der psychoanalytischen Therapieverfahren hat vielerlei Gründe; vielleicht hängt sie auch mit dem hohen Einsatz zusammen, der nötig ist, um eine Kompetenz darin zu erwerben. Sie sind aber nicht immer allein geeignet, allen Menschen zu helfen;

manchmal sind medikamentöse oder zum Beispiel auch sozialpsychiatrische Maßnahmen erforderlich, was gerade KERNBERG (KERNBERG et al. 1989) einräumt und empfiehlt. Die Indikation für eine Therapie, die nicht indiziert ist, kann auf Unkenntnis und mangelnder Kompetenz beruhen; jeder wird sich einmal irren. Oft beruht sie aber auf unreflektierten Omnipotenzvorstellungen, manchmal ist sie ein sadistischer Akt.

Zur Vorbereitung und Einleitung einer analytischen Gruppenpsychotherapie

Die Vorgespräche

Nach psychoanalytischem Erstinterview und Anamnese stellt der Therapeut eine Indikation. Nehmen wir an, es sei eine Indikation für analytische Gruppenpsychotherapie.

Wenn es sich nicht um einen Patienten handelt, der bereits motiviert ist, an einer Gruppe teilzunehmen, und den Therapeuten schon mit diesem Ziel aufgesucht hat, ist es in der Regel notwendig, eine Motivation für die Gruppenpsychotherapie zu erarbeiten. Die Hilfeerwartung des Patienten richtet sich ja in der Regel zunächst auf den Therapeuten.

Ist eine Einzeltherapie geplant, so bietet das dyadische Setting der Anamneseerhebung und der Vorgespräche eine Möglichkeit, dem Patienten die psychoanalytische Arbeitsweise nahezubringen, indem der Therapeut sie in der Interaktion mit dem Patienten demonstriert. Gleichzeitig entwickelt sich in der Regel eine basale positive Übertragung, die den Patienten motiviert, dem Psychoanalytiker einen Vertrauensvorschuß für jene Aspekte der psychoanalytischen Behandlung zu geben, die ihm vor Beginn dieser Behandlung nicht vermittelbar sind, sondern ihm erst im Laufe der Therapie deutlich werden können. Der Gruppentherapeut hat nun die *zusätzliche* Aufgabe, den Patienten auch für die Arbeit mit anderen Patienten zu motivieren.

Für die Gruppenpsychotherapie gilt mehr noch als für die Einzelpsychotherapie, daß der Patient eine Vorstellung von dem anzuwendenden Verfahren nur begrenzt entwickeln kann. Er wird in der Gruppe später Erfahrungen machen, die er zumindest in dieser Ausprägung in anderen Formen von Gruppen, etwa in Arbeitsgruppen, noch nicht gemacht hat und deshalb nur schwer antizipieren kann. Andererseits ist nicht nur die Qualität, sondern auch die Quantität der Informationen, die für ein vollständiges Bild nötig wären, wegen der größeren Komplexität der Gruppenpsychotherapie umfangreicher als in der Einzeltherapie. Die auftretenden Phänomene sind auch deshalb für den Laien noch schwerer zu überschauen. Würde der Patient über alles, was in der Gruppe geschehen kann, unterrichtet, so könnte das nur in einer Art Studium über längere Zeit bewerkstelligt werden. Die emotionalen Aspekte würden dann immer noch fehlen. Eine derart umfangreiche Information hätte außerdem den Nachteil, daß der Patient in seinem Spontanverhalten gehemmt wäre, und dies könnte es ihm erschweren, von der Gruppe zu profitieren.

Andererseits sollte der Therapeut doch einige Hinweise darauf geben, wie der Patient sich das, was er in der Gruppe erfahren wird, im Sinne der Therapie nutzbar machen kann. Bei Patienten mit interpersonellen Schwierigkeiten kann man an die geklagten Symptome anknüpfen und darauf hinweisen, daß in der Gruppe die Chance besteht, Beziehungen ohne Folgen in der Außenrealität einzugehen, sie zu klären und in ihnen neue Erfahrungen zu machen. Bei Patienten mit Symptomneurosen im engeren Sinn, wie den Zwangs- und Angstneurosen oder den neurotischen depressiven Verstimmungen, werden interpersonelle Schwierigkeiten spontan oft nicht angegeben. Besonders solche Patienten sollte man zu einer Selbstschilderung auffordern, aus der diese Schwierigkeiten meist hervorgehen.

Man kann darauf hinweisen, daß innerpsychische und zwischenmenschliche Schwierigkeiten zusammenhängen. Die Patienten verstehen meist leicht, daß interpersonelle Schwierigkeiten etwas mit den Erfahrungen in der Primärfamilie zu tun haben und daß Erfahrungen in der Primärfamilie die Beziehungserwartungen des Erwachsenen beeinflussen. Bei manchen Patienten genügt auch der Hinweis, daß die interpersonellen Schwierigkeiten, die der Patient angibt, in der Regel einen Bezug zu den Symptomen haben und daß es deshalb sinnvoll sei, daran zu arbeiten, zumal der Patient ja an den interpersonellen Schwierigkeiten auch leide. Solche Hinweise empfehlen sich bei den Patienten, die im Ziehen von Analogieschlüssen noch unerfahren sind. Ist ein Patient offensichtlich gar nicht in der Lage, Analogieschlüsse zu ziehen, kann dies eine Kontraindikation für analytische Psychotherapie darstellen, da hier ja zentral mit Analogieschlüssen gearbeitet wird (KÖNIG 1991b). Viele Patienten fürchten, sie könnten durch eine Art psychischer Ansteckung Symptome der Mitpatienten einfangen und dann kränker werden, als sie schon sind. Diese

Patienten kann man fragen, ob sie solche Erfahrungen bereits gemacht haben. Dabei stellt sich meist heraus, daß eine interpersonelle Problematik aufgrund innerpsychischer Strukturprobleme vorliegt. Es handelt sich um eine mangelnde Abgrenzung gegenüber dem Erleben anderer im Sinne einer eingeschränkten Fähigkeit, Ich und Du zu differenzieren (KÖNIG 1991a). Ist eine solche Einschränkung sehr ausgeprägt, sollte man die Indikation zur *analytischen* Gruppenpsychotherapie überdenken. Erscheint diese Therapieform aber dennoch indiziert, sollte die Schwierigkeit, sich abzugrenzen, als eine behandlungsbedürftige interpersonelle Problematik dem Patienten gegenüber benannt werden.

Der Einwand: "Warum sollen mir kranke Menschen helfen können?" kann den Therapeuten auch veranlassen, mit den Patienten zusammen auszuphantasieren, wie es wohl wäre, wenn die Gruppe nur aus Experten bestünde, die völlig gesund sind. Das weitere Vorgehen richtet sich dann nach den zu Tage kommenden Erwartungen und Befürchtungen.

Nützlich ist ferner die Frage, ob sich der Patient selbst zutraut, anderen behilflich zu sein. Man erfährt dann etwas darüber, wieviel psychische Energie der Patient für Arbeitsbeziehungen zu anderen Gruppenmitgliedern frei hat. Manchmal ist auch der Hinweis wichtig, daß der Patient in seinem Alltagsleben nicht von Experten, sondern von Menschen wie er selbst umgeben sein wird, die alle auch mehr oder weniger innerpersonelle Schwierigkeiten haben. Mit diesem Hinweis kann man die Information verbinden, daß der Bereich des Übergangs zwischen psychisch krank und psychisch gesund fließend ist und daß es ideal gesunde Menschen nicht gibt.

Bei Patienten, die viele Einwände vorbringen, gleichzeitig aber für eine Gruppenpsychotherapie stark motiviert erscheinen, ist zu überlegen, ob sie den Therapeuten nicht, zum Beispiel im Sinn eines entsprechenden Übertragungsansatzes, in die Rolle eines überfürsorglichen Elternteils bringen wollen, der alle Eventualitäten mit dem Patienten durchspricht, wie eine Mutter es täte, wenn ein Kind auf eine längere Reise geht, und sie dem Kind nicht zutraut, mit auftretenden Schwierigkeiten zurechtzukommen. Übervorsicht und Ängstlichkeit können Signale sein, die den Therapeuten in die Rolle des helfenden, omnipotenten und allgegenwärtigen, alles voraus bedenkenden Objekts bringen möchten. Meist ist es nicht schwierig, das von gesunder Skepsis zu unterscheiden.

Bemüht sich der Therapeut in den Vorgesprächen darum, den Patienten zu verstehen, und demonstriert er dieses Bemühen durch konfrontierende und klarifizierende Interventionen, entwickelt sich, wie schon erwähnt, in der Regel eine positiv getönte Beziehung, in der sich der Patient verstanden und deshalb auch gehalten fühlt. Viel ängstigender als eine Verweigerung von Triebbefriedigung wirkt auf das Kind und auch auf den Patienten das Nichtverstehen seiner Wünsche und Bedürfnisse, unabhängig davon, ob sie erfüllt werden.

Fühlt sich der Patient verstanden, ist er in der Regel bereit, dem Therapeuten den schon erwähnten Vertrauensvorschuß zu geben. Auch schützt eine positive Beziehung den Patienten während der ersten Gruppensitzungen. Schließlich erleichtert sie die Identifikation mit der Arbeitsweise des Therapeuten.

Auf seine Schutzfunktion sollte der Therapeut indirekt dadurch hinweisen, daß er fragt, wovor der Patient in einer Gruppe wohl besondere Angst haben würde. Er zeigt damit, daß ihn auch die Schwierigkeiten des Patienten in der Gruppe und seine Ängste interessieren und daß er sie in Rechnung stellen möchte.

Zur Entwicklung einer Beziehung braucht es ein Minimum an Zeit. In manche Selbsterfahrungsgruppen werden die Teilnehmer ohne vorheriges Interview aufgenommen. Meist geht das auch gut; nämlich dann, wenn es sich um Teilnehmer handelt, die mit der Psychotherapie bereits auf dem Weg über theoretische Informationen im Umgang mit erfahreneren Kollegen und mit Kollegen gleichen oder geringeren Ausbildungsstandes vertraut geworden sind und die zur Gruppe der Psychotherapeuten bereits eine persönliche Beziehung und ein Zugehörigkeitsgefühl entwickelt haben. Diesen Kollegen gelingt es meist, den Vertrauensvorschuß, der sich in der Wahl ihres Berufes und ihrer Weiterbildungsstätte ausdrückt, auf den Gruppenleiter und auf die Gruppe zu übertragen. Auch sind Kollegen in der Regel mehr als Patienten in der Lage, sich über die realen Kompetenzen des Leiters Informationen zu verschaffen. Dem Patienten geht es da anders: Die Informationen, die er über den Therapeuten erhält, sind oft ungenau und stammen meist von anderen Patienten. Oft sind sie auch stark übertragungsgefärbt und geben deshalb die Realität des Therapeuten nur eingeschränkt wieder. Vor allem fehlt hier aber das Vertrautsein mit der Berufsgruppe der Psychotherapeuten. Auch deshalb ist es sinnvoll, mit Patienten mehrere Vorgespräche zu führen.

Mit den expliziten Informationen sollte sich der Patient einverstanden erklären. Die impliziten Informationen, wie sie im Kapitel über die Arbeitsbeziehungen aufgeführt sind, erleichtern ihm zumindest den Einstieg in die Gruppentherapie. Welche expliziten Absprachen mit dem Patienten getroffen werden, scheint mehr als anderes zwischen den verschiedenen Therapeuten zu variieren. Das betrifft besonders Ausfallhonorar und Urlaubsregelungen. Die Absprachen sollten der Situation des Patienten angepaßt sein und einen Gegenseitigkeitsaspekt im Sinn einer finanziellen Risikoverteilung aufweisen. Mit den Patienten sollte klar besprochen werden, unter welchen Umständen das Risiko eines Stundenausfalls den Therapeuten, und unter welchen Umständen es den Patienten trifft.

Haben Patienten Erfahrungen mit sogenannten Körpertherapien, sind die Unterschiede zwischen Körpertherapie und analytischer Psychotherapie zu besprechen. Besonders bei Patienten, die zu aggressiven Durchbrüchen neigen, ist es sinnvoll, darauf hinzuweisen, daß auf tätliche Handlungen gegenüber allen an der Therapie beteiligten Personen verzichtet werden muß.

Patienten mit einer Vorgeschichte in Körpertherapie verstehen manchmal nicht, warum es denn gut sein soll, auf Körperkontakte in den analytischen Gruppen zu verzichten. In der Regel wird die Erklärung verstanden, daß es in der Gruppenpsychotherapie auch und im besonderen um Wünsche und Bedürfnisse geht, die zunächst nicht bewußt sind, und zwar deshalb nicht, weil die Möglichkeit ihrer Erfüllung Angst machen würde. Wird die konkrete Erfüllung aggressiver und auch libidinöser Triebwünsche per Vereinbarung ausgeschlossen, können die Wünsche leichter ins Bewußtsein treten und einer Bearbeitung zugänglich gemacht werden.

Für den inneren Standpunkt des Therapeuten ist vielleicht noch der Hinweis wichtig, daß sich in den Gruppen im Rahmen der Übertragungsentwicklung Beziehungswünsche darstellen, deren Erfüllung in der Kindheit das Inzesttabu verletzt hätte. Die ödipalen Inzestwünsche werden in der Regel nicht verwirklicht, und wenn das doch geschieht, hat es traumatische Folgen. Den Patienten diese Überlegungen nahezubringen, macht aber wenig Sinn, weil sie zunächst befremdlich wären. Im übrigen erfüllen wir als Therapeuten viele präödipale Bedürfnisse unserer Patienten, indem wir unsere Aufmerksamkeit auf sie konzentrieren, sie verstehen, "halten", sie mit Worten füttern, und indem wir verläßlich sind; wir erfüllen aber nicht die ödipal-libidinösen Triebwünsche. Andererseits lassen wir uns in den Gruppen verbal angreifen und tolerieren so ein aggressives Verhalten, dessen sich Menschen in unserer Kultur auch sonst bedienen.

Eine klare innere Position des Therapeuten bezüglich des Abstinenzgebots in der analytischen Gruppenpsychotherapie ist vor allem deshalb wichtig, weil der Therapeut seinen Patienten in den Vorgesprächen doppelte, einander widersprechende Signale geben kann, wenn er mit sich bezüglich des Abstinenzgebots nicht im Reinen ist: wenn also zum Beispiel notwendige Triebversagung dem Therapeuten ein schlechtes Gewissen macht oder er sich in der Rolle des Tiebversagenden als sadistisch erlebt. Tatsächlich kann natürlich ein extrem versagendes Verhalten seine Wurzel in einem nicht bewußten Sadismus des Therapeuten haben, der unbemerkt durchkommt.

Groß ist die Variationsbreite bezüglich der Empfehlungen von Therapeuten, was die Kontakte außerhalb der Gruppensitzungen angeht. Hier spielt sicher auch eine Rolle, wo die Gruppensitzungen stattfinden, in einer anonymisierenden Großstadt oder aber in einer Kleinstadt, wo es schwer möglich ist, sich aus dem Weg zu gehen. In jedem Fall sollte aber darauf Wert gelegt werden, daß Außenkontakte in den Gruppensitzungen besprochen werden.

Auch das Einhalten dieser Regeln, deren Sinn den Patienten nur zum Teil deutlich gemacht werden kann, erfordert einen Vertrauensvorschuß und damit ein Stück milder positiver Übertragung. Das heißt nicht, daß die Beziehung zum Therapeuten nicht auch ambivalent sein dürfte. Sie sollte aber eine positive Komponente enthalten. Manchmal kann es ausreichen, wenn der Patient hofft, daß der Therapeut ihm helfen kann.

Kommt es im Verlauf der Vorgespräche zu einem Umkippen der Beziehung von positiv zu negativ, oder beginnt der Patient das Gespräch mit aggressiven Affekten und Verhaltensweisen, die das Beziehungsfeld zu beherrschen scheinen, ist an eine Frühstörung mit starker Tendenz zur Objektspaltung zu denken. Es ist dann ein Risiko, sich darauf zu verlassen, daß der Patient vielleicht eine positive Übertragung auf die Gesamtgruppe entwikkeln wird, wenn er schon den Therapeuten ablehnt. Meist tut er das nicht, sondern er entwickelt auch bezüglich der Gruppe negative Beziehungserwartungen, die er dann durch projektive Identifizierungen wahrmacht. Er verhält sich zum Beispiel provozierend, so daß er tatsächlich von den Gruppenmitgliedern abgelehnt wird und die Gruppe schließlich verlassen muß. Auf Objektspaltung können auch starke Ängste vor der Gruppe bei gleichzeitiger Idealisierung des Therapeuten hinweisen.

Die Frage des *Ausfallhonorars* hat eine gewisse Brisanz. Ein leerer Gruppenplatz kann nicht besetzt werden, und deshalb hat die 24-Stunden-Regel (*der Patient braucht nicht zu bezahlen, wenn er die Gruppe aus einem triftigen Grund 24 Stunden vor Sitzungsbeginn absagt* - was unter einem triftigen Grund zu verstehen sei, sollte explizit gemacht und nicht in der Schwebe gelassen werden) nicht den ursprünglichen Sinn, den sie in der Einzeltherapie hatte. Dennoch verwenden viele analytische Gruppenpsychotherapeuten die 24-Stunden-Regel, und zwar im Sinne einer Risikoverteilung: Wenn der Patient aus einem sogenannten triftigen Grund 24 Stunden vorher absagt, hat der Therapeut den finanziellen Verlust; innerhalb der 24 Stunden trifft er den Patienten. Eine so begründete Regelung wird meist akzeptiert, weil sie Elemente von Mutualität enthält.

Aufmerken sollte der Therapeut, wenn es ihm nicht gelingt, dem Patienten diesen Mutualitätsaspekt zu vermitteln. Es kann sich da um Patienten handeln, die das Ausfallhonorar als Bestrafung erleben - so, als ob die Vereinbarung nicht einen zivilrechtlichen, sondern einen strafrechtlichen Charakter hätte. Die Über-Ich-Problematik, die dahinter steckt, erfordert eine längere Bearbeitungszeit, so daß man sich in den Vorgesprächen meist mit dem Hinweis darauf begnügen muß, daß der Patient eben die Forderungen aus einer zivilrechtlichen Vereinbarung wie eine Bestrafung empfindet.

Klare Regelungen bezüglich des Ausfallhonorars erleichtern später die Bearbeitung, wenn es im Laufe der Übertragungsentwicklung zu Konflikten kommt, die sich am Ausfallhonorar festmachen. Die Bearbeitung solcher Konflikte kann oft sehr fruchtbar sein. Häufig sind damit Vorstellungen und Erwartungen verknüpft, die für den Therapeuten selbst konflikthaft sind. Um dies bei sich zu überprüfen, möge der Leser sich folgenden Fall vorstellen: Ein Patient möchte das erste Mal eine interessante Reise machen oder sich sonst etwas gönnen, was er sich vorher nicht gönnen konnte. Er möchte gleichzeitig, daß ihm der Therapeut für die Reise "Urlaub" gibt, obwohl dies den Vereinbarungen widerspricht.

Das Ausfallhonorar hat auch deshalb einen besonderen Stellenwert in der Therapie, weil das Zurückhalten des Honorars dem Patienten eine Möglichkeit gibt, direkt und real auf den Psychoanalytiker Einfluß zu nehmen. Der Psychoanalytiker verwendet ja das Honorar in seinem normalen Alltagsleben außerhalb der psychotherapeutischen Situation. Dabei ist das zurückgehaltene Honorar gleichsam die Negativform eines Geschenks, das ein Patient dem Therapeuten macht, und von dem er erwartet, daß der Therapeut es in seinem Alltag außerhalb der Sitzungen benutzt. Geschenke und zurückgehaltenes Honorar entsprechen sich gegenbildlich. Manche Gruppentherapeuten haben auch Angst, in der begrenzten Öffentlichkeit der Gruppe als geldgierig oder pedantisch diffamiert zu werden, wenn sie auf finanziellen Vereinbarungen bestehen.

Die ersten Sitzungen

Zu Beginn der Gruppenpsychotherapie wird ein doppelter Aspekt eines solchen Unternehmens besonders deutlich: einerseits stellt der Therapeut gleichsam eine experimentelle Situation her, indem er als Gruppenleiter die konventionellen Erwartungen an einen Gruppenleiter nicht erfüllt. In dieser Situation greift habituell gewordenes, erwachsenes Handeln nicht mehr. Die Teilnehmer können sich nicht darauf verlassen, daß der Gruppenleiter im konventionellen Sinn leitet, um sich dann selbst in gewohnter Weise zu verhalten. Es treten durch Triebwünsche motivierte Handlungsimpulse auf, die Angst machen und entsprechende Abwehr hervorrufen, die sich als Widerstand in der Therapie äußert. Die Gruppe als Globalobjekt, die einzelnen Gruppenmitglieder und der Therapeut bilden nun in verschiedenen Kombinationen Übertragungsauslöser, und die Gruppenmitglieder versuchen, die Triebwünsche in den Beziehungen zu den übertragenen Objekten zu befriedigen, die sie in den anderen sehen. Gleichzeitig treten Ängste und die durch bewußte und unbewußte Ängste ausgelösten Widerstände auf. Neben den Triebwünschen ist auch der Wunsch nach Familiarität wichtig (König 1982, 1984), der dazu beiträgt, daß die Gruppenmitglieder versuchen, das Verhalten der anderen Gruppenmitglieder dem früheren Verhalten des vertrauten Objekts ähnlich zu machen: durch projektive Identifizierung vom Übertragungstyp.

Andererseits soll in der Gruppenpsychotherapie *gearbeitet* werden. Bearbeitet werden soll das in der quasi experimentellen Situation stattfindende Erleben und Handeln. Dabei müssen Kompetenzen eingesetzt werden, und zwar nicht nur von seiten des Therapeuten, sondern auch von seiten der Gruppenmitglieder, die auf der Ebene der Arbeitsbeziehungen mit dem Therapeuten und den anderen Gruppenmitgliedern kooperieren. Zum Erlernen der Kompetenzen ist es nötig, daß die erforderlichen Ich-Funktionen vorhanden sind, die allerdings vorübergehend durch den Therapeuten substituiert werden können, und daß eben eine Motivation besteht, die notwendige Arbeit zu tun. Die schon mehrfach erwähnte basale, positiv getönte Beziehung zum Therapeuten erleichtert das Lernen per Identifikation. Der Lehrende hat darauf zu achten, daß die Lernenden weder unter- noch überfordert werden. In dem, was er vermittelt, sollte er sich bemühen, klar zu sein.

Das bedeutet unter anderem, daß die Interventionen des Gruppenleiters, besonders in den ersten Sitzungen, gut verständlich sein sollten, und daß es wichtig ist, sie so zu dosieren, daß die Patienten sie nicht nur kognitiv, sondern auch emotional akzeptieren und assimilieren können. Sonst haben die Patienten Mißerfolgserlebnisse, was ihre Arbeitsmotivation vermindert.

Durch klare Interventionen wird deutlich, worauf es dem Therapeuten bei der Arbeit in der Gruppe ankommt. Man kann in Supervisionen immer wieder beobachten, daß Gruppenteilnehmer in Gruppen von Therapeuten, die klare, verständliche und gut dosierte Interventionen geben, es lernen, sich prägnant mit Wesentlichem im Sinn der Therapie zu beschäftigen. Auch die auftretenden Widerstände haben eine gewisse Prägnanz. Der Therapeut, der sich gut in der Gruppe orientieren kann, zutreffende Interventionen gibt und sie richtig zu dosieren weiß, macht es sich dadurch in der Gruppe leichter, weil prägnante Phänomene einfacher zu diagnostizieren sind. Insgesamt wird der Gruppenprozeß effizienter.

Daß Gruppenmitglieder, deren Therapeuten zutreffend und klar intervenieren, sich direkter mit Wesentlichem befassen können, hängt auch damit zusammen, daß eine zutreffende Interpretation den Patienten ein Sicherheitsgefühl gibt und dadurch angstmindernd wirkt. Die Patienten merken, daß der Therapeut sie versteht und ihre Bedürfnisse wahrnimmt, wenn er sie auch nicht in jedem Falle befriedigt, und sie hoffen, daß der Therapeut sie in schwierigen Lagen schützen kann, weil er sich auskennt.

Durch die Übernahme therapeutischer Kompetenzen entwikkeln die Gruppenmitglieder ein eigenes Kompetenzgefühl, das ihr Selbstwerterleben positiv beeinflußt. Sie haben es auch leichter, nach Beendigung der Gruppe einen Teil des Gelernten im Sinn einer Selbstanalyse weiter anzuwenden.

In späteren Sitzungen kann eher das Risiko eingegangen werden, daß eine Intervention nur von einem oder wenigen Gruppenmitgliedern verstanden oder überhaupt erst im Lauf des Gruppenprozesses klar wird. Dagegen empfiehlt es sich in den ersten Sitzungen, Interventionen zu geben, von denen man erwarten kann, daß *alle* Gruppenmitglieder sie kognitiv und möglichst auch emotional assimilieren können. Dazu dürfen die Interventionen nicht zu weitreichend sein. Während der ersten Sitzungen besteht mehr als später die Gefahr, daß der Therapeut die Gruppenmitglieder mit seinen Interventionen überfordert: nicht nur, weil sie die notwendige Arbeitsweise noch nicht gründlich kennengelernt haben, sondern auch deshalb, weil der Angstpegel zu Beginn einer Gruppe in der Regel größer ist als später und Angst die kognitiven Möglichkeiten beeinträchtigt. Diese Angst wird natürlich erhöht, wenn die Gruppenmitglieder den Therapeuten nicht verstehen und sich deshalb nicht gesichert fühlen. Es kommt dann zu einem circulus vitiosus. Die Gruppenmitglieder verstehen den Therapeuten nicht, bekommen Angst, verstehen ihn noch weniger, bekommen noch mehr Angst, und so weiter.

Je nach Struktur- und Handlungsdisposition der Patienten kann es dann bei einzelnen Gruppenmitgliedern zu Abbrüchen kommen. Seltener ist es, daß eine ganze Gruppe abbricht, da die Hoffnung, die Situation könne sich doch noch bessern, meist vorhanden ist.

Ungewöhnliches Verhalten sollte der Therapeut den Patienten erklären. Ungewöhnlich ist zum Beispiel, wenn er auf direkte Fragen nicht in üblicher Weise, nämlich durch direkte Beantwortung eingeht. Man kann zum Beispiel sagen: "Ich möchte darauf jetzt nicht eingehen. Wichtiger finde ich, was hinter Ihrer Frage steckt." Dadurch dosiert der Therapeut auch das Maß an Strukturmangel, das er den Patienten zumutet. Dieses Maß an Strukturmangel muß er der Toleranzgrenze der Patienten anpassen. Ist eine Erklärung gegeben und kommt die gleiche Frage in einer späteren Sitzung wieder, empfiehlt es sich, die Patienten damit zu konfrontieren, daß sie eine Erklärung gehört und anscheinend vergessen haben. Dann ist die Frage zu stellen: Warum ist das so?

Strukturierungsversuche kommen auch von den Patienten. Besonders beliebt ist das turn taking (jeder ist eine Sitzung lang dran), das verschieden motiviert sein kann; unter Umständen hat es die Auswirkung, daß analytische Gruppenpsychotherapie in die Therapie Einzelner mit Hilfe einer Gruppe umgewandelt wird. Da solche Strukturen die Effizienz einer Gruppe auf Dauer vermindern, sich aber rasch etablieren, sollten sie rechtzeitig in ihrem Widerstandscharakter angesprochen werden, wobei auch die Schutzfunktion zu betonen ist. Letzteres gilt ja für alle Widerstände.

Die Information auf der Ebene der Arbeitsbeziehung hat sekundär auch den Sinn, das Maß an Strukturmangel zu begrenzen, indem der Therapeut den Patienten zeigt, wie sie mit dem umgehen sollen, was sie in der Gruppe erleben und wie sie sich selbst verhalten. So gibt er implizite Handlungsanweisungen.

Es ist eine Besonderheit der Gruppenpsychotherapie, daß schon in den ersten Gruppensitzungen tiefe Regression auftreten kann (vgl. S. 61ff). Das hängt zum einen mit dem Übertragungsauslöser Gesamtgruppe zusammen, der frühe Übertragungen und entsprechende Ich-Regression stimuliert. Zum anderen tritt durch die Konfrontation mit komplexen Beziehungsmöglichkeiten zu einer ganzen Reihe von Menschen - unter Suspendierung zumindest eines Teils der sonst üblichen konventionellen Verhaltensnormen - bei den Gruppenteilnehmern ein Gefühl der Hilflosigkeit auf, das Bezug zur Hilflosigkeit ganz kleiner Kinder hat, die sich in einer Situation befinden, in der sie durch eigene Aktivitäten ihre Bedürfnisse nicht in vorhersehbarer Weise befriedigen können. Das Gefühl von Hilflosigkeit und der Abhängigkeit von einem großen Mutterobjekt, der Gruppe, dessen Verhalten nicht vorhersehbar ist, dürfte wesentlich zur Entwicklung von Übertragungsformen beitragen, die dem Entwicklungsstand des ersten Lebensjahres entsprechen. Besonders in den ersten Sitzungen bewegt sich der Therapeut zwischen Skylla und Charybdis: Strukturiert er zu stark, bringt er die Patienten um das Erleben früher Beziehungsformen in der therapeutischen Situation. Strukturiert er zu wenig, wird die Angst zu groß, und die Patienten sind in ihrem psychischen Verarbeitungsvermögen überfordert. Ziel des Therapeutenverhaltens sollte somit nicht eine "Minimalstrukturierung" sein, sondern eine Optimalstrukturierung.

Wegen der anfangs noch großen Angst der Patienten in Konfrontation mit dem Unbekannten und im Erleben tiefer Regression mit entsprechenden Hilflosigkeits- und Abhängigkeitsgefühlen ist es zu Beginn einer Gruppe besonders wichtig, die Balance zwischen Widerstand und Impuls zu halten. Tatsächlich schreitet der Gruppenprozeß am raschesten fort und ist am intensivsten, und der Kenntnis- und Erfahrungsgewinn der Patienten sind am größten, wenn gerade so viel an Impuls manifest wird, daß die durch die Impulse ausgelöste Angst die Toleranzgrenze der Patienten noch nicht überschreitet. Überschreiten die Impulse eine gewisse Intensität, wird der Widerstand überproportional intensiviert. Optimal heißt hier, daß gerade soviel an Latentem zugelassen wird, wie vertragen werden kann.

Neben der Struktur, die der Therapeut einführt, wirken sich die durch die Patienten eingeführten Widerstandsformen mindernd auf die Angst-, Scham- und Schuldgefühle aus. Zu Beginn einer Gruppe verfügen die Patienten noch über wenig Möglichkeiten, mit ihrer Angst umzugehen. Mit der Zeit wird die Palette der zur Verfügung stehenden Widerstandsformen breiter. Auch deshalb ist es wichtig, die Impulse der Gruppe nicht zu stark zu aktivieren - die wenig differenzierten psychosozialen Abwehrphänomene zu Beginn einer Gruppe reichen manchmal nicht aus, und die Patienten ziehen sich dann in die besondere Widerstandsform des Schweigens zurück. Mit dem Schweigen ist besonders schwer umzugehen, wenn man noch wenig von der Gruppe weiß und deshalb in der Beurteilung seiner Qualität unsicher ist. Die Fähigkeit zur Regulierung des Widerstandsniveaus ist einer der wesentlichen Kompetenzgewinne des Therapeuten und auch der Gruppenmitglieder mit zunehmender Erfahrung in Gruppenpsychotherapie.

Tritt *Schweigen* auf, ist es wichtig, auf den Schutzcharakter des Schweigens hinzuweisen und Bezug auf die vorangegangenen Deutungen zu nehmen, die wahrscheinlich die Toleranzgrenze der Patienten überschritten haben, oder sich einem Verhalten von Gruppenmitgliedern zuzuwenden, das angstmachend gewirkt hat. Den Gruppenmitgliedern sollte dabei vermittelt werden, daß der Therapeut die Verstärkung der Angst durch die beschriebenen Phänomene erkannt hat und versteht, daß sich die Gruppenmitglieder dagegen schützen möchten.

Die sorgfältige Dosierung von Widerstands- und Inhaltsdeutungen zu Beginn einer Gruppe ist auch deshalb wichtig, weil Abbrüche in der Initialphase einer Gruppe häufiger vorkommen als später und gerade da besonders traumatisierend sind. Es handelt sich dabei um Traumen vom narzißtischen Typ, die oft als irreversible Verstümmelung phantasiert werden: Der Gruppe ist ein wichtiger Körperteil, ein wichtiges Organ verlorengegangen und damit auch jedem einzelnen Gruppenmitglied, da eben eine Symbiose zwischen Mutter und Kind phantasiert wird.

Kommt es trotz Vorsicht doch zu einem *Abbruch*, sollte der Therapeut der Gruppe die Information geben, daß er den abbrechenden Patienten in einem Einzelgespräch bezüglich der weiteren Therapie beraten hat, was ohnehin dringend zu empfehlen ist.

Stellt sich in den ersten Gruppensitzungen heraus, daß eine Indikation falsch gestellt wurde (zum Beispiel, daß hinter einer hysterischen Struktur eine Borderline-Struktur verborgen war und sich jetzt in der Gruppe manifestiert), kann es notwendig werden, einen Patienten schon früh aus der Gruppe herauszunehmen. Das wirkt sich in der Regel noch traumatischer auf den Gruppenverlauf aus, als wenn der Patient abbricht. Bei sorgfältiger Indikationsstellung kommt es glücklicherweise selten vor. Um die negativen Folgen zu begrenzen, empfiehlt es sich, der Gruppe deutlich zu machen, daß der Therapeut die Entscheidung über die Beendigung der Therapie getroffen hat und zwar im Interesse des Patienten und der Gruppe.

Dennoch werden die Gruppenmitglieder Schuldgefühle haben und befürchten, aus der Gruppe ausgestoßen zu werden, wenn sie sich so zeigen, wie sie wirklich sind. Die Schuldgefühle und Befürchtungen sollten sorgfältig bearbeitet und keineswegs in einer Kollusion zwischen Gruppe und Therapeut geleugnet werden. Die Analyse eigener Schuldgefühle bleibt dem Therapeuten in seiner Selbstanalyse überlassen. Es empfiehlt sich in der Regel nicht, die Gruppenmitglieder damit zu belasten.

In halboffenen Gruppen, deren freiwerdende Plätze durch neue Patienten besetzt werden, macht jeder Patient, der neu in die Gruppe kommt, seine eigene Initialphase durch. Je nach Entwicklungsstand und Zustand der Gruppe wird er als unwillkommener Konkurrent um den Therapeuten oder um die Zuwendung der Gesamtgruppe, als Retter und Messias, als enger Freund oder Partnerin des Therapeuten erlebt und noch in manch anderen Rollen.

In der Regel passen sich die neuhinzugekommenen Patienten dem Entwicklungsstand der Gruppe rasch an und folgen dann dem in halboffenen Gruppen zyklischen, immer wieder andere Stadien der Individualentwicklung wiederholenden Gruppenprozeß. Bei der Indikationsstellung ist es aber dennoch wichtig, sich klarzumachen, ob ein bestimmter Patient in der gerade anstehenden Phase der Gruppenentwicklung Anschluß an die unbewußten Phantasien der Gruppenmitglieder finden kann, oder ob es sich gerade um besonders brisante, von ihm abgewehrte Wünsche handelt. Das könnte nämlich dazu führen, daß der Patient in der Gruppe gleichsam nichts versteht, sein Erleben abriegelt und es auch nicht lernt, damit in der für die Gruppe spezifischen Weise umzugehen. Diese Erfahrung beeinflußt dann die Weiterentwicklung in der Gruppe, wenn er überhaupt dort verbleibt. Rationalisierungen der Art: die Gruppenmitglieder sind alle verheiratet oder unverheiratet oder haben einen anderen Beruf etc., verdecken dann häufig das tieferliegende Problem. Solche Gründe können relevant sein, sind es aber nicht immer. Manche Patienten verlassen auch die Gruppe, weil sie ihre Übertragungen nicht unterbringen und so keine Familiaritätsgefühle entwickeln können.

In den meisten Gruppen wird dem neu Hinzugekommenen Zeit gelassen, sich in die Gruppe hineinzufinden. Die Altmitglieder erwarten von ihm einige basale Informationen, auch um ein Minimum an Vertrautheit herzustellen und tolerieren es dann, daß sich der Neue zurückhält. Man führt ihm gemeinsam vor, wie eine Gruppe arbeitet.

Patienten, die stark dazu neigen, feste *Meinungen* über Dinge von sich zu geben, die sie noch wenig kennen und mit denen sie wenig Erfahrungen haben, kommen eher als andere in schwierige Situationen. Patienten, die es gewohnt sind, die Führungsrolle zu übernehmen, sind gefährdeter als solche, die sich eher als Gefolgsleute im Sinn von R. Schindler (1957/58) und Heigl-Evers (1978) verhalten.

Manche Patienten, die nur als *Sündenbock* zu interagieren gelernt haben, stellen diese ihnen vertraute Situation in der Gruppe bald her. Es ist dann wichtig zu zeigen, inwieweit ein solcher Sündenbock latente Wünsche der Gruppe repräsentiert, und herauszufinden, was der betreffende Patient selbst dazu beiträgt.

Patienten, die sich in der Position des *beratenden Fachmannes* gefallen und sich darin wohlfühlen, werden oft längere Zeit in dieser Position toleriert, wenn sie es gut machen, wenn sie zum Beispiel nicht den Anschein erwecken, als wüßten sie schon alles, sondern neue Gesichtspunkte einbringen, die nicht mit dem, was die Gruppe bisher erarbeitet hat, und mit der Arbeitsweise der

Gruppe in Widerspruch stehen. Bald allerdings wird eine Parallele zum Verhalten des Therapeuten hergestellt, der sich auch zurückhält, und es kommt zum Konflikt um die Verpflichtung zur Übernahme der Patientenrolle.

In den ersten Sitzungen besonders gefährdet sind auch Patienten mit *brüchiger Abwehr*, die bald mehr von sich sagen, als die Gruppenmitglieder zu sagen gewohnt sind, zu sagen gelernt haben und hören wollen. Gruppen mit guter Kohäsion und einiger Therapieerfahrung sind in der Regel fähig, solche Patienten zu begrenzen oder zu stoppen; sonst muß der Therapeut versuchen, dies zu übernehmen.

Zur Beendigung einer Gruppenpsychotherapie

Das Ende als integraler Bestandteil des gesamten therapeutischen Prozesses

Die Auseinandersetzung mit der Thematik des Endes kann in einer psychoanalytisch geführten Gruppe, wie in jeder Therapie, die dem Realitätsprinzip Rechnung tragen will, nicht erst in der Abschlußphase stattfinden. Immer wieder, auch bevor die Patienten in die Abschlußphase hineinkommen, müssen sie sich mit Trennung, Ablösung, Abschied und Trauer beschäftigen (vgl. Lindner 1991b). Eine Patientin berichtet, daß ihre Kinder nun aus dem Haus gehen werden; in den Sommermonaten findet jährlich eine längere Unterbrechung der sonst regelmäßigen Gruppensitzungen statt; ein Patient erkrankt lebensbedrohlich; ein Patient möchte die Behandlung abbrechen. Die Aufzählung alltäglicher Auslöser für die Beschäftigung mit dem Ende ließe sich verlängern.

Solche Auslöser nötigen die Mitglieder einer Gruppe, sich individuell und im gemeinsamen Erleben mit der Thematik des Endes auseinanderzusetzen. Je nach dem Stand des individuellen und gemeinsamen Entwicklungsprozesses müssen sie sich dann zum Beispiel mit der Trennung aus der Dyade der frühen Mutter-Kind-Beziehung oder mit späteren Trennungs- und Schwellensituationen und mit damit verbundenen Schmerz-, Trauer-, aber auch Wachstumserfahrungen (Grotjahn 1979), mit utopischen Phantasien und realistischen Möglichkeiten auseinandersetzen - letztlich, meist implizit, auch mit der Begrenztheit des eigenen Lebens. So ist die Beschäftigung mit dem Ende integraler Bestandteil psychoanalytischer Gruppentherapie.

Faktoren, die das Therapieende bestimmen

Auch eine psychoanalytische Gruppentherapie findet nicht in einer unbegrenzten Fülle der Möglichkeiten statt, sondern unter begrenzten Bedingungen, die ihre Beendigung mit beeinflussen. Drei Faktorengruppen lassen sich unterscheiden: die Rahmenbedingungen, die Ziele der Patienten und die Ziele der Therapeuten.

Die Rahmenbedingungen

Es macht einen Unterschied, ob psychoanalytische Gruppentherapie in der Klinik oder in der ambulanten Praxis durchgeführt wird. In der Klinik rechnet man in Wochen und Monaten; in der Regel dauert eine psychoanalytische Gruppenbehandlung dort vier Wochen bis drei Monate. In der ambulanten Praxis rechnet man in Jahren; eine Gruppenbehandlung dauert in der Regel ein bis drei Jahre.

Abhängig sind diese Zahlen unter anderem auch von den Bewilligungszeiträumen der Kostenträger, die das Gros der psychoanalytischen Gruppenbehandlungen in Klinik und ambulanter Praxis finanzieren. Letztlich spielt also auch hier das Geld eine Rolle. Das ist sicherlich nicht nur bei einer Fremdfinanzierung so, sondern auch bei eigener Finanzierung. Dann bestimmt das Geld, das man im eigenen Budget für Gruppentherapie einplanen kann und möchte, den zeitlichen Rahmen einer Therapie mit.

Hier hängt der Finanzierungsplan davon ab, wie viel jemand für seine Therapie einzusetzen bereit ist. Wenn man sich einmal anschaut, wofür Menschen Geld ausgeben, so erscheint für viele Patienten eine Belastung von zweihundert Mark im Monat (bei einer Sitzung pro Woche) zumutbar.

Für die Bundesrepublik Deutschland wird gegenwärtig gelten, daß die meisten Patientinnen und Patienten, die an einer psychoanalytischen Gruppentherapie teilnehmen, ihre Behandlung fremdfinanzieren lassen. Legen wir unseren Überlegungen den Bewilligungsrahmen der RVO- und Ersatzkassen zugrunde, der für die anderen Kostenträger zunehmend zum Modell wird, an dem sie sich orientieren, so müssen wir davon ausgehen, daß analytische Gruppentherapie in der ambulanten Praxis in der Regel mit 80 Doppelstunden (= Sitzungen), in besonders begründeten Fällen 120 Doppelstunden und im Ausnahmefall 150 Doppelstunden finanziert wird (Faber u. Haarstrick 1989). Gehen wir weiter davon aus, daß ein Psychoanalytiker ca. 45 Wochen im Jahr Gruppentherapie praktizieren kann, dann bedeuten die oben genannten Zahlen bei einer Frequenz von einer Sitzung pro Woche in der Regel einen Behandlungszeitraum von 1,8, in besonderen Fällen 2,7 und im Ausnahmefall von 3,3 Jahren. Wird Gruppentherapie bei einer Frequenz von zwei Sitzungen pro Woche durchgeführt, verkürzt sich der Behandlungszeitraum auf 0,9 Jahre in der Regel, 1,3 in besonderen Fällen und 1,7 Jahre im Ausnahmefall. Für die tiefenpsychologisch fundierte Gruppentherapie ist es bei 40-60, maximal 80 Sitzungen entsprechend weniger. Da ein Gruppentherapeut nicht davon ausgehen wird, daß er für alle Patientinnen und Patienten die Ausnahmeregelung in Anspruch nehmen kann, müssen er und die Patienten bei einer analytischen Gruppenpsychotherapie also mit einer Behandlungsdauer von 2,7 Jahren bei einer Sitzung pro Woche, und 1,3 Jahren bei zwei Sitzungen pro Woche rechnen. Diese Rahmenbedingungen können für die einzelnen Patienten wie für den Gruppenprozeß unterschiedliche Bedeutung gewinnen. Sie beschränken die Therapiemöglichkeiten.

Die Begrenzung des Leistungsumfangs durch das Antrags- und Verlängerungsverfahren hat auch insofern prägende Wirkung, als sie schon zu Beginn, und dann zum Zeitpunkt der Verlängerung, die Begrenzung der für die Therapie zur Verfügung stehenden Zeit vor Augen führt. Es versteht sich von selbst, daß das Thema 'Begrenzung' in vielfältigen Variationen, zum Beispiel als Begrenzung von Lebenszeit, Zuwendung für einzelne Gruppenteilnehmer wie für die Gesamtheit der Mitglieder präsenter sein wird, wenn die Zeit begrenzt ist, als wenn Zeit unbegrenzt zur Verfügung zu stehen scheint. Die Begrenzung der zur Verfügung stehenden Zeit nötigt nicht nur alle Beteiligten dazu, von Anfang an bewußte und unbewußte Erwartungen, Ziele und Entwicklungsmöglichkeiten nicht aus den Augen zu verlieren, sie wird auch im Sinne von Übertragungsauslösern wirken.

Die Begrenzung der zur Verfügung stehenden Zeit durch die Kostenträger kann zum Beispiel eine Übertragungsspaltung in dem Sinn auslösen, daß Anteile der Repräsentanz der 'bösen Mutter' auf den Kostenträger projiziert werden, während für den Therapeuten die Anteile der Repräsentanz der 'guten Mutter' vorbehalten bleiben. Eine solche Übertragungsspaltung kann unter Umständen vom Therapeuten dadurch begünstigt werden, daß er nicht zwischen seiner mit Argumenten begründeten Kritik am Bewilligungsrahmen und seiner therapeutischen Aufgabe im Hier und Jetzt des Gruppenprozesses unterscheidet, wo Kritik am Kostenträger auch den Therapeuten meinen kann. Es könnte sein, daß sich hinter solcher Kritik die unbewußte oder vorbewußte

Auseinandersetzung mit der Frage verbirgt, ob der Therapeut ausreichend Nahrung gibt oder ob er, weil versagend, böse ist.

Vereinbart ein Therapeut mit seinen Patienten private Kostenübernahmen nach Auslaufen der Finanzierung durch eine Krankenkasse, so kann der Übergang von der einen zur anderen Finanzierungsweise bei manchen Patienten innere Auseinandersetzungen und Übertragungen auslösen, die an die Adoleszenz erinnern, jene Zeit, in der die Sorge für das eigene Leben zunehmend mehr in Eigenverantwortlichkeit übernommen wird, es andererseits aber gleichzeitig zu regressiven Einbrüchen kommt.

Werden solche oder andere Übertragungsmöglichkeiten, die von den Rahmenbedingungen ausgelöst werden können, nicht beachtet, bleiben wichtige Konflikte ausgespart.

Die Ziele der Patienten

Die Dauer einer Gruppentherapie hängt auch von den Erwartungen und Zielvorstellungen der Patienten ab. Der eine Patient wird zum Beispiel den Wunsch haben, aus der Gruppe auszuscheiden, wenn seine Erwartungen an die Therapie erfüllt sind, ein anderer Patient wird aufhören wollen, weil er von der Therapie enttäuscht ist, ein dritter nimmt die Auseinandersetzung um die enttäuschende Therapie zum Anlaß, seine ursprünglichen Erwartungen zu revidieren, und macht mit neuen Zielvorstellungen weiter. Solche Erfahrungen sind übrigens von Untersuchungen der vergleichenden Psychotherapieforschung belegt worden. So wurde zum Beispiel vertreten, daß ungünstig verlaufende psychotherapeutische Prozesse und Abbrüche häufig aus einem zu geringen Maß an Übereinstimmung der bewußten Erwartungen an die Behandlung zwischen Patient und Therapeut entstehen (vgl. FÜRSTENAU 1979).

Den Psychoanalytiker müssen die bewußten und unbewußten Zielvorstellungen der Patienten interessieren. Sie kommen im günstigen Falle schon in der psychoanalytischen Erstuntersuchung und im Vorbereitungsgespräch zur Sprache und entscheiden dort unter anderem über die Indikationsstellung zur psychoanalytischen Gruppenpsychotherapie. Später sind sie Gegenstand der therapeutischen Arbeit, werden allerdings über weite Strecken nicht direkt, sondern indirekt thematisiert. Im therapeutischen Prozeß in der Gruppe, der in Analogie zur Übertragungsneurose in der Einzelanalyse aufgefaßt werden kann, geschieht es auch, daß unbewußte Erwartungen der Teilnehmer an sich selbst und an das Ergebnis der Therapie, die mit den individuellen Neurosen verbunden sind, mit den anderen Gruppenteilnehmern zusammen in Szene gesetzt und dann auch durchgearbeitet werden können. Unter diesem Blickwinkel betrachtet, ist ein therapeutischer Prozeß in der Gruppe auch ein Durcharbeiten teils unbewußt determinierter Erwartungen an sich selbst und an die Möglichkeiten der Therapie. Solches Durcharbeiten setzt Entwicklungsmöglichkeiten frei, nötigt aber auch zum Relativieren und zum Aufgeben von Erwartungen und Wunschphantasien.

In sogenannten 'Bilanzsitzungen', die zum Beispiel durch den Jahreswechsel ausgelöst werden können, aber vor allem in der Abschlußphase, wird die zurückliegende gemeinsame Arbeit eben unter Bilanzaspekten thematisiert, und es ist ein wichtiger Teil der therapeutischen Aufgabe, dieses zu fördern. Manche Therapeuten führen auch Bilanzgespräche in regelmäßigen Abständen, meist im Einzelsetting.

Die Ziele der Therapeuten, oder: Das Ende der unendlichen Analyse (PARIN 1981)

EVA STOLTZENBERG (1986) hat die Problematik idealistisch-normativer Zielvorstellungen über die Beendigung von Psychoanalysen herausgearbeitet. Idealistisch-normative Vorstellungen können sich auf zweierlei Weisen ausdrücken: Einmal kann man von idealen Zielvorstellungen über die Fähigkeiten ausgehen, die im Verlaufe von psychoanalytischen Behandlungen entwickelt werden müßten, oder man denkt am psychoanalytischen Prozeß orientiert und setzt dann eine bestimmte Entwicklungsstufe in der psychosexuellen Reifung als ideale Zielvorstellung oder als zu erreichende Norm und mißt daran das tatsächlich Erreichte. Ob nun mehr phänomenologisch oder im engeren Sinne psychoanalytisch wahrgenommen und ausgedrückt: Solche idealistisch-normativen Zielvorstellungen über das in psychoanalytischen Behandlungen zu Erreichende können einen in Gegenübertragungsschwierigkeiten, im Hinblick auf die alltägliche Therapiewirklichkeit aber auch in Argumentationsnöte bringen, weil die tatsächlichen Entwicklungsmöglichkeiten der Patienten dann vor einer idealen Zielvorstellung gerechtfertigt werden müssen, was zur Verschleierung des Faktischen führen kann. Idealistisch-normative Zielvorstellungen können sehr schnell zu unbewußten

Leitbildern werden, denen die Patienten gleichwerden müssen, oft zu tyrannischen Instanzen. Auch hierin drückt sich aus, wie schwer es ist, sich mit dem Thema 'Begrenzung' offen und frei auseinanderzusetzen. Jede psychoanalytische Behandlung, auch die für die betreffende Person optimale, wird aber mindestens in zweierlei Weise begrenzt: durch die individuellen Entwicklungsmöglichkeiten, die in den Menschen stecken, und durch die Therapeut-Patienten-Beziehung, innerhalb derer sich die Entwicklung jeweils vollzieht.

Will man dem Rechnung tragen, so ist es wichtig, sich seiner eigenen Zielvorstellungen bewußt zu werden und mit ihnen umgehen zu lernen. In diesem Sinn soll im folgenden auch von den Zielvorstellungen von Therapeuten die Rede sein.

Allein auf Intuition (GLOVER 1955) oder das ursprüngliche Gefühl dafür, wann die Zeit für die Beendigung einer psychoanalytischen Therapie gekommen ist und ein Patient von der Therapie ausreichend profitiert hat (GROTJAHN 1979), wird sich ein Therapeut nicht verlassen können, weil die Ergebnisse der therapeutischen Arbeit dann weitgehend unüberprüfbar bleiben. Wiewohl natürlich Intuition und Gefühl eine Rolle spielen, geht es doch bei der Beurteilung von Therapiefortschritten mehr um die rationale Auswertung von Gegenübertragungsgefühlen und -phantasien. Der Analytiker ist in gewisser Hinsicht tatsächlich ein Mann mit einer "Wünschelrute", aber er verfügt auch über eine geologische und chemische Ausrüstung. "In der Phase des Vermutens ist er zu allen Höhenflügen der Phantasie bereit. Beim Versuch zu verstehen, ist er ein Forscher, der auf Logik und Vernunft besteht." (REIK 1983, S. 467)

Intuition, Gefühl und Vernunft gehören wie Zielvorstellungen und deren Überprüfung zusammen. Der Psychoanalytiker steht vor einer ähnlichen Aufgabe wie seine Patienten, wenn er über die Beendigung von Behandlungen nachdenkt. Auch er muß seine unbewußten Erwartungen an die Therapie, und das heißt zum Beispiel an seine therapeutischen Fähigkeiten, seine Vorstellungen vom therapeutischen Prozeß und den Gesundungs- und Wachstumsmöglichkeiten seiner Patienten, seine bewußten Zielvorstellungen und die tatsächlichen Entwicklungsschritte, aber auch Rückschritte von Gruppenteilnehmern in einem zunächst intuitiven, dann eher rationalen Bearbeitungsprozeß für sich klären.

Von den unbewußt determinierten Erwartungen in Gestalt von Gegenübertragungsgefühlen und -phantasien wird an anderer Stelle gehandelt. Hier beschränken wir uns auf die bewußten Zielvorstellungen.

Seit der ersten, klassisch gewordenen Formulierung der Ziele der psychoanalytischen Behandlung durch FREUD (1904; 1928) sind diese von späteren Autoren entsprechend ihrer theoretischen Position akzentuiert und variiert worden. Die Basisformulierungen, der Patient möge seine Leistungs- und Genußfähigkeit wieder erlangen, und "*Wo Es war, soll Ich werden*", gelten in ihrem Grundbestand weiter. Es sind Zielvorstellungen, die nicht in jeder Therapie erreicht werden können. Gesundheit kann auch nicht statisch, sondern nur dynamisch beschrieben werden (TICHO 1971). An den Zielvorstellungen von FREUD wird außerdem deutlich, daß die Diskussion der Ziele einer Psychoanalyse von Anfang an durch die Spannung von formal-metapsychologischer und inhaltlich-umgangssprachlicher Argumentation bestimmt ist, in die dann allerdings auch Wertvorstellungen von Therapeuten Eingang finden. Spricht man in der Psychoanalyse von Therapiezielen, wird man mit dieser Spannung konfrontiert. Es ist nicht möglich, einen Standort jenseits dieser Spannung einzunehmen. Daß dieses schon für FREUD selbst zutrifft, ist bekannt. SCHARFENBERG (1968) hat gezeigt, woher die umgangssprachlichen Formulierungen von der Genuß- und Leistungsfähigkeit bei FREUD stammen könnten: aus jüdischer, und zwar sephardischer Tradition.

Metapsychologisch ausgedrückt muß sich ein Gruppentherapeut die Ich-, Trieb-, Ich-Ideal- und Über-Ich-Entwicklung seiner Patienten vor Augen führen, will er die Therapiefortschritte beurteilen. Versuchen wir, diese formalen Bestimmungen zu konkretisieren.

Im allgemeinen können wir sagen, daß sich Entwicklungen in der Therapie daran ablesen lassen, wie sich die *Beziehungen* von Patienten zu sich selbst, zu den anderen und zu Arbeit, Spiel und anderen Sublimierungen sowie zu Dingen und Vorstellungen gestalten (MENNINGER 1977).

Bessere Beziehungen zu sich selbst, ein versöhnlicherer Umgang mit sich selbst, werden im psychoanalytischen Sinne unter bestimmten Aspekten überprüfbar.

Unter dem Blickwinkel der Ich-Entwicklung betrachtet, kann man sagen, am Ende einer Behandlung sollten Spaltungen zwischen regressiven und beobachtend-kontrollierenden Teilen der Persönlichkeit, mit einem schwachen Ich in der Mitte, aufgehoben sein. Ein Patient sollte auch über größere Wahrnehmungsmöglichkeiten für sich selbst und über mehr Toleranz gegenüber persönlichem Unbehagen verfügen.

Die Ich-Ideal-Entwicklung wie die des Über-Ich gestaltet sich gewöhnlich nach kulturell vermittelten Leitbildern und Standards (vgl. MENNINGER u. HOLZMANN 1977). An ihr kann man ablesen, wie weit jemand mit der Bearbeitung der Diskrepanz zwischen narzißtischen Phantasien und realen Möglichkeiten gekommen ist.

Die Veränderung des Über-Ich wird von Psychoanalytikern im allgemeinen als wichtigstes Indiz für gelungene Therapie angesehen. Eine gut verlaufende Therapie wird - unter diesem Blickwinkel betrachtet - einen Patienten mit einem ursprünglich grausamen, unberechenbaren oder grob bestechlichen Über-Ich mehr Freiheit und Lebensfreude ermöglichen; Zwangsaktivitäten und Depressionen werden schwinden. Die Inhalte der Wertvorstellungen und damit auch des Über-Ich werden sich ändern. Wem zum Beispiel Arbeit, Geld, Haus, Macht "Liebesobjekte" waren, dem wird vielleicht ihr Ersatzcharakter für menschliche Beziehungen bewußter werden.

Es kommt immer wieder vor, daß Patientinnen und Patienten zuerst von anderen Menschen erfahren, sie hätten sich durch ihre Therapie verändert. So zeigen sich Therapiefortschritte in der Beziehung zu anderen Menschen. Oft entdeckt jemand erst durch eine psychoanalytische Therapie den Anderen als anderen, kann er ein narzißtisches Um-sich-selbst-Kreisen und die Befriedigung infantiler Wünsche zugunsten reiferer Beziehungen und Befriedigungsmöglichkeiten aufgeben. Er muß zum Beispiel nicht mehr mit seinen Kindern oder Kinder-Repräsentanzen um die Befriedigung infantiler, prägenitaler Wünsche konkurrieren. Erwartet wird von einer Therapie auch die Entwicklung von mehr Objektkonstanz und Geschlechtsidentität.

Das Verhältnis zu Arbeit, Spiel und anderen Sublimierungen sowie zu Dingen und Vorstellungen wird sich im Laufe einer Therapie derart verändern, daß das Interesse an der Arbeit zum Beispiel steigt und die Befriedigung an der Arbeit ebenfalls. Menschen mit verschütteten kreativen Potenzen werden diese vielleicht zum ersten Male entdecken. Für wen Arbeit Ersatz für Beziehungen war, für den wird sie diesen Stellenwert verlieren. Wer früher am Spiel kein Interesse fand, kann solches entdecken. Für wen Spiel Überkompensation oder Ersatzbefriedigung war, für den wird das Spiel an Bedeutung verlieren.

Unser Konkretisierungsversuch der Therapieziele einer psychoanalytischen Therapie ließe sich fortsetzen. Bleiben würde die Notwendigkeit, daß sich der Therapeut in jedem Einzelfall klar macht, welche Möglichkeiten diese konkrete Patientin oder dieser konkrete Patient hat. Bisher haben wir die Zielvorstellungen des Therapeuten im Hinblick auf die einzelnen Patienten betrachtet. Der Therapeut hat aber auch Zielvorstellungen, die den gemeinsamen Therapieprozeß betreffen. Seine Zielvorstellungen stehen nicht selten im Konflikt mit der Tatsache, daß bei einer Fremdfinanzierung die Kostenträger Therapie nur insoweit finanzieren, als diese der Behandlung von Krankheiten dient.

Therapeutische Prozesse in psychoanalytisch geführten Gruppen durchschreiten Entwicklungsphasen, die entsprechend der psychosexuellen Entwicklung (KÖNIG 1976) beschrieben werden können. In geschlossenen Gruppen stellen sich diese Phasen anders als in sogenannten halb-offenen Gruppen dar, in denen die Tatsache des Herausgehens und Hineinkommens von Mitgliedern im Laufe einer Gruppe zu Veränderungen in der Phasenentwicklung führt. Gruppentherapeuten müssen sich deutlich machen, daß nicht alle Patienten in einer Gruppe in allen Phasen gleich intensiv engagiert sind und - das wird besonders in halboffenen Gruppen deutlich - daß Patienten durchaus von einer Gruppe profitieren können, ohne an allen Phasen teilgenommen zu haben, die im Laufe einer langjährigen Gruppe durchlaufen werden können.

Am Ende dieses Abschnittes sind wir also wieder bei der Betonung der unterschiedlichen Entwicklungsmöglichkeite und -begrenzungen von Patienten angelangt. In der Rekapitulation von Therapiezielen in der Psychoanalyse im Hinblick auf ihre Anwendung in psychoanalytischen Gruppen ist die seit den Anfängen der Psychoanalyse bestehende Spannung zwischen idealistisch-normativen Zielvorstellungen und realistischen, der jeweiligen Beziehungskonstellation Rechnung tragenden Entwicklungsmöglichkeiten als weiterhin bestehendes, auch technisches Problem deutlich geworden, dessen sich auch jeder Gruppenanalytiker immer wieder bewußt werden muß.

Die Beendigung in unterschiedlichen Settings

Das bisher Geschilderte gewinnt noch einmal unterschiedliche Bedeutung, je nachdem, ob man mit geschlossenen Gruppen in der Klinik, mit geschlossenen Gruppen in der ambulanten Praxis oder mit halb-offenen Gruppen in der ambulanten Praxis arbeitet.

Geschlossene Gruppen in der Klinik

Geschlossene Gruppen sind durch den gemeinsamen Beginn, das gemeinsame Ende der Therapie und die Tatsache definiert, daß sie in ihrer Zusammensetzung konstant bleiben. Wenn keine Gruppenmitglieder ausscheiden, keine neuen hinzukommen und der Zeitraum der gemeinsamen Geschichte feststeht, kann sich der therapeutische Prozeß über längere Zeiträume ungestört entfalten.

Die Antizipation der gemeinsamen Beendigung der therapeutischen Arbeit bedingt eine gewisse Einheitlichkeit der Konstellierung des Therapieendes im therapeutischen Prozeß und trägt dazu bei, daß der gemeinsame Abschied über einen längeren Zeitraum hinweg sehr intensiv erlebt werden kann. Die Gruppenmitglieder müssen sich nicht nur voneinander und vom Therapeuten, sondern auch von der Gemeinschaft trennen, die nach der letzten gemeinsamen Sitzung nicht mehr weiter existiert. Gerade dieses Faktum löst in der Regel spezifische Übertragungen auf das Globalobjekt "Gruppe" aus. Oft kann man in Gruppen dann vom "Tod der Gruppe" oder davon sprechen hören, daß "die Gruppe stirbt". Auf diese Weise werden Übertragungen auf das Globalobjekt "Gruppe" in Erinnerung an Erfahrungen mit der frühen Mutter wieder lebendig, die geht und vielleicht nicht wiederkommt. Auch je nachdem, ob die Gruppe von einem männlichen oder weiblichen Therapeuten geführt wird, gestalten sich die Inhalte der unbewußten Phantasien. Gruppentherapeutinnen können aus unterschiedlichsten Gründen Gefahr laufen, sich nicht mehr vom Globalobjekt Gruppe zu unterscheiden, was die Bearbeitung der Trennung zusätzlich erschwert.

Bei der Arbeit mit geschlossenen Gruppen in der Klinik kommen noch zwei wichtige Faktoren hinzu: der Abschied von der Institution Klinik und die Tatsache, daß die Patienten für einen in der Regel mehrmonatigen Zeitraum aus ihrer alltäglichen Lebenswelt in den geschützteren Raum eines gemeinsamen Lebens "ausgestiegen" sind. Beide Faktoren fördern die Regression auf frühkindliche oder adoleszente, in der Familie oder in Gruppen - wie zum Beispiel im Kindergarten oder in der Schule - gemeinsam erlebte Abschiedserfahrungen. Zugleich nötigt die Tatsache, daß man für eine bestimmte Zeit aus den unterschiedlichsten Alltagswirklichkeiten in einen geschützteren gemeinsamen Lebensraum "ausgestiegen" ist, meist dazu, daß die Rückkehr in die "rauhe Alltagswirklichkeit" der einzelnen Gruppenteilnehmerinnen und -teilnehmer intensiv bearbeitet wird.

Es wird immer wieder berichtet, daß der gemeinsame Abschied einer geschlossenen Gruppe in der Institution Klinik zu den intensivsten Abschieds- und Schwellenerfahrungen gehört, die man machen kann, ähnlich etwa wie der gemeinsame Abschied und das Beschreiten eines neuen Lebensweges am Ende der Schulzeit.

Geschlossene Gruppen in der ambulanten Praxis

Geschlossene Gruppen in der ambulanten Praxis werden nicht so hochfrequent wie in der Klinik (drei- bis viermal wöchentlich) durchgeführt. Die Gruppensitzungen finden in der Regel einmal wöchentlich statt; Gruppen mit zwei Sitzungen pro Woche sind eher die Ausnahme. Außerdem fehlt geschlossenen Gruppen in der ambulanten Praxis die gemeinsame Erfahrung der Institution Klinik. Diese beiden Unterschiede mindern die Intensität der Abschieds- und Schwellenerfahrungen im Vergleich zu geschlossenen Gruppen in der Klinik. Ansonsten wirkt die Tatsache des gemeinsamen Abschieds in ähnlicher Weise und prägt den gemeinsamen Prozeß.

Ein Therapeut, der mit geschlossenen Gruppen in der ambulanten Praxis arbeiten möchte, muß sich entscheiden, ob er sich den Zeitraum von den Kostenträgern oder anderen institutionellen Rahmenbedingungen vorgeben lassen will, muß einen darüber hinausgehenden Zeitraum selbst setzen oder die Übereinkunft über die Beendigung der Therapie analog der Einzelanalyse dem Prozeß überlassen. Jede dieser Varianten erfordert eigene Überlegungen.

Wer sich den Zeitrahmen, und damit den Zeitpunkt des Endes, von den Kostenträgern vorgeben läßt, zum Beispiel bei der analytischen Gruppenpsychotherapie, also mit ca. 2 1/2 Jahren bei einer Sitzung pro Woche und ca. 1 1/2 Jahren bei zwei Sitzungen pro Woche rechnet, wird sein Vorgehen damit begründen können, daß Gruppenmitglieder meist die Fähigkeit besitzen, sich auf die zur Verfügung stehende Zeit einzustellen, und daß die begrenzte Zeitvorgabe Gruppenteilnehmer wie Therapeuten dazu nötigen wird, die Abwägung dreier Faktoren im Auge zu behalten: die Situation der Patienten zu Behandlungsbeginn, die Entwicklungsmöglichkeiten, die sie haben (vgl. KADIS et al. 1982), und den Prozeß der Gruppe. Es versteht sich von selbst, daß die Begrenzung des Zeitrahmens durch die Kostenträger oder durch den Therapeuten das Faktum der Begrenzung im Prozeß präsenter sein lassen wird als in einer Gruppe, die den Zeitpunkt des Endes nach mehreren Jahren in einem Findungsprozeß bestimmt.

Der Kampf um das Ende der Therapie wird auch hier für alle eine generelle Auseinandersetzung im Spannungsfeld der Trias 'ursprüngliche Erwartungen, erreichte Entwicklungen und noch bestehende Entwicklungsmöglichkeiten' und der Beziehung der einzelnen Gruppenmitglieder zu den anderen und zum Prozeß wichtig werden lassen.

Das Therapieende für den einzelnen in halboffenen Gruppen

Halboffene Gruppen sind dadurch gekennzeichnet, daß für ausscheidende Mitglieder neue aufgenommen werden. Man sollte darauf achten, daß der Wechsel nicht zu häufig erfolgt, weil eine "permanente Bahnhofsatmosphäre" kein günstiges Klima für analytische Arbeit wäre. Dennoch ist die Tatsache, daß Mitglieder ausscheiden und neue hinzukommen, nicht nur Tribut an die Realität. Sie ermöglicht auch bestimmte Erfahrungen, deren Darstellung im Hier und Jetzt des Gruppenprozesses in halboffenen Gruppen begünstigt wird, wenn sie nicht überhaupt so nur in halboffenen Gruppen zum Ausdruck kommen. In einer fremden Gruppe Neuling zu sein, ist zum Beispiel eine solche Erfahrung, worauf wohl oft nicht zufällig jüdische Kolleginnen und Kollegen aufmerksam machen. Neuling, Fremdling gewesen zu sein, ist seit dem Auszug aus Ägypten nicht nur ein wichtiges Thema jüdischer Geschichte, sondern häufig auch persönliches Schicksal der betreffenden Kollegen (LINDNER 1990b).

Das Setting prägt also auch hier den Prozeß, setzt Übertragungsauslöser und provoziert spezifische Widerstände. Es versteht sich fast von selbst, daß Teilnehmer an einer halboffenen

Gruppe häufiger mit Themen wie "Jeder Mensch braucht seine individuelle Entwicklungszeit", "Geburt", "Verlassen des Elternhauses", "Sich-aktiv-Trennen", "Ersatz", "Verlust", "Neuling-sein", "Fremdenhaß", "Tod" und andere allein durch Faktoren konfrontiert werden, die mit dem Setting gegeben sind.

Eine Erfahrung kann darüber hinaus so nur in halboffenen Gruppen der therapeutischen Arbeit zugeführt werden: Wenn ein Gruppenmitglied diese Gruppe verläßt, wird es damit konfrontiert, daß die Therapiesitzungen auch über sein Ausscheiden hinaus weiter stattfinden, die Gruppe weiter existiert. Auch dieses Faktum wird als Auslöser wirksam werden und bisher unbewußte Konflikte der Bearbeitung zuführen, so zum Beispiel den Neid auf diejenigen, die daheim sicher und geborgen ohne eigenes Risiko und ohne eigene Arbeit ernährt werden. So gesehen sind halboffene Gruppen denjenigen näher, in denen wir leben und arbeiten.

Technische Fragen

Die Beendigung als Thema der Vorbereitung

Das Ende einer psychoanalytischen Gruppenbehandlung sollte bereits Thema in der Vorbereitungszeit zur Gruppentherapie sein. Im allgemeinen geben die Erwartungen der Patienten und die Finanzierungsfragen Gelegenheit, auch auf die Dauer und das Ende der Therapie zu sprechen zu kommen. Steht der Zeitpunkt der Beendigung nicht von Anfang an fest, wird man im Vorbereitungsgespräch darauf aufmerksam machen können, daß es hierbei um einen Prozeß der Übereinkunft geht, der in der Gruppe stattfindet, und bei dem auch mit Ausweichmanövern und anderen Widerstandsformen zu rechnen ist.

Wir empfehlen, in halboffenen Gruppen mit den Patienten im Vorbereitungsgespräch zu vereinbaren, daß ein Beendigungswunsch rechtzeitig, das heißt mindestens ein Vierteljahr vor dem beabsichtigten Ende, angekündigt werden soll, damit ausreichend Zeit für die Bearbeitung des Abschieds zur Verfügung steht.

Die Erwähnung der Dauer und des Endes der Therapie im Vorbereitungsgespräch hat den Vorteil, daß die Begrenzung der zur Verfügung stehenden Zeit von Anfang an thematisiert worden ist, auch wenn die damit zusammenhängenden Probleme erst im Lauf der Therapie bearbeitet werden können.

Trennungsschmerz und Wachstumserlebnis

Wenn Gruppenteilnehmerinnen und -teilnehmer gemeinsam ihre Therapie beenden oder wenn sich ein Gruppenmitglied von einer Gruppe trennt, werden nicht nur der aktuelle Abschied, sondern Trennungserlebnisse aus der Vergangenheit lebendig, auch wenn diese in früheren Phasen bereits Gegenstand der therapeutischen Arbeit waren. Wie in der Einzelanalyse kann es in der Abschlußphase einer Gruppe zu verstärkter Regression, intensivierten Übertragungen auf den Therapeuten und die Gruppe als Globalobjekt und zur Wiederkehr der Symptome kommen. Es ist dann, als ob das Unbewußte heftig gegen die Entscheidung des Ich protestiere (MENNINGER u. HOLZMANN 1977). Um Trennungsschmerz und Trauer durcharbeiten zu können, braucht es Zeit und auch Kraft, wie ein Gruppentherapeut oft an seinen Gegenübertragungsgefühlen ablesen kann.

Wichtig ist auch, daß der Gruppentherapeut bedenkt, daß mit einem Abschied auch ein Aufbruch zu etwas Neuem verbunden sein, er also auch zum Wachstumserlebnis werden kann. "Wenn der Patient gelernt hat, frei zu kommunizieren und mit sich selber und anderen in Kommunikation zu treten, oder wenn er so weit gekommen ist, wie man erwarten konnte, dann kann er selbständig weiterarbeiten. Manchmal betrachte ich die Beendigung der Behandlung als therapeutische Notwendigkeit, ähnlich wie das Herausnehmen einer Pflanze aus dem Blumentopf, um sie im Garten einzupflanzen", schreibt GROTJAHN (1979, S. 181).

Wird nicht vergessen, daß Abschied und Trennung nicht nur ein "kleiner Tod", sondern meist auch Aufbruch in die Eigenständigkeit ist, werden neben Trennungsschmerz und Trauer auch Freude am Neuen und an der Zukunft, also auch progressive Aspekte und Kräfte in die therapeutische Arbeit mit einbezogen.

Widerstandsbearbeitung

Nicht jeder Wunsch nach Beendigung der Therapie ist ein Ausdruck von Widerstand. Doch ist es sicher nicht falsch, zunächst auch daran zu denken, daß ein Widerstand mit am Werk ist, wenn der Wunsch nach Beendigung der Therapie geäußert wird. In Gruppen lösen solche Äußerungen immer ein Geschehen aus, an dem bald deutlich wird, welchen Anteil der Widerstand an ihm hat.

Ein in halboffenen Gruppen häufiger anzutreffender Widerstand von einzelnen Patienten äußert sich derart, daß die Betreffenden kurz vor dem Anfang einer Auseinandersetzung mit einem Thema, das für sie äußerst konflikthaft ist, den Wunsch äußern, die Behandlung zu beenden, und dafür allerlei plausible Gründe nennen können (vgl. LINDNER 1991b).

Ein typisches Widerstandsphänomen in Gruppen gegen das Ausscheiden von einzelnen ist folgendes: die Mehrheit hält den, der gehen will, fest und setzt ihm dabei sehr zu. Das hängt oft mit der Phantasie zusammen, die Gruppe als Globalobjekt solle durch den Weggang eines Mitglieds "verstümmelt" werden.

Ein anderer Widerstand gegen die Beendigung der Therapie kann manchmal sogar den Therapeuten miterfassen. Dann haben sich alle Beteiligten im Vergessen der Zeit zusammengeschlossen. Bedenkt man, daß Widerstand in allen Einzeläußerungen wie in den Kompromißbildungen, an denen alle beteiligt sind, immer mit dabei ist, erscheint die Faustregel, beim Wunsch nach Beendigung der Therapie zunächst einmal an einen Widerstand zu denken, plausibel und nützlich. Dabei ist natürlich zu beachten, daß eine jede Therapie insofern im Widerstand endet, als die immer vorhandene pathologische Restdynamik ja noch bearbeitet werden könnte. Der Widerstand hilft dem Patienten zu einem Zeitpunkt das Ende zu finden, zu dem es vielleicht unter Berücksichtigung seiner gesamten Lebenssituation für ihn adäquat ist.

Gegenübertragung

In diesem Abschnitt soll nicht auf die generelle Notwendigkeit der Handhabung der Gegenübertragung auch in der Abschlußphase im allgemeinen eingegangen werden, auch nicht auf die antwortenden Gefühle des Therapeuten, die ihm zugänglich sind. Hier sollten vielmehr nur einige typische unbewußt determinierte Gegenübertragungsprobleme genannt werden.

TICHO (1971) macht auf ein Gegenübertragungsproblem aufmerksam, das er bei vielen Analytikern vermutet: "Manche Analytiker sind enttäuscht über den Ausgang ihrer eigenen Analyse. Diese mehr oder weniger bewußte Unzufriedenheit führt dazu, daß sie 'vollkommene' Resultate mit ihren Patienten erzielen wollen." Damit verbindet sich manchmal eine Art "Nachforschungsangst", eine Angst davor, die Resultate der eigenen Therapien von Kollegen erforschen zu lassen.

Perfektionistische Ansprüche zwanghafter Therapeuten können dazu führen, Patienten länger, als es für sie sinnvoll ist, in einer Therapie zu halten. Mit dieser Tendenz verbindet sich oft auch ein Mangel an Vertrauen in die Entwicklungsmöglichkeiten von Patienten, wenn diese nach Beendigung einer Therapie ohne Kontrolle durch den Therapeuten ihr Leben gestalten und an sich weiter arbeiten sollen. Diese Befürchtung teilen zwanghafte Therapeuten mit phobisch strukturierten, wobei die zwanghaften eher fürchten, die Patienten könnten ein Chaos verursachen, die phobischen eher Angst davor haben, daß die Patienten selbst zu Schaden kommen.

Hysterische Therapeuten, die sich rasche Erfolge wünschen, übersehen umgekehrt, daß ein Patient vielleicht noch nicht die Voraussetzungen erworben hat, allein zurecht zu kommen; das blenden sie aus, weil sie die Illusion des raschen Erfolgs behalten möchten. Ähnlich können sich phobische Therapeuten verhalten, die eine Mutter vom distanzierten Typ (KÖNIG 1986b) hatten. Diese forderte von ihnen Entwicklung ohne Entwicklungsförderung. Wollen sie es aber gerade anders machen als die eigene Mutter, kann es sein, daß sie die Patienten wiederum zu lange bei sich behalten.

Schizoide Therapeuten überschätzen die Auswirkungen dessen, was sich in der Tiefe eines Patienten getan haben mag, auf seinen realen Umgang mit den Aufgaben des täglichen Lebens; sie unterschätzen die Notwendigkeit eines Durcharbeitens en détail. Daß depressiv strukturierte Therapeuten ihre Patienten lange festhalten, weil sie den Verlust eines jeden Objektes fürchten, leuchtet unmittelbar ein. Ein ähnliches Verhalten kann aber auch bei narzißtisch strukturierten Therapeuten vorkommen, die Patienten als Extension ihres Selbst erleben, die als eigenständige Personen nicht gesehen werden, aber wichtige Funktionen für den Therapeuten haben, ähnlich wie ein Arm oder ein Bein. Natürlich können sich diese charakterstrukturellen Eigenheiten von Therapeuten auch dann manifestieren, wenn eine geschlossene Gruppe gemeinsam aufhören soll.

Therapeuten jeglicher Struktur, die ein Mutterobjekt auf die Gruppe übertragen, können sich der Gruppe gegenüber so verhalten, wie dem entsprechenden Mutterobjekt. Ein solches Objekt kann als Nahrung und Versorgung spendend, als bergend und schützend, als kontrollierend oder steuernd, als bewundernd oder erregend und noch in mancherlei anderer Weise erlebt werden. Therapeuten können Gruppenmitglieder oder die gesamte Gruppe auch wie ein Kind erleben, das sich anschickt, sie zu verlassen. Ein solches Kind kann dann festgehalten oder zu früh aus dem Haus geschickt werden; letzteres auch deshalb, um Aufträge zu erfüllen und Lebensmöglichkeiten zu realisieren, die dem Therapeuten in seiner eigenen Biographie verschlossen geblieben sind: bewußt vermißte, aber auch unbewußt gewünschte, wie zum Beispiel ein unkontrolliertes Ausleben von Oralität oder Sexualität, von Geltungs- und von Rachewünschen.

Die Reaktion eines Therapeuten auf die Trennung von einer Gruppe hängt natürlich auch von seinen aktuellen Objektbeziehungen ab (König 1991b). Hier kommt es darauf an, welchen Platz im aktuellen Feld der Objektbeziehung des Therapeuten die Gruppe oder einzelne Gruppenmitglieder einnehmen. Objektbeziehungswünsche, die durch Beziehungen außerhalb der Gruppe gesättigt werden, wirken sich in der Beziehung zur Gruppe oder zu einzelnen Gruppenmitgliedern weniger aus als solche, für die das nicht gilt. Therapeuten, die ohne eigene Familie leben, werden andere Objektbeziehungswünsche haben als solche, deren Wünsche eine Familie zu einem großen Teil erfüllt; Therapeuten, die Anerkennung von mehreren Seiten bekommen, werden sich bezüglich ihrer Wünsche nach Anerkennung auf eine Gruppe weniger angewiesen fühlen; es sei denn, daß ihre Wünsche nach Anerkennung unersättlich sind. Entsprechendes gilt natürlich für alle anderen Wünsche in Beziehungen. Wichtig ist schließlich noch, ob der Platz, den eine Gruppe oder einzelne Gruppenmitglieder im Objektbeziehungsfeld des Therapeuten freilassen werden, bald wieder besetzt werden kann oder nicht. Das kann gegen Ende der Berufstätigkeit eines Therapeuten eine wichtige Rolle spielen.

Wenn eine ganze Gruppe aufhört

Wer mit geschlossenen Gruppen arbeitet und die Dauer seiner Gruppen nicht von vornherein festlegt, sollte im Zusammenhang mit der Beendigung zwei Aspekte voneinander unterscheiden: das Finden und Festsetzen des Endtermins und die Bearbeitung des Abschieds. Die Auseinandersetzung um den Termin des Endes einer Gruppe ist therapeutisch deswegen nützlich, weil durch sie der therapeutische Prozeß in der Regel intensiviert wird. Dabei geht es dann nicht nur um Abschied, Trennung,

Trauer, Revision ursprünglicher Phantasien, Abbruch, sondern um so angst- und neidbesetzte Themen wie den Vergleich der Therapieergebnisse oder die Frage nach Kontakten im Anschluß an die Gruppentherapie. Für diese Phase sollte sich ein Therapeut wegen der Brisanz der aufkommenden Auseinandersetzungen ausreichend Zeit nehmen.

Wenn dann ein Endtermin von der Gruppe gefunden und vom Therapeuten akzeptiert ist, sollte man an ihm auch dann festhalten, wenn plötzlich, was zu erwarten ist, einige aus der Gruppe diesen Termin aus Trennungsangst oder aus anderen inneren Gründen in Frage stellen. Die Auseinandersetzung um den akzeptierten Termin sollte dann in das Zentrum der therapeutischen Arbeit rücken. Eine Revision des Termins würde Agieren in der Gruppe begünstigen. Kadis et al. (1982) machen darauf aufmerksam, daß das bevorstehende Ende in geschlossenen Gruppen für manche Patienten zusätzliches Genesungsmotiv sein, für andere Lähmung bedeuten kann. Solche Lähmungserscheinungen machen auf heftige, untergründige, destruktiv-aggressive Impulse aufmerksam, die angesprochen werden sollten, auch wenn sich ein Therapeut im Einzelfall zu der Empfehlung einer weiteren Gruppentherapie in einer anderen Gruppe veranlaßt sieht.

Wenn einzelne Patientinnen und Patienten gehen

Es kommt häufiger vor, daß Patienten von der Beendigung ihrer Therapie zu reden beginnen, ohne daß sie damit tatsächlich schon in die Schlußphase hineinkommen. In der Auseinandersetzung um die Beendigung wird vielmehr deutlich, daß bestimmte Konflikte und Widerstände zu Abbruchdrohungen führten. Die Unterscheidung zwischen dem Finden und Festsetzen des Endtermins und der Endphase ist in abgewandelter Form auch in halboffenen Gruppen sinnvoll. Wenn einer oder mehrere aus einer Gruppe herausgehen möchten, stellen sich die Terminfindung und die Bearbeitung des Abschieds natürlich anders dar, als wenn alle gehen. In der halboffenen Gruppe gibt es dann diejenigen, die gehen wollen und diejenigen, die bleiben, und in dieser Spannung entwickelt sich der therapeutische Prozeß.

Es ist sinnvoll, Beendigungswünsche von einzelnen Gruppenmitgliedern in der Gruppe und nicht in Einzelgesprächen zu bearbeiten. Letzteres würde eine Kupierung der Dynamik in der Gruppe bewirken.

In diesem Zusammenhang ist nicht nur die Möglichkeit von Widerständen bei demjenigen, der gehen möchte, zu berücksichtigen, sondern auch die Möglichkeit von Widerständen bei den 'Hinterbliebenen' gegen das Weggehen des einen.

Auch in halboffenen Gruppen sollte in der Regel an einem einmal gefundenen Termin festgehalten werden.

Wenn eine Gruppe gemeinsam aufhört oder wenn einzelne gehen, stellt sich für den Therapeuten die bekannte Frage, ob er in der Endphase eine Therapie aktiver und persönlich sichtbarer werden sollte. In der Endphase der Therapie einer Gruppe geht es auch darum, daß Übertragungen, vor allem auf den Therapeuten und das Globalobjekt Gruppe, aufgelöst werden, und beide als das erscheinen, was sie sind. In diesem Zusammenhang könnte es zum Beispiel therapeutisch sinnvoll sein, zutreffende Wahrnehmungen an der realen Person des Therapeuten, aber auch von der wirklichen Gruppensituation, aufzugreifen und zu bestätigen. Andererseits sollten die Patienten den Therapeuten als inneres analysierendes Objekt behalten können.

Es gibt auch Therapeuten, die ihrer analytischen Aufgabe in der Endphase der Gruppentherapie deswegen nicht gerecht werden, weil sie durch pseudo-kollegiales Verhalten die Analyse der Enttäuschungsreaktionen zu unterlaufen versuchen. Dies geschieht manchmal aus Furcht, solche Enttäuschungsreaktionen könnten Indizien für den Mißerfolg ihrer Arbeit sein (vgl. TICHO 1971).

Bilanzgespräche

Manche Therapeuten bieten den Patienten Bilanzgespräche an, die sie einige Monate nach der Therapie wahrnehmen können. W.V. Lindner empfiehlt in der Regel, daß ein halbes Jahr zwischen Therapieende und Bilanzgespräch verstrichen sein sollte. Dabei konnte er sich in vielen Fällen davon überzeugen, welche intensiven, produktiven post-analytischen Prozesse von Patienten selbständig durchgearbeitet werden. Für diese Patienten bewirken die Bilanzgespräche dann eine Fokussierung und Bündelung ihrer Auseinandersetzung. Die meisten Patienten nehmen dieses Angebot an. Ähnliche Erfahrungen machte KREISCHE (pers. Mitteilung) während einer katamnestischen Untersuchung.

Mißerfolge

Erfolglos behandelte Patientinnen und Patienten

Jeder Gruppentherapeut wird im Laufe der Zeit Patientinnen und Patienten kennengelernt haben, die regelmäßig zur Gruppentherapie gekommen sind, bei denen sich aber schlußendlich nicht viel geändert hat. Auch bei allen Bemühungen um sorgfältige Indikationsstellung kommt es, wie in anderen Therapien, immer wieder vor, daß wir erst im Laufe der therapeutischen Arbeit wirklich ermessen können, von welcher Armut zum Beispiel das Ich oder wie undurchdringlich die Charakterstruktur eines Menschen ist (vgl. MENNINGER u. HOLZMANN 1977). In solchen Fällen erscheint uns wichtig, die eigenen Gefühle von Hilflosigkeit und Ohnmacht, aber auch Schuldgefühle wegen einer falschen Indikation, nicht zu verleugnen, zu verdrängen oder zu rationalisieren, Dann ist der Therapeut dem Problem des Patienten oft insofern sehr nahe, als er zu verstehen beginnt, aus welchen Gründen Abwehr und Widerstand so rigide sein müssen. Es kann sein, daß man sich dann damit begnügen muß, die Beendigung der Therapie zu einem Zeitpunkt zu vollziehen, der am wenigsten schmerzt. Mit dem Patienten sollte besprochen werden, welche therapeutischen Möglichkeiten sich sonst noch bieten.

Abbrüche

Es gibt Untersuchungen (ref. bei YALOM 1974), die zeigen, daß Abbrüche innerhalb der ersten 20 Sitzungen am häufigsten sind. Zwischen der zwanzigsten und fünfzigsten Sitzung scheiden nach diesen Untersuchungen extrem wenig Patienten aus. Wer mindestens 50 Sitzungen in einer Gruppe bleibe, habe große Chancen der Besserung. YALOM hält eine Abbruchquote von 35% in den ersten 12-20 Sitzungen für üblich. Erst nach 20 Sitzungen konsolidiere sich eine Gruppe, ließen sich Patienten auf Langzeitverpflichtungen wirklich ein.

Die Gründe für Abbrüche können unterschiedlicher Art sein. Der Therapeut kann Fehler bei der Indikationsstellung gemacht haben, es kann sich aber auch erst im Laufe der Gruppentherapie herausgestellt haben, daß der Patient die Chance, die ihm der Therapeut, eröffnen wollte, obwohl er um die Abbruchgefährdung wußte, nicht wahrnehmen konnte. Patienten mit narzißtischen Rückzugstendenzen oder mit einem hohen Maß an Verleugnung ihrer Kränkbarkeit neigen häufig zu Abbrüchen.

Es kann aber auch sein, daß ein Therapeut technische Fehler gemacht hat. Dann ist die beste Vorsorge für die Zukunft ein Supervisionsgespräch mit einem Kollegen des Vertrauens.

Neben sorgfältiger Indikationsstellung sind Vorbereitungsgespräche, in denen man mit dem Patienten zusammen antizipieren kann, wie es sein wird, wenn er in der Gruppe ist, eine gute Möglichkeit, die Abbruchquote zu verringern. Solche Antizipation kann Patienten wie Therapeuten nicht nur auf mögliche neuralgische Punkte aufmerksam machen, sie führt auch vor Augen, daß Gruppentherapie mit Kränkungen und Phasen harter Auseinandersetzungen verbunden ist. Solche Gespräche werden das Vertrauen in den Therapeuten nicht mindern, sondern stärken. Ausserdem kann in solchen Vorbereitungsgesprächen mit dem Patienten vereinbart werden, daß Wünsche, die Therapie abzubrechen, entweder in der Gruppe oder ausnahmsweise in einem Einzelgespräch mit dem Therapeuten besprochen werden sollten. Die Autoren dieses Buches haben Abbruchquoten, die unter 5% liegen. Wir führen das auf eine sorgfältige Vorbereitung der Patienten auf ihre Gruppentherapie zurück, wobei wir uns besonders bemühen, die Entwicklung einer Arbeitsbeziehung zu fördern.

Abbruchtendenzen oder Abbrüche können Therapeuten sehr beunruhigen. Solche Beunruhigungen können vom Gefühl, allein dazustehen und alles unter sich wegbrechen zu sehen, bis zum panischen Gegenübertragungsagieren reichen. Ein Therapeut kann dann versucht sein, auf Abbruchkandidaten Druck ausüben zu wollen. Ein solches Verhalten verstärkt meist die Abbruchtendenzen. Es ist nützlich, sich in solchen Situationen daran zu erinnern, daß Abbrüche oftmals Wiederinszenierungen internalisierter Verhaltensweisen sind, mit denen sich jemand zum Beispiel des anderen durch Erpressung bemächtigen und seinen Willen durchsetzen will (vgl. LINDNER 1991b).

Mit zunehmender Erfahrung findet man sich damit ab, daß manche Abbrüche unvermeidbar sind, weil eben Indikationsfehler, unvorhergesehene Lebensumstände, die als Auslöser für Abbrüche wirken können, und bestimmte Gruppenkonstellationen nicht immer vermeidbar sind.

GROTJAHN macht darauf aufmerksam, daß es negative Gegenübertragungsreaktionen gibt, die Abbrüche herbeiführen (1979). Er schildert fünf Fälle, in denen der Therapeut feindselige Übertragungen mit unverhüllten negativen Gegenübertragungsgefühlen beantwortet. Die von GROTJAHN geschilderten Patienten scheinen viele Frühstörungsanteile gehabt zu haben, die sich in Form von Feindseligkeiten zur Abwehr von Nähe und Spaltungs-, Herabsetzungs- und Rachetendenzen äußern.

Unterbrechung der Gruppenbehandlung

Manche Gruppentherapeuten empfehlen Patienten, die von der Teilnahme an einer geschlossenen Gruppe oder einer halboffenen Gruppe nicht genügend profitiert haben, die Beendigung nur als Unterbrechung aufzufassen. In diesem Sinne werden Beendigungen von psychoanalytischen Gruppentherapien in der Regel auch in der Klinik gesehen (vgl. KADIS et al. 1982). Hier empfehlen sich ebenfalls Bilanzgespräche, die zugleich Planungsgespräche für die Zukunft sind.

Daneben gibt es spezifische Indikationen zur Unterbrechung einer Therapie, zum Beispiel bei plötzlichen massiven Regressionen im Verlauf einer Gruppentherapie, die durch akute, harte Lebensumstände ausgelöst worden sind und zu massiven Ich-Einbrüchen geführt haben. Einzelsitzungen neben der Gruppentherapie sind in solchen Fällen ebenfalls zu erwägen.

Post-gruppale Entwicklung

Ein Gruppentherapeut sollte nicht vergessen, daß es für die Patienten auch nach Beendigung der Therapie noch Entwicklungsmöglichkeiten ohne die Gruppe und den Therapeuten gibt. Zum einen gehört der sogenannte postanalytische Prozeß, der eigenständig durchgearbeitet werden muß, zu jedem Therapieabschluß, zum anderen hält das Leben für jeden Menschen Anstöße bereit, die verändern können. Zu wünschen ist den Patienten, daß sie das, was sie im psychoanalytischen Prozeß erfahren haben, nach Beendigung der Therapie dazu einsetzen können, ihre Probleme selbst zu lösen (vgl. LINDNER 1981, 1982). Dann wäre das Ziel der unendlichen Analyse erreicht.

Stationäre Psychotherapie unter dem Gruppenaspekt

Das Setting

Patienten auf einer Station bilden eine Gruppe. Die Gruppe kann halboffen oder geschlossen sein: manche Kliniken, besonders Universitätskliniken mit großer Ambulanz, nehmen aus der Ambulanz eine Gruppe von Patienten gleichzeitig auf, die auch ihre Therapie gleichzeitig beenden. In der Ambulanz wird unter den diagnostizierten Patienten eine Vorauswahl getroffen, die bereits über die Gruppenzusammensetzung auf der Station entscheidet. Bei geringer Bettenzahl ist es sonst schwierig, Gruppen zusammenzustellen, die den therapeutischen Bedürfnissen des einzelnen Patienten gerecht werden; in Kliniken mit größerer Bettenzahl ist dies eher möglich. In solchen Kliniken wird die Indikation für ein bestimmtes Therapieverfahren oft erst nach der Aufnahme gestellt. Auf einer Station nehmen alle Patienten an einer Stationsgruppe teil; sonst wird für jeden Patienten ein eigenes therapeutisches Programm erarbeitet, in dem sich Einzeltherapie, stationsübergreifende Gruppentherapie, nonverbale Verfahren wie Bewegungstherapie, Gestaltungstherapie und eventuell auch balneologische Maßnahmen kombinieren. Patienten von mehreren Stationen werden zu Gruppen zusammengefaßt, die nach verschiedenen Konzepten geleitet werden können.

Eine Stationsgruppe sollte nach einem Konzept ablaufen, das sich für alle auf der Station befindlichen Patienten eignet. Da auf einer bezüglich der Krankheitsbilder heterogenen Station oft auch Patienten sind, für die ein analytisches Verfahren, das unbewußte Konflikte mobilisiert, gar nicht oder erst nach einer längeren Vorbereitungszeit in Frage kommt, wendet man für die Stationsgruppe meist Gruppenkonzepte an, die sich darauf konzentrieren, bewußte und vorbewußte Konflikte zu bearbeiten und eher einen ich-stärkenden und ich-stützenden als einen ich-labilisierenden Charakter haben. Zu diesen Verfahren gehören die psychoanalytisch-interaktionelle Form des Göttinger Modells und die sogenannte *Themenzentrierte Interaktion* (COHN 1984), ein interaktionelles Gruppenverfahren, bei dem ein Thema vorgegeben wird. Dieses Thema kann von den Patienten oder vom therapeutischen Team vorgeschlagen werden. Zentrale Aspekte des psychoanalytischen Vorgehens sind bei diesem Gruppenverfahren formalisiert. Die sogenannte *Störungsprioritätsregel* entspricht der psychoanalytischen Behandlungsregel: Widerstand vor Inhalt. Die sogenannte *Chairman-Regel*: jeder sei sein eigener Chairman, entspricht der im psychoanalytischen Vorgehen implizit enthaltenen Injunktion, ein Patient solle initiativ werden und nicht abwarten, bis man ihm das Wort erteilt. In der Chairman-Regel ist die in allen therapeutischen Gruppen gültige Regel ebenfalls enthalten: Es soll jemand nur allein und dann zu allen sprechen.

Weil es sich hier im Grunde um ein formalisiertes psychoanalytisches Verfahren handelt, das allerdings auf Deutungen weitgehend verzichtet, ähnlich wie die psychoanalytisch-interaktionelle Gruppentherapie, und unbewußte Konflikte wenig mobilisiert, ist es mit psychoanalytischen Verfahren kompatibel und kann auch auf diese vorbereiten.

Die beiden Verfahren sind in der klinischen Anwendung (weniger im theoretischen Gesamtkonzept) in manchem ähnlich. Die Themenzentrierte Interaktion eignet sich auch für solche Patienten der Unterschicht, die es nicht gewohnt sind, im Gruppengespräch initiativ zu werden, und nicht in Parteien, Gewerkschaften oder Vereinen Übung darin erlangt haben.

Wie die psychoanalytisch-interaktionelle Form dient auch die themenzentrierte Interaktion insoweit dem Aufbau von Ich-Strukturen, als sie soziales Lernen ermöglicht. Viele Impulse machen ja deshalb angst und müssen deshalb unbewußt bleiben, weil sie infolge früher Blockierungen nicht sozialisiert werden konnten. Der Patient hat im Laufe seiner Entwicklung nicht gelernt, Impulse altersgemäß in sozialadäquates Handeln umzusetzen. Würde die Blockierung plötzlich aufgehoben, käme es zu einem kindhaften Verhalten, das deshalb gefährlich wäre, weil der Erwachsene eben über die Kräfte und Möglichkeiten eines Erwachsenen verfügt - es ist etwas anderes, ob ein Kind oder ein Erwachsener wütend um sich schlägt. Am Modell anderer und dem Beispiel des Therapeuten lernen die Patienten in interaktionell geführten Gruppen einen sozialadäquaten Umgang mit Triebimpulsen. Wird in der analytischen Therapie dann eine aus früheren Zeiten stammende Blockierung aufgelöst, finden die Impulse bereits eingeübte Verwirklichungsmöglichkeiten vor, was die Therapie erleichtern kann (KÖNIG 1991b).

Analytische oder analytisch orientierte Gruppen in einer Klinik verlaufen ähnlich wie in der Ambulanz. Man kann aber mehr Sitzungen pro Woche anbieten, weil in einer Klinik das Problem fortfällt oder jedenfalls kleiner ist, für eine Gruppe von Patienten gemeinsame Termine zu finden, und weil die Patienten, die in der Klinik nicht durch aktuelle Aufgaben in Beruf und Familie belastet sind, ihre ganze Kraft für die Therapie einsetzen können. In einer Klinik ist es auch leichter möglich, Dekompensationserscheinungen abzufangen, wie sie durch eine Konfliktmobilisierung entstehen können. Die maximale Sitzungsfrequenz in einer Klinik scheint bei dreimal anderthalb Stunden oder fünfmal einer Stunde zu liegen; bei viermal anderthalb Stunden zeigen sich oft schon *Überdosierungserscheinungen* (Symptomverstärkungen, Auftreten neuer Symptome).

Während einer stationären Therapie kombinieren sich bekanntlich verschiedene therapeutische Einflußmöglichkeiten: die Erstgespräche und die Anamnese, während der die Therapie schon vorbereitet wird, die klinische Visite, die Stationsgruppen und weitere verbale und nonverbale Therapieverfahren, wobei auch die letzteren psychoanalytisch konzeptualisiert sein sollten.

Ein wesentlicher Einflußfaktor bei der Motivation neuer Patienten ist ihr Umgang mit solchen, die sich schon in Therapie befinden. Das ist übrigens ein Argument dafür, Patienten zeitverschoben aufzunehmen. Werden en bloc aufgenommene Patienten nicht in einer Ambulanz vorbereitet, verliert man während des stationären Aufenthaltes viel Zeit mit Motivationsarbeit, weil das therapeutische Team nicht von Patienten unterstützt wird, die sich schon in Therapie befinden.

Das Zusammenleben auf der Station konstituiert auch ein psychosoziales Übungsfeld. Dort werden viele Aspekte der Psychodynamik des einzelnen Patienten, die dem Bewußten und dem Vorbewußten angehören, von Mitpatienten angesprochen (KÖNIG 1991b).

Der Übergang von einer stationären Therapie mit ihren vielfältigen Angeboten und vorstrukturierten Kontaktmöglichkeiten in eine ambulante Therapie ist nicht eben einfach: Eine Umstellung ist nötig, wenn ein Patient die beruflichen und familiären Aufgaben bewältigen muß, nur ein- oder zweimal in der Woche zu einer Gruppentherapie geht und sich nicht mehr in einer Klinik befindet, wo er von vielen Alltagsaufgaben entlastet war und mehr therapeutische Angebote hatte. Außerdem bringt der Patient ja aus der Klinik Aufgaben mit, nämlich solche, die sich aus der Notwendigkeit ergeben, in der Klinik gemachte Erfahrungen und dort gewonnene Erkenntnisse im Alltagsleben außerhalb der Klinik umzusetzen - in einem sozialen Feld, in dem im allgemeinen weniger Rücksicht genommen und gleichzeitig weniger offen gesprochen wird als in einer Klinik. Steht ein Patient dann außerdem noch vor der Notwendigkeit, sich erst einen Behandlungsplatz zu suchen, kann er sich mit Recht überfordert fühlen. Dem wird in vielen Kliniken dadurch entgegengewirkt, daß der Patient Urlaub erhält, um einen ambulanten Behandlungsplatz finden zu können und um bei den Familienheimfahrten wenigstens einen Teil der Umsetzung seiner neuen Erkenntnisse und Erfahrungen zu leisten, jenen Teil, der sich auf die Familie bezieht, während klinikexterne Arbeitsversuche Analoges für den Arbeitsplatz ermöglichen. Die Arbeitsversuche werden allerdings meist nicht dort stattfinden können, wo der Patient nach der Entlassung arbeiten wird. Das hat natürlich auch Vorteile: Im Umgang mit Arbeitskollegen und Vorgesetzten ist der Patient bei einem fremden Arbeitgeber freier.

In großen Kliniken mit längeren Behandlungszeiten werden Gruppentherapien in geschlossenen Gruppen durchgeführt. Bei kürzerer Aufenthaltsdauer und in kleineren Kliniken ist dies oft nicht möglich. In den Gruppen wird dann nicht "slow open" gearbeitet, sondern "fast open". Daraus ergeben sich technische Probleme, und dadurch werden auch die Themen der Gruppengespräche beeinflußt, weil sich die Gruppe immer wieder mit neuen und sich verabschiedenden Mitgliedern auseinandersetzen muß (vgl. Lindner 1990a). Das geschieht zwar auch in ambulanten halboffenen Gruppen, dort aber in viel größeren Abständen. Der Unterschied ergibt sich schon daraus, daß ein Patient in einer stationären Gruppe zwischen vier und zwölf Wochen bleibt, in einer ambulanten aber meist zwei oder drei Jahre. Behandlungszeiten von drei Monaten sind in Kliniken schon recht lang; im Vergleich zu einer dreijährigen Gruppentherapie wechseln die Patienten in einer offenen Gruppe aber zwölfmal so schnell.

Aufgabe einer stationären Therapie ist häufig die *Anbehandlung* von Patienten: Solche Patienten, die sonst nicht zu einem Psychotherapeuten finden würden, oder für die eine Psychotherapie nicht von vornherein geeignet wäre, finden in der Klinik einen Einstieg und können dann in ambulante Therapie übernommen werden. Andererseits staunt man aber immer wieder darüber, wie viel doch in einer Klinik mit ihren vielfältigen therapeutischen Möglichkeiten in kurzer Zeit erreicht werden kann.

Die Tatsache, daß für die meisten Patienten eine ambulante Weiterbehandlung notwendig ist, ergibt sich aus dem Zeitbedarf psychotherapeutischer Prozesse. Ein psychotherapeutischer Prozeß kann nicht beliebig beschleunigt werden, in einer Klinik wird er aber verbreitert, und daran haben die verschiedenen Gruppenangebote einen wesentlichen Anteil.

Auf psychotherapeutischen Krankenstationen, aber auch und besonders in Kliniken mit einer Klientel, die sich aus neurotisch *und* psychotisch Kranken zusammensetzt, ist es entscheidend wichtig, die sogenannte Stationsdynamik mit ihren auch unbewußt ablaufenden Prozessen zu beobachten und aus den hier gewonnenen diagnostischen Einschätzungen therapeutische Konsequenzen zu ziehen, die nicht immer in Deutungen, sondern auch in organisatorischen Maßnahmen bestehen können. Es gibt Organisationsstrukturen auf therapeutischen Stationen, die Regressionen fördern oder aber begrenzen.

Auch eine Behandlungsideologie des therapeutischen Teams wirkt sich auf die Station mittelbar und unmittelbar aus, weil sie die Einstellung der Teammitglieder zu ihrer Arbeit und zu den Patienten beeinflußt und damit auch ihr therapeutisches Handeln. So ist es wichtig herauszufinden, wieviel Verantwortung für das Leben der Patienten vom Team tatsächlich übernommen wird und wieviel gemäß der Ideologie des Teams übernommen werden sollte.

Zu den schwierigsten Aufgaben eines Therapeuten gehört die sinnvolle Begrenzung der therapeutischen Kontakte. In schlecht ausgebildeten Teams kommt es oft vor, daß die Therapeuten entweder rigide schematisch verfahren, oder aber so viel arbeiten, wie sie können, und nicht so viel, wie zweckmäßig wäre. Dann ergibt sich aus der schlechten Ausbildung eine zeitliche Überlastung, die oft noch dadurch verstärkt wird, daß sich Therapeuten mit unzureichender Ausbildung in solchen Kliniken ansammeln, die wenig attraktiv sind. Ein Faktor, der Kliniken wenig attraktiv macht, ist häufig ein schlechter Bettenschlüssel, das heißt ein ungünstiges Verhältnis zwischen der Zahl des therapeutischen Personals und der Zahl der Patienten.

Wenn das therapeutische Personal seine Arbeitskraft unzweckmäßig einsetzt und verzettelt und besonders diejenigen Patienten berücksichtigt, die die lautesten und dringlichsten Forderungen an das therapeutische Personal stellen, kann versucht werden, die scheinbaren Personaldefizite durch mehr Gruppenangebote auszugleichen. Bei schlechter Ausbildung der Therapeuten gelingt es aber oft nicht, die Regression in den Gruppen zu begrenzen, so daß diese zu einem regressionsfördernden Faktor werden, der die Kontaktbedürfnisse und die oralen Bedürfnisse der Patienten weiter steigert und ihre Möglichkeiten lähmt, selbst einen Teil der Therapie zu übernehmen. Das schädigt den Ruf der Gruppenverfahren.

Viele Träger von Kliniken sind sich nicht ausreichend darüber im klaren, wie wichtig in einer psychotherapeutischen Klinik ausreichende Fort- und Weiterbildung ist, und wieviel Zeit man braucht, um sich im therapeutischen Team über schwierige Patienten zu verständigen; geschieht dies nicht, entsteht am Ende noch mehr Arbeit. Andererseits haben therapeutische Teams, die schlecht geleitet oder schlecht ausgebildet sind, die Tendenz, vor den Patienten in Teambesprechungen zu flüchten und sich mehr miteinander als mit den ihnen anvertrauten Patienten zu befassen. Das ist einem Verhalten polar entgegengesetzt, das darin besteht, sich nur um die Patienten zu kümmern und nicht um die Kommunikation im Team, weil die Zeit, die man für die Kommunikation im Team verwendet, dem Patienten abgehe. Beide Verhaltensweisen haben aber oft die gleichen Ursachen; sie stellen unzweckmäßige Lösungsversuche der Probleme dar, die aus diesen Ursachen erwachsen: schlechte Ausbildung, mangelhafte Struktur und Überlastung durch einen schlechten Bettenschlüssel.

Oft werden Außensupervisoren gebeten, Konflikte im Team zu klären und zu "bereinigen". Teamsupervision kann zweckmäßig sein, in sie sollte aber der Leiter eines Teams einbezogen werden. Das ist schon für den Fall wichtig, daß sich aus einer Teamsupervision die Notwendigkeit struktureller Änderungen ergibt. Es kommt sonst zu einer Polarisierung zwischen Leitung und Mitarbeitern: die Leitung ist über die Überlegungen, die zu strukturellen Änderungsvorschlägen führen, nicht informiert, und die Mitarbeiter unterschätzen die Zeit, die jemand braucht, um den Vorsprung einzuholen, den ein Team während der Supervision gewonnen haben mag (KÖNIG 1991b).

Strukturelle Änderungsvorschläge sind natürlich nicht immer realistisch begründet. Änderungsvorschläge entstehen aus rationalen Überlegungen und bewußten, vorbewußten und unbewußten emotionalen Bedürfnissen, die berücksichtigt werden, aber nicht bestimmend sein sollten. Ein Supervisor darf sich nicht auf eine psychoanalytische Sicht beschränken, er muß auch sozialpsychologische Aspekte berücksichtigen und etwas von Organisationsstrukturen verstehen, wenn er effektiv arbeiten will; sonst treibt er das Team in unrealistische Aktionen, oder er beschäftigt sich nur damit, die Auswirkungen unzweckmäßiger Strukturen zu bearbeiten, und macht dann eine Art symptomatischer Therapie des Teams, was für die Leitung einer Klinik natürlich das Allerbequemste ist, nicht aber das Zweckmäßigste, zumindest nicht mittel- und langfristig (vgl. auch FÜRSTENAU 1979).

Erfahrungen im Umgang mit der Anwendung von Gruppenmodellen, die sozialpsychologische Aspekte mit einbeziehen - dazu gehören das Göttinger Modell, aber auch das Gruppenmodell von FOULKES - sind eine bessere Basis für einen Teamsupervisor als Gruppenmodelle, die sozialpsychologische Gesichtspunkte vernachlässigen.

Besonderheiten der Kleingruppentechnik in einer Klinik

Von dem phasischen Verlauf der geschlossenen Gruppen gibt es auch in der Klinik Ausnahmen; nach unserer Beobachtung von jährlich etwa zwanzig Gruppen über zehn Jahre im analytischen Kontrollseminar der Neurosenklinik Tiefenbrunn haben wir den Eindruck gewonnen, daß Kurzzeitgruppen, die vorwiegend aus Patienten mit schizoiden und depressiven Charakterstrukturen zusammengesetzt sind, manchmal die anale und die phallische Phase nicht erreichen. Andererseits neigen Therapeuten, die mit dem kurztherapeutischen Aspekt der klinischen Psychotherapie auf Kriegsfuß stehen, dazu, ihre Gruppen in der oralen Phase festzuhalten, indem sie vor allem gegenüber den oralen Wünschen der Gruppe ein spendendes Verhalten entwickeln, was dazu führt, daß orale Frustrationen nicht ausreichend gesetzt werden und deshalb nicht bearbeitet werden können; es handelt sich meist um depressiv strukturierte Therapeuten.

Daß ein Therapeut seine Gruppe schnell "vorantreibt", hat im allgemeinen nicht die Folge, daß sie die genannten Entwicklungsphasen schneller durchläuft; es kommt vielmehr zu einer Verstärkung des Widerstandes und zur Fixierung der Gruppe auf einer bestimmten Entwicklungsstufe.

Die Entwicklungsphasen werden vollständig durchlaufen, wenn die Gruppe in bezug auf die Strukturen der beteiligten Patienten heterogen ist und wenn der Therapeut sich dem den Phasenablauf hauptsächlich determinierenden Faktor, nämlich der zeitlichen Begrenzung, nicht aus Gegenübertragungsschwierigkeiten heraus durch Festhalten oder Antreiben der Gruppe entgegenstellt.

In der Klinik kann es angezeigt sein, die Gruppenmitglieder weniger an der Widerstandsanalyse zu beteiligen als in der ambulanten Praxis. Man wird in einer Ambulanz eher einmal abwarten können, bis ein Widerstandsverhalten einzelner Gruppenmitglieder den anderen deutlich geworden ist und von ihnen angesprochen wird. Gruppen, in denen der Therapeut hier ein größeres Maß an Selbständigkeit läßt, haben es nach unserer Erfahrung zwar leichter, Neuankömmlinge in die Gruppe zu integrieren, als Gruppen, in denen der Therapeut sich die Widerstandsbearbeitung weitgehend selbst vorbehält. In einer nur acht Wochen dauernden Gruppe wird man aber weniger lang abwarten können. Auch entfällt die Integration neu hinzugekommener Gruppenmitglieder, wenn man mit geschlossenen Gruppen arbeitet.

Therapeutenwechsel während einer laufenden Gruppe

In der ambulanten Praxis werden die Gruppensitzungen im allgemeinen ausfallen, wenn der Therapeut seinen Urlaub nimmt oder aus beruflichen, etwa Fortbildungsgründen, wegfährt oder wenn er erkrankt.

In der Klinik wird man auf die begrenzte Aufenthaltsdauer der Patienten Rücksicht nehmen müssen; von Kostengründen abgesehen, ist es für die Patienten oft aus familiären oder beruflichen Gründen nicht möglich, ihren Aufenthalt um die Dauer der Abwesenheit des Therapeuten zu verlängern. Ein Gruppentherapeut, der erkrankt, oder aus Fortbildungsgründen von der Klinik abwesend ist, muß sich vertreten lassen; auch während der Urlaubsmonate lassen sich manchmal Vertretungen nicht durch entsprechende Planung vermeiden. Auch Cotherapie zu Ausbildungszwecken löst das Problem nicht immer, wenn der Erfahrene abwesend ist.

Ein Wechsel des Therapeuten bewirkt natürlich eine Veränderung des Gruppenverlaufes; die Qualität der Veränderung hängt von der Entwicklungsphase ab, in der sich die Gruppe befindet, also auch von der Art der aktuellen Übertragungen, auch in Abhängigkeit von den Übertragungsauslösern, etwa dem Geschlecht und Alter des Gruppentherapeuten und seines Vertreters.

Daß sich ein Therapeutenwechsel nicht immer ungünstig auswirkt, dürfte wohl damit zusammenhängen, daß die Patienten, neben den Übertragungen auf den Therapeuten als Person, Übertragungen auf den Therapeuten als Vertreter der Mutter (oder des Vaters) *Klinik* entwickeln, ja beständig "dableiben". Dennoch sollte ein Therapeutenwechsel, wenn irgend möglich, in der Einleitungsphase einer Gruppe vermieden werden, da es in dieser Phase um die Verläßlichkeit der frühen Objektbeziehungen geht.

Beispiel:

Eine Therapeutin mußte sich nach der dritten Sitzung für die Dauer von zehn Tagen vertreten lassen. Sie hatte dies in der Vorbesprechung den Gruppenmitgliedern angekündigt. Die Gruppenmitglieder vermieden, während der ersten Sitzungen eine emotionale Beziehung zur Therapeutin einzugehen; sie ließen sie "draußen", da sie ja doch bald wieder weg sein würde.

Die Therapeutin wurde von einem männlichen Therapeuten vertreten, zu dem die Gruppenmitglieder auch keine rechte Beziehung eingehen wollten.

Nach der Rückkehr der Therapeutin wurde diese weiter "draußen" gelassen, gleichzeitig waren aus den Äußerungen der Patienten, die sich um böse Eltern drehten, mörderische Enttäuschungsaggressionen ersichtlich, die von der Therapeutin aus zwei Gründen schwer bearbeitet werden konnten: Zum einen war sie ja "draußen", das heißt, sie wurde ignoriert, und damit bestand keine Arbeitsbeziehung zwischen Gruppe und Therapeutin, die eine verläßliche Kommunikationsgrundlage hätte abgeben können; zum anderen entwickelte die Therapeutin, der die mörderischen Aggressionen der Gruppenmitglieder per analytischer Schlußbildung deutlich waren, ein Stück komplementäre Gegenübertragung, das heißt, sie wurde ihrerseits aggressiv gegen die Gruppe, was sich in ihrer Haltung und Mimik ausdrückte.

In einer Kontrollsitzung gelang es, die Situation zu klären und technische Wege zu ihrer Bewältigung zu finden; ganz gelang dies aber nicht, insbesondere war die Gruppe in ihrer Phasenentwicklung aufgehalten worden. Die Therapeutin hatte den Gruppenmitgliedern quasi bestätigt, daß "die Mutter nicht verläßlich ist", indem sie wegfuhr, wobei die zehntägige Abwesenheit primärprozeßhaft in den unbewußten Phantasien wie ein sehr viel längeres - vielleicht sogar als endgültig gefürchtetes - Verlassenwerden erlebt wurde.

Hat eine Gruppe sich von der Verläßlichkeit, das heißt hier von der kontinuierlichen Anwesenheit des Therapeuten soweit überzeugt, daß sie gegen die Abhängigkeit von ihm protestieren kann, kann sie einen Therapeutenwechsel leichter verkraften. Ein trotziges: "Wir kommen auch ohne ihn, das heißt nur mit seinem Vertreter, aus", hat dann eine andere Qualität als die inhaltlich scheinbar gleiche Einstellung in einer früheren Phase der Gruppe.

Auch in der ödipalen Entwicklungsphase einer Gruppe ist ein Therapeutenwechsel von Reaktionen gefolgt, mit denen leichter umgegangen werden kann als mit den Reaktionen in der Einleitungsphase - insbesondere dann, wenn in der Vertretungssituation ein Therapeut des anderen Geschlechts mit der Gruppe arbeitet. Die Reaktionen der Gruppe entsprechen den Reaktionen, die man von Kindern in analogen Familiensituationen kennt. Insgesamt fühlen sich die Gruppenmitglieder in der ödipalen Entwicklungsphase entsprechend der Dreiersituation des Ödipuskomplexes nicht ausschließlich von einer Bezugsperson, nämlich der Mutter, abhängig. Wie zu erwarten, sind die Schwierigkeiten in dieser Gruppenphase noch am größten bei einer Erkrankung des Therapeuten, da dann nicht nur der Vertreter ohne Vorbereitung durch seinen Vorgänger in die Gruppe kommt, sondern auch, weil ödipale Todeswünsche durch die Erkrankung des Therapeuten realisiert zu sein scheinen, was Schuldgefühle hervorruft. Daß ein Therapeutenwechsel gegen Ende einer Gruppe leichter bearbeitet werden kann als vorher, hängt auch damit zusammen, daß die Gruppenmitglieder dann in der Regel schon eine stabile Arbeitsbeziehung zum Therapeuten aufgebaut haben, auf deren Grundlage er den Patienten die Notwendigkeit seiner Abwesenheit rational deutlich machen kann - was natürlich nicht ausschließt, daß sich seine Abwesenheit auf die Übertragungsdynamik der Gruppe auswirkt.

Für Patienten mit einer Suchtproblematik stellt ein Therapeutenwechsel eine auslösende Situation dar, die zu einem Rückfall führen kann, was nicht immer ausreichend berücksichtigt wird. Es ist bei solchen Patienten besonders wichtig, einen Therapeutenwechsel zu vermeiden oder aber gründlich vorzubereiten (LINDNER 1991b).

Indikationen: Welcher Patient in welche Gruppe?

Die Indikationen für psychoanalytische Einzel- und Gruppentherapie überlappen sich. Nicht wenige Patienten könnten sowohl in Einzel- wie in Gruppenpsychotherapie behandelt werden, ein Prozentsatz läßt sich aber schwer angeben, weil der Indikationsbereich für beide Verfahren vom persönlichen Stil des Therapeuten abhängt, wie an vielen Stellen dieses Buches deutlich geworden sein dürfte.

Ein psychoanalytisches Langzeitverfahren ist dann angezeigt, wenn die Symptomatik auf einer breiten strukturellen Basis beruht. Ist der ich-strukturelle Anteil dieser strukturellen Basis hoch, wird man sich überlegen müssen, ob die Stärke des Ich ausreicht, um zusätzliche Spannungen zu ertragen, die manchmal - nicht immer - dadurch hervorgerufen werden, daß ein unbewußter, bisher abgewehrter Konflikt bewußt und damit im Ich direkt wirksam wird, während er vorher vielleicht nur in Form eines Symptoms in Erscheinung getreten ist, das im Sinn des primären Krankheitsgewinns das Ich entlastet hat. Bei manchen Patienten, besonders denen mit sogenannter Borderline-Pathologie, stellt die Unreife des Ich einen Teil der Symptomatik dar. Ihr muß in der Therapie direkt Rechnung getragen werden: Durch die Übernahme von Hilfs-Ich-Funktionen in einem weiteren Sinn, als dies in einer analytischen Therapie ohnehin geschieht, wo der Therapeut dem Patienten gewissermaßen vorausdenkt und vorausphantasiert und durch die Einführung sonstiger Parameter.

Gruppentherapie eignet sich vor allem für solche Patienten, deren innere Konflikte sich in interpersonellen Konflikten äußern, aber auch zur Behandlung von Psychoneurosen, bei denen dies nicht der Fall ist oder nicht der Fall zu sein scheint.

Gruppentherapie eignet sich für Patienten mit Angst vor einer dyadischen Beziehung. Analytische Gruppentherapie eignet sich im Unterschied zur Langzeitanalyse für solche Patienten, deren Symptomatik ohne Veränderungen der Struktur nicht oder nicht dauerhaft zu beeinflussen ist, die gleichzeitig aber tiefe Regression schwer ertragen, wenn sie längere Zeit anhält. Tiefe Regression tritt rasch ein, weil die Gesamtgruppe einen potenten Übertragungsauslöser darstellt, besonders einen Übertragungsauslöser für Frühbeziehungen, ist aber am Ende der Gruppensitzung rascher reversibel als in der Einzeltherapie, weil der Übertragungsauslöser Gesamtgruppe sich am Ende der Gruppensitzung ja in Einzelindividuen auflöst, während in der klassischen Analyse der dem Patienten während der Sitzung unsichtbare Therapeut Regression induziert, die sich über eine längere Zeit entwikkelt und zwischen den Sitzungen in höherem Maße als bei einer Gruppentherapie andauert.

Da es in Gruppen in der Regel schwieriger ist als in der Einzeltherapie, über die aktuelle Lebenssituation des Patienten eine Übersicht zu behalten, ist Gruppentherapie für schwergestörte Patienten schon daher weniger geeignet. Während einer Gruppensitzung von 100 Minuten entfallen bei 9 Patienten etwa 11 Minuten auf eine Person, so daß es schon vom Zeitlichen her schwierig wäre, den Therapeuten über alles, was sich im Außenleben an Therapierelevantem abspielt, auf dem Laufenden zu halten. In der Gruppe geschieht Therapie ja durch den Gruppenprozeß, an dem alle gleichzeitig teilhaben, in dem sie sich aber, weil für jeden weniger Redezeit zur Verfügung steht, nicht so ausführlich mitteilen können wie in einer Einzeltherapie von hundert oder auch nur fünfzig Minuten pro Woche.

Der von Kernberg (1978) geforderte Wechsel zwischen einem deutenden Verhalten und einem sehr direktiven Verhalten, wenn es zu einer Krisensituation kommt, ist in einer Gruppe schwerer durchführbar, weil sich das direktive Verhalten unmittelbar auf die Gesamtgruppe auswirkt und den therapeutischen Prozeß nicht nur für die Person verändert, um die es gerade geht, sondern für alle. Würde man nun 8 oder 9 Borderline-Patienten in einer Gruppe haben, wäre der Therapeut einen großen Teil der Zeit mit Kriseninterventionen beschäftigt, und die mittel- und längerfristige Therapie käme zu kurz.

Dagegen ist es durchaus möglich, ein bis zwei Borderline-Patienten in einer analytischen Gruppe zu haben, auch deshalb, weil die gesünderen Patienten Hilfs-Ich-Funktionen übernehmen und Krisensituationen wegen des Zahlenverhältnisses eher bewältigt werden können, ohne daß die Therapie der anderen Gruppenmitglieder darunter leidet. Borderline-Patienten können einen

Gruppenprozeß anregen, weil sie dem Primärprozeß näher sind als neurotische Patienten. Sie haben in den Gruppen eine ähnliche Funktion wie psychoneurotische Patienten in Gruppen von psychosomatisch Kranken: Sie bieten realitätsfernere Phantasien und intensivere Gefühle. In der Regression holt eine Gruppe den ich-entwicklungsgestörten Patienten, der sich ähnlich verhält und ähnlich erlebt wie ein regredierter Patient, gleichsam immer wieder ab. Dennoch wird man darauf achten, daß solche Borderline-Patienten nicht zu einem destruktiven Ausagieren neigen. Patienten mit destruktivem Ausagieren im Sinn von Gewalttätigkeit oder Suizid, oder in Form einer Sucht (Alkohol, Drogen, Spielen), sollte man in einer ambulanten Praxis nicht in einer Gruppe zusammen mit anderen Patienten behandeln. Für solche Patienten sind krankheitshomogene Gruppen angezeigt, weil ein bestimmtes Verhalten, wie zum Beispiel das Trinken oder das Spielen, dort ohnehin häufig Gesprächsthema ist, und kein Patient, der etwa einen Rückfall verschweigt, sich damit entschuldigen kann, es habe nicht in die Gruppe gepaßt, darüber zu reden. Patienten mit einer starken Suizidneigung sollten generell nicht in Gruppen behandelt werden, zumindest nicht ohne eine begleitende, ausreichend dichtmaschige Einzeltherapie.

Insgesamt können agierende Patienten im Rahmen einer stationären Psychotherapie eher in Gruppen behandelt werden, weil die Klinik einen schützenden Rahmen bietet, und die Gruppe nicht die einzige Gelegenheit ist, Ausagieren zur Sprache zu bringen. Auch wird das Agieren, soweit es in der Klinik selbst stattfindet, meist von anderen Mitgliedern des therapeutischen Personals bemerkt. Die therapeutischen Visiten und eventuelle Einzelgespräche bieten zusätzliche Sicherheit. Während einer stationären Therapie kann auch die Zahl von frühgestörten Patienten in einer analytischen Gruppe erhöht werden; sie sollte aber nach unseren Erfahrungen drei Patienten bei einer Gruppe von acht Mitgliedern und vier Patienten bei einer Gruppe von neun Mitgliedern nicht überschreiten.

Psychoanalytisch-interaktionelle Gruppen bieten gute Möglichkeiten der Ich-Entwicklung und sind mehr noch als analytische Gruppen ein soziales Übungsfeld, wo besonders die Antizipation der eigenen Wirkung auf andere als wichtige Ich-Funktion entwickelt werden kann. Die hinzugewonnenen sozialen Kompetenzen stellen Möglichkeiten bereit, mit Impulsen umzugehen, die später im Rahmen der Abwehranalyse bei einer psychoanalytischen Therapie ins Ich gelangen können. Überhaupt ist die Indikation für Gruppentherapie während eines stationären Aufenthaltes anders als in einer ambulanten Praxis, wo eine Gruppe eventuell das einzige therapeutische Angebot darstellen würde (vgl. LINDNER 1989). Daß ein Patient in einer Klinik Gruppenerfahrungen gewonnen hat, bedeutet noch nicht, daß auch in der ambulanten Therapie eine Gruppe für ihn das Richtige wäre.

Da in einer psychoanalytisch-interaktionellen Gruppe viel vom Therapeuten strukturiert wird und er sich mehr an Einzelne wendet, als es in einer analytischen Gruppe in der Regel der Fall ist, er also Patienten von sich aus häufiger anspricht, muß ein Patient in einer psychoanalytisch-interaktionellen Gruppe nicht so viel Gruppenvorerfahrung haben, wie er in einer analytischen Gruppe braucht, um dort überhaupt ins Gespräch zu kommen. Die von HEIGL (1987) postulierte Gegenindikation gegen eine Gruppentherapie bei fehlender Gruppenerfahrung gilt vorwiegend für die analytische und analytisch orientierte, weniger für die psychoanalytisch-interaktionelle Therapie.

KERNBERG (1978) hat herausgestellt, daß sich psychotische Patienten, bei denen eine ausreichende Differenzierung von Selbst- und Objektimagines nicht erfolgt ist, in ihrem Zustand verschlechtern, wenn man Deutungen anwendet, während bei Borderline-Patienten Deutungen nützen können. Ist ein präpsychotischer schizoider Patient in der Lage, in der Gruppe eine längere Zeit zu schweigen oder sich jedenfalls zurückzuhalten, kann er häufig wichtige Schritte zur Differenzierung von Selbst- und Objektimagines tun, weil sich in der Gruppe ja die anderen in ihrem Anderssein offener und damit prägnanter als im Alltagsleben darstellen. Er kann so Erfahrungen machen, die er im Alltagsleben nicht machen würde, auch deshalb schon, weil er zu Menschen, die er anders empfindet als sich selbst, die also nicht die "gleiche Wellenlänge" haben, meist keinen Kontakt findet, wenn ihn nicht eine primäre generalisierte Kontaktstörung überhaupt von allen zwischenmenschlichen engeren Kontakten ausgeschlossen hat. Auch Übertragungen unreifer innerer Objekte, die vom Selbst schon getrennt sind, kann er korrigieren.

Schizoide Patienten, die sich im Kontakt nicht zurückhalten, und Borderline-Patienten mit allgemeiner Ich-Schwäche können oft von einer psychoanalytisch-interaktionellen Therapie profitieren; das gilt auch für psychosomatische Patienten mit mangelnder Affektdifferenzierung. Bei letzteren ist aber zu beachten, daß

Untersuchungen über die sogenannte Alexithymie (AHRENS 1987) gezeigt haben, wie situationsabhängig die scheinbare Unfähigkeit von psychosomatischen Patienten oft ist, Gefühle zu erleben und mitzuteilen. Das entspricht der klinischen Erfahrung, daß viele psychosomatische Patienten nur deshalb zu einem Arzt nicht von ihren Gefühlen sprechen, weil sie das aus ihrem Umgang mit Ärzten während ihrer oft langen Patientenkarriere nicht anders kennengelernt haben (KÖNIG 1979). Rein somatisch orientierte Ärzte werden ja oft durch alles, was sich nicht auf körperliches Kranksein bezieht, beunruhigt, sie signalisieren, daß sie davon nichts hören wollen.

Auch die Auswirkungen einer primären Kontaktstörung können in einer psychoanalytisch-interaktionellen Gruppe ein Stück weit ausgeglichen werden, wenn die Patienten die Interaktionen anderer beobachten und selbst in Interaktionen eintreten. Während eines stationären klinischen Aufenthalts können im Schutzraum Klinik oft wesentliche Fortschritte gemacht werden; ähnliches gilt für die Patienten einer Tagesklinik. Weiter oben in diesem Kapitel haben wir bezüglich des ambulanten Settings darauf hingewiesen, daß bei stark agierenden Patienten krankheitshomogene Gruppen am günstigsten sind: daß über bestimmte Formen des Agierens habituell gesprochen wird, wiegt die Nachteile einer homogenen Gruppenzusammensetzung auf, zum Beispiel das Überlappen blinder Flecken. Bei der Frage, ob homogene Gruppen indiziert sind, ist auch zu berücksichtigen, daß nicht alle Patienten mit einem bestimmten Krankheitsbild, zum Beispiel Alkoholkranke, gleich schwer und in der gleichen Art gestört sind, und daß es eine spezifische Alkoholikerpersönlichkeit kaum gibt. Man muß unterscheiden zwischen Angstkranken, alkoholabhängig gewordenen Trinkern, die sich mit Alkohol sedieren, depressiven Patienten, die sich durch Alkohol Antrieb und Euphorie verschaffen, schizoiden Patienten, die Alkohol als Reizschutz brauchen, und zwanghaften Patienten, die durch ihr Gewissen ähnlich geplagt werden wie Depressive, außerdem aber ihre anstrengenden Kontrollbemühungen und Ambivalenzen für eine Zeit im Alkoholrausch lossein wollen (KÖNIG 1991b, LINDNER 1987b). Auch bei der Bulimie liegen dem Eßverhalten wohl die verschiedensten Konflikte zugrunde, während das Krankheitsbild der Magersucht einheitlicher zu sein scheint.

Bei der Behandlungsplanung ist besonders darauf zu achten, daß Patienten mit mangelnder Affektdifferenzierung unangenehme Gefühlszustände nicht beenden können, weil der undifferenzierte Affekt keine spezifischen Handlungsanweisungen gibt, mit denen das Ich dann in sozial adäquater Weise umgehen könnte (KÖNIG 1991b), so daß Voraussetzungen für ein sozial adäquates Umgehen mit Impulsen im Rahmen der Therapie geschaffen werden sollten; hier überschneidet sich die psychoanalytisch-interaktionelle Therapie sicher in manchem mit der Verhaltenstherapie (s. auch HEIGL-EVERS und HEIGL 1983).

Die psychoanalytisch orientierte Form des Göttinger Modells eignet sich vor allem für solche Patienten, bei denen man hoffen kann, daß ein therapeutischer Prozeß von geringerer zeitlicher Dauer - ein bis maximal zwei Jahre - ausreichende Besserung bringt. Da Patienten von hohem Strukturniveau mit oberflächennahen, leicht behandelbaren Konflikten, wie man sie sich etwa für die Fokaltherapie nach BALINT als günstigste Indikation vorstellt, eher selten sind, und zu einer breiten Behandlung der gesamten abgeleiteten Konflikte, nicht nur der strukturellen Basis in ihrer gesamten Breite, bei einem solchen therapeutischen Prozeß oft die Zeit fehlt, erscheint es uns besonders wichtig, bei einer Gruppe, die in der psychoanalytisch orientierten Form des Göttinger Modells geführt werden soll, die akut symptomrelevanten Konflikte in Einzelsitzungen vor Beginn der Gruppentherapie so weit herauszuarbeiten, daß der Therapeut sie kennt und der Patient seine Aufmerksamkeit auf sie richtet. In diesem Zusammenhang sei erwähnt, daß auch eine Paartherapie eine solche Fokussierung bringen kann. In der Göttinger Abteilung für Klinische Gruppenpsychotherapie werden 6 bis 12 Paarsitzungen vorausgeschickt, die Gruppentherapie findet dann einmal wöchentlich über 9 bis 18 Monate statt (KREISCHE 1986). Das vorherige Fokussieren scheint die Erfolge in einer solchen relativ kurzen Therapie erheblich zu verbessern. In dem von KREISCHE entwickelten Therapiemodell konzentriert sich die Therapie dabei auf die für die Störungen in der Paarbeziehung relevanten Konflikte.

In einer analytischen Gruppenpsychotherapie arbeitet man ebenfalls häufig auf der Ebene der psychosozialen Kompromißbildungen, auf die man in der psychoanalytisch orientierten Gruppenpsychotherapie den therapeutischen Prozeß, soweit es möglich ist, zu konzentrieren sucht. Man hat aber die zusätzliche Möglichkeit, Regression zuzulassen, ja zu fördern, um Konflikte zu beeinflussen, die den abgeleiteten Konflikten zugrundeliegen. Indirekt werden auch in der analytisch orientierten Therapie die ursprünglichen Primärkonflikte miterfaßt, weil abgeleitete Konflikte gewisse Grundstrukturen mit den tieferliegenden Konflikten gemeinsam haben. Wenn man die Oberfläche anspricht, spricht man gleichzeitig die Tiefe mit an. In der Regression kommt die Tiefe aber an die Oberfläche und kann direkt bearbeitet werden, wobei sich Konflikte durch Externalisierungsvorgänge interpersonell darstellen, ähnlich wie dies ohne Regression bei den abgeleiteten Konflikten der Fall ist.

Analytische Gruppen, in denen mit tiefer Regression gearbeitet wird, setzen eine gewisse Ich-Stärke bei der Mehrzahl der Mitglieder voraus, da eine Gruppe, in der nicht nur wenige frühgestörte Mitglieder primärprozeßnah sind, sondern die ganze Gruppe in einen primärprozeßnahen Zustand gerät, das Erleben nur dann reflektieren kann, wenn die Gruppenmitglieder in der Lage sind, die Regression wieder zu verlassen, sobald die regressionsfördernden Übertragungsauslöser nicht mehr bestehen oder zum Beispiel durch Deutung "aufgelöst" wurden. Regression in analytischen Gruppen sollte eine Regression im Dienste des Ich (Kris 1936) sein .

Die im Alltagsleben eingeschliffenen, interpersonell sich darstellenden Varianten der ursprünglichen Konflikte erfordern mehr Durcharbeiten als Konflikte, die sich erst in einer Gruppe interpersonell manifestieren. In einer Gruppe, die auf der Ebene der reiferen Kompromißbildungen gehalten wird, steht bei gleicher Sitzungszahl mehr Zeit für den Umgang mit den interpersonell eingeschliffenen Ableitungen der frühen Konflikte zur Verfügung; ein Arbeiten auf dieser Ebene eignet sich insoweit für den Umgang mit Charakterneurosen, die nicht den ich-schwachen Frühstörungen zuzurechnen sind. Bei solchen Patienten sind Ich-Funktionen oft nicht unentwickelt, sondern nur durch Konflikte gelähmt und in der Folge gleichsam atrophiert, während sie bei frühgestörten Patienten häufiger unentwickelt sind.

Gerade für die Differentialindikation bezüglich des Vorgehens in der Gruppe erscheint es uns besonders wichtig, sich darüber klar zu werden, ob Ich-Funktionen gelähmt, atrophiert oder unentwickelt sind. Bei gelähmten Ich-Funktionen wird man eher an eine Arbeit mit viel Regression denken, bei der atrophierten, wie das bei reiferen Charakterneurosen vorkommt, an die Arbeit mit weniger Regression, und bei nicht entwickelten Ich-Funktionen öfter an eine psychoanalytisch-interaktionelle Gruppentherapie. Letzteres schafft erst die Voraussetzungen für Verdrängung und für die Separation von Ich, Es und Über-Ich beziehungsweise Ich-Ideal mit entsprechenden Abwehrbarrieren, wie sie im Alltagsleben notwendig sind. An eine solche Therapie kann später eine analytische angeschlossen werden.

Wenn hier von analytischer, psychoanalytisch orientierter und psychoanalytisch-interaktioneller Gruppentherapie die Rede ist, soll das nicht in jedem Fall heißen, daß man den Patienten in eine Gruppe bringen muß, die nur in einem dieser Modi geführt wird (vgl. LINDNER 1989). In diesem Buch wurde schon mehrfach darauf hingewiesen, daß man in der analytischen Gruppe auf verschiedenen Ebenen arbeiten kann. Dafür spricht nicht nur die theoretische Überlegung, daß sich Antwort und Deutung auf einem Kontinuum befinden (S. 101f), sondern auch die Tatsache, daß in einer jeden analytischen Gruppe Elemente der psychoanalytisch-interaktionellen Gruppe vorhanden sind, nämlich im Umgang der Patienten miteinander, die offen über sich und ihre Beziehungen zu anderen Gruppenmitgliedern sprechen. Ein jedes Gruppenverfahren, das die Aufmerksamkeit der Gruppenmitglieder auch auf die Beziehungen der Gruppenpatienten untereinander ausrichtet, enthält diese Elemente, die in der Sonderform der psychoanalytisch-interaktionellen Gruppe im Vordergrund stehen. Der analytische Gruppentherapeut hält sich im Unterschied zu den Therapeuten in einer psychoanalytisch-interaktionellen Gruppe eher als Projektionsschirm frei, indem er von sich selbst weniger mitteilt. Das ist in analytischen Gruppen unter anderem deshalb möglich, weil ich-reifere Gruppenmitglieder mehr Hilfs-Ich-Funktionen übernehmen und gesündere Beziehungsangebote machen können als die Patienten in einer psychoanalytisch-interaktionellen Gruppe, die sich vorwiegend aus Frühgestörten zusammensetzt. In einer solchen Gruppe muß der Therapeut als Modell für Wahrnehmen und Fühlen, für den Modus der Kontaktaufnahme und der Kontaktbegrenzung in Erscheinung treten, was sich in einer analytischen Gruppe, in der vielleicht zwei Frühgestörte behandelt werden, erübrigt: Dort tun das die anderen Patienten.

Was der Therapeut, wenn er sich einigermaßen natürlich verhält, von sich selbst zu erkennen gibt, reicht in einer analytischen Gruppe in der Regel aus, um eine persönliche Beziehung aufrechtzuerhalten, die eine Basis der Arbeitsbeziehung und damit der therapeutischen Arbeit darstellt.

Patienten, die in einer Klinik nur psychoanalytisch-interaktionelle Therapie gemacht haben, können diese in homogenen

Gruppen weiterführen, zum Beispiel in Suchtberatungsstellen; die Gründe, warum dies in homogenen Gruppen eher möglich ist, wurden schon dargelegt. In der Regel kommt für schwergestörte Patienten nach der Entlassung wohl eher eine Einzeltherapie in Frage, die später durch eine Gruppentherapie ergänzt werden kann, wozu im übrigen die Psychotherapierichtlinien eine Möglichkeit bieten (FABER und HAARSTRICK 1989).

Mit dem Nachlassen des Gruppenenthusiasmus und einer realistischeren Einschätzung der therapeutischen Möglichkeiten einer Gruppe ist man bezüglich der zu erwartenden therapeutischen Erfolge zurückhaltender geworden (vgl. KÖNIG 1991a, LINDNER 1991a). In der Gruppentherapie gilt, wie wohl in allen therapeutischen Verfahren, daß ein Patient leider um so langsamer vorwärts kommt und um so weniger in einer Therapie für sich erreicht, je kränker er ist: ein gesünderer Patient kann von vornherein mehr Ich-Funktionen einsetzen, um voranzukommen. Das zeigen nicht nur das *Menninger-Projekt*, das schon einige Zeit zurückliegt, sondern auch neuere Untersuchungen (zum Beispiel LUBORSKY et al. 1980).

Eine wichtige Indikation für die analytische Gruppenpsychotherapie ist auch, daß Regression erlebt werden kann, so daß man an die Grundkonflikte kommt, daß die Regression aber am Ende der Sitzung rasch wieder zurückgeht, wie dies an anderer Stelle des Buches (S. 61ff) schon dargestellt und theoretisch begründet wurde.

Schließlich hat auch die Gruppenfrequenz einen Einfluß auf die Indikation. Man wird ein höheres Maß an acting out tolerieren können, wenn die Gruppe zweimal wöchentlich stattfindet, als wenn man die agierenden Patienten nur einmal pro Woche sieht. In einer Gruppe, die zweimal pro Woche stattfindet, bleibt mehr Zeit, über aktuelle Lebensvorgänge außerhalb der Gruppe zu sprechen, ohne daß die Beziehungen der Patienten in der Gruppe, therapeutisch eigentlich die Hauptsache, zur Nebensache werden. Leider ist es oft schwierig, Termine für eine Gruppe auszumachen, die zweimal wöchentlich stattfindet, vor allem bei Freiberuflern ohne die sonst üblichen geregelten Arbeitszeiten. Bei Kassenpatienten stößt man auch an die Grenzen der Kontingente.

Wenn eine Gruppe zweimal wöchentlich stattfindet, kommt beim Therapeuten viel seltener der Wunsch auf, den Patienten in Einzelterminen zu sehen. Die Patienten verlangen auch seltener Nottermine. Die Kostenträger wären wahrscheinlich gut beraten, wenn sie die Kontingente für Gruppenpsychotherapie erhöhen würden. Das könnte die Ergebnisse verbessern und auf längere Sicht Kosten sparen (vgl. LINDNER 1990a).

Bei der Indikation für Gruppentherapie spielt, wie auch sonst in der Psychotherapie, das *Lebensalter* eine Rolle. Je älter Menschen werden, desto fester sind sie oft in soziale Bindungen eingebunden, so daß bei einem Infragestellen des bisherigen Lebens und Erlebens eine Angst ausgelöst werden kann, die bedrohliche Ausmaße annimmt. Selbst wenn jemand Alternativen zu seinem bisherigen Leben verfügbar hätte, kann eine Veränderung der Lebensverhältnisse doch bedeuten, daß er sich an Menschen schuldig macht, die ihr Leben mit seinem verbunden haben, etwa wenn er diese verläßt, um sich anderen Menschen zuzuwenden, mit denen er besser leben könnte als bisher. Die Risikobereitschaft (KÖNIG 1974a) nimmt mit den sozialen Bindungen ab, die im Laufe des Lebens eingegangen werden; allerdings kommt es auch vor, daß Menschen im Alter wieder frei werden. Ähnliches gilt auch für Frauen, deren Kinder aus dem Haus gegangen sind. Will man ältere Leute in Gruppen behandeln, ist die geringere Flexibilität im Alter nicht immer eine Kontraindikation; aus Selbsterfahrungsgruppen mit älteren Kollegen wissen wir, daß man sich auch Mitte 50 und selbst über 60jährig noch ändern kann. Die sozialen Bindungen sind dabei aber zu beachten.

In Gruppen kommen ältere Leute allerdings oft in die Position von Eltern der anderen Gruppenmitglieder, weil sie schon durch ihr Alter die entsprechenden Übertragungsauslöser bieten; zeigen sie kindliches oder adoleszentes Erleben, beunruhigt das "ihre Kinder" in der Gruppe. Es ist für die jüngeren Gruppenmitglieder oft nicht leicht, zu akzeptieren, daß auch ein älterer Mensch kindliche Persönlichkeitszüge haben kann und diese auch zeigen möchte, zum Beispiel eine infantile Abhängigkeit von der Gesamtgruppe oder vom Therapeuten. Auch durch sexuelle Wünsche und Phantasien älterer Gruppenmitglieder werden jüngere stark beunruhigt, weil Inzestphantasien mobilisiert werden und man sich von den Eltern vielleicht ein asexuelles Bild gemacht hat, um die eigenen Inzestphantasien abzuwehren. Weil das Inzesttabu der Mutter gegenüber stärker ist als dem Vater gegenüber, sind sexuelle Wünsche älterer Frauen auch stärker tabuisiert als sexuelle Wünsche älterer Männer (vgl. GROTJAHN 1983). Außerdem haben sexuelle Wünsche älterer Frauen nicht mehr die Rechtfertigung durch potentielle Generativität (vgl. König und Kreische 1991).

Es versteht sich beinahe von selbst, daß bei der Indikation für eine Gruppentherapie bedacht werden muß, was für eine Gruppe zur Verfügung steht; dem wird aber nicht selten zuwider gehandelt. Da sich weltweit zur Psychotherapie doppelt so viel Frauen melden wie Männer, wird die Indikation für Männer oft weiter gestellt, als es in einer effektiven, richtig ausgewählten Therapie zweckmäßig wäre. Es ist besser, mit Gruppen zu arbeiten, in denen die Männer in der Minderzahl sind, und jene Männer einer Einzeltherapie zuzuführen, für die eine solche Therapie besser geeignet ist. Ein neurotischer Ausgang des Ödipus-Komplexes mit phallischer Identifikation der Frau, die mit der Mutter schlechte Beziehungserfahrungen gemacht hat und stark mit dem Vater identifiziert ist, und eine passive homosexuelle Unterwerfung der Männer unter den Vater bedingen oft, daß Frauen in therapeutischen Gruppen aktiver sind und insoweit dem männlichen Stereotyp mehr entsprechen als die Männer.

Mit der Angleichung der männlichen und weiblichen Rolle in unserer Gesellschaft verliert dieses Problem aber an Stellenwert, weil weiches Verhalten bei Männern und aktives Verhalten bei Frauen akzeptabler geworden sind. Soweit ein phallisch überkompensierendes Verhalten mit einer Abwertung der "weiblichen" eigenen Persönlichkeitsanteile einhergeht, kann es den Frauen helfen, wenn sie ein weiches Verhalten bei Männern erleben; zunächst werden sie es wohl aber verachten, ebenso wie passiv homosexuellen Männern ein "männlich-aggressives" Verhalten von Frauen Angst machen wird, weil sie entsprechende Impulse bei sich selbst abwehren müssen. Die von Heigl (1987) hervorgehobenen ungünstigen Auswirkungen einer Minderheitsposition in der Gruppe sind heute von geringerer Bedeutung, weil sexuelle und ethnische Minderheiten in der Gesellschaft eher akzeptiert werden oder man sich doch einig ist, daß sie akzeptiert werden sollten. So gibt es selten Probleme mit einzelnen homosexuellen Männern, auch wenn abgewehrte Homosexualität bei den übrigen Männern in der Gruppe aktiviert wird. Homosexuelle Frauen hatten in therapeutischen Gruppen nie so große Schwierigkeiten. Die zunehmende Verbreitung von AIDS bringt besondere Probleme in der Einschätzung besonders der männlichen Homosexualität; sie sind aber nach unseren bisherigen, allerdings noch sehr begrenzten Erfahrungen zu bewältigen.

Man findet auch immer seltener Menschen, die keine Erfahrungen mit Gruppen haben, was sicher mit der zunehmenden Verbreitung von Wohngemeinschaften und mit der Verbreitung von Arbeitsgruppen, in Betrieben, in der Schule oder während eines Studiums zusammenhängt.

Gruppenpsychotherapie und Gruppendynamik

In einer Therapie wollen die Gruppenteilnehmer Unlust vermindern, die ihnen Konflikte und Symptome verursachen, und sich Lustquellen erschließen, die ihnen noch verschlossen sind. In gruppendynamischen Veranstaltungen wollen die Mitglieder lernen, ihre Arbeit besser zu tun, was Funktionslust bringt. Sie wollen die Arbeit auch angstfreier tun, das vermindert Unlust.

Gruppenleiter und Gruppenteilnehmer verfolgen mit der Veranstaltung *Ziele*. Die Ziele des Therapeuten können etwas mit dem eigenen Vorteil zu tun haben. Er möchte etwa Funktionslust erleben, Geld verdienen, Erfahrungen sammeln, Geltung erreichen und anderes mehr. Vom Teilnehmer erhält er Geld dafür, daß er die Ziele des Teilnehmers fördert.

Die Ziele des Teilnehmers müssen nicht mit dem kongruent sein, was der Leiter beabsichtigt. So kann ein Patient nur den Wunsch haben, seine Symptome loszuwerden, während der Therapeut zusätzlich die Umstrukturierung der Persönlichkeit anstrebt. Entsprechend kann der Teilnehmer in einem gruppendynamischen Training die Absicht haben, Sozialtechniken zu erlernen, um sie manipulativ anzuwenden, während der Trainer hofft, daß der Teilnehmer im Laufe des Trainings Sozialtechniken lernt, die es ihm ermöglichen, besser mit Menschen auf einer partnerschaftlichen Ebene auszukommen. In beiden Fällen unterscheiden sich die Wertsysteme der Patienten oder Klienten einerseits, des Gruppentherapeuten oder Trainers andererseits, und der Gruppenleiter hofft in beiden Fällen, daß der Gruppenteilnehmer das Wertsystem des Leiters übernehmen wird - wenn er überhaupt über diese Dinge nachdenkt. Oft aber wird das alles wenig reflektiert.

Es gibt Fälle, in denen Therapien nicht begonnen werden, weil die Divergenzen der Wertsysteme zwischen Patient und Therapeut unüberbrückbar erscheinen. GREENSON (1967) weist in seinem technischen Lehrbuch der Psychoanalyse darauf hin.

Kann eine Überbrückbarkeit angenommen werden, beginnen

Gruppentherapeut wie Gruppentrainer nicht selten ihre Arbeit, obwohl sie dazu vom Gruppenteilnehmer keinen die Absichten des Gruppentherapeuten oder Trainers voll berücksichtigenden und sie akzeptierenden Auftrag erhalten haben. Auch kann sich das Wertsystem des Gruppenleiters noch innerhalb einer Therapie ändern. Wir lernen ja alle von unseren Patienten oder Klienten.

Die Forderung, jeder Gruppenteilnehmer müsse am Ende seiner Behandlung das Wie und Warum des Leiterverhaltens klar erkennen und sich mit dem Wertsystem des Leiters kritisch auseinandergesetzt haben, ist eine Idealforderung, die eine Richtung angibt, die aber freilich nie ganz erfüllt werden kann - am ehesten noch in längeren Selbsterfahrungsgruppen. Gruppendynamische Trainings sind dazu oft zu kurz.

Psychoanalytisch orientierte Gruppendynamiker, deren Ziel es etwa ist, die Kooperationsfähigkeit der Teilnehmer zu verbessern, werden vor allem die Aspekte des Gruppenprozesses ansprechen, die eine Kooperation der Gruppenmitglieder untereinander behindern. Die Arbeitsbeziehung selbst wird Hauptgegenstand der Einwirkung sein, ihre Verbesserung hauptsächliches "Therapieziel". In der Therapie im engeren Sinne ist sie auch Therapieziel, aber nicht das hauptsächliche. Dort dient sie der Bearbeitung der Konflikte, die sich auf der Übertragungsebene manifestieren. Ein Gruppenmitglied, das in seiner Gruppe gelernt hat, bessere Arbeitsbeziehungen zu entwickeln, sollte, so kann man hoffen, auch außerhalb der Gruppe befähigt sein, besser zu kooperieren. Das ist in der analytischen Gruppenpsychotherapie ein Ergebnis unter anderen.

Weitere Gemeinsamkeiten von Gruppenpsychotherapie und Gruppendynamik sehen wir darin, daß der Gruppentherapeut die Regression ausnutzt, weil sie sonst verborgene Facetten der Persönlichkeit dem Gruppenprozeß zugänglich macht. Der Gruppendynamiker geht auch mit der Regression um. Sie hilft ihm, habituelle Verhaltensstrukturen zu lockern und in den Hintergrund treten zu lassen, damit neue Verhaltensweisen eingeübt werden können. Ähnlich wie der Therapeut strebt der Gruppendynamiker schlußendlich an, daß ein sekundärprozeßhaftes Verhalten überwiegend das Handeln des Individuums bestimmt. Arbeiten die Teilnehmer einer gruppendynamischen Veranstaltung auch sonst zusammen, schränkt das die individuellen Selbsterfahrungsmöglichkeiten ein. Dies hat der Gruppenleiter zu berücksichtigen.

Gruppen mit körperlich Kranken und medizinischem Personal

Die Aufgabe eines Psychoanalytikers, der mit körperlich Kranken in Gruppen arbeitet, gleicht in mancher Hinsicht der eines Gruppendynamikers psychoanalytischer Orientierung. Er sollte Hindernisse bearbeiten, die sich der Bewältigung einer bestimmten Aufgabe entgegenstellen: dem sinnvollen Umgang mit den Einschränkungen, die eine körperliche Krankheit mit sich bringt, ähnlich wie der Gruppendynamiker die inneren Voraussetzungen dafür schaffen möchte, daß Arbeitsaufgaben im Berufsleben besser, leichter und befriedigender gelöst werden.

Bei chronisch Kranken geht es nicht nur um das bessere Befolgen ärztlicher Anweisungen (compliance), die oft Einschränkungen mit sich bringen, zum Beispiel das Einhalten einer Diät, oder Mühen verlangen (wie Sporttreiben bei Coronarkranken), sondern auch um innere Umstellungsprozesse, wie die Umstellung von der Identität eines Gesunden auf die Identität eines Kranken, der auch in dieser Rolle sein Leben so gut leben möchte, wie es eben geht (Biskup 1991).

Körperlich Kranke leugnen oft ihre Krankheit, sie leugnen auch die möglichen späteren Folgen, und der Psychoanalytiker muß entscheiden, ob er Leugnungen ansprechen und bearbeiten oder bestehen lassen soll. Lebensqualität ist manchmal nur möglich, wenn geleugnet wird. Das zeigt sich schon im Umgang eines jeden von uns mit dem Tod. Es hat einen Sinn, wenn wir nicht immer an ihn denken. Junge Menschen leben oft so, als würde ihr Leben nie zu Ende gehen. Sie wissen, daß es zu Ende gehen wird, bauen die Gewißheit ihres späteren Todes in ihr Leben aber nicht ein. Auch ältere Menschen versuchen nicht selten, so zu leben, als ob ihr Leben kein Ende haben könnte. Werden sie mit der Unausweichlichkeit des Todes konfrontiert, beginnen sie sich um das Fortleben nach dem Tode zu kümmern, mit oder ohne Religion. Auch ein religiöser Mensch achtet darauf, daß "sein Name nicht vergessen wird", und ob und wie er in anderen Menschen oder in dem, was er getan hat, weiterleben könnte. Er versucht, seine Verhältnisse zu ordnen, das Leben der Menschen, die ihm nahestehen, zu bahnen und manchmal auch dem Leben dieser Menschen, soweit er es vermag, mehr Sinn zu geben, wie er ihn versteht, indem er sich verstärkt bemüht, seine Normen und Werte zu vermitteln: eine Aufgabe, an der er oft scheitert, und mit Recht; im allgemeinen müssen Kinder und Enkel den Sinn ihres Lebens selbst finden.

Manchmal sind die Phantasien chronisch Kranker oder zum Tode Kranker über das, was auf sie zukommt, schlimmer als die Wirklichkeit. Menschen, die Verantwortung für sie übernommen haben, fühlen sie sich ausgeliefert. Dieses Ausgeliefertsein können sie dankbar akzeptieren, weil es ihnen Verantwortung abnimmt. Sie können aber auch Verfolger oder unsinnig Einschränkende in denen sehen, die nach ihrem besten Wissen und Gewissen etwas für die Kranken tun möchten. Aber nicht alle, die mit Schwerkranken umgehen, geben ihnen die Zuwendung, deren sie fähig wären. Die meisten Menschen, die mit Kranken umgehen, haben junge Angehörige. Diese repräsentieren oft mehr Zukunft als die Kranken, und es fällt den meisten Menschen leichter, Mühe und Arbeit in Menschen zu investieren, die noch eine längere Zukunft vor sich haben, als in Menschen, die diese Welt bald verlassen werden.

Die Konfrontation mit dem nahen Tod und dem Sterben chronisch und zum Tode Kranker kann von vielen nur in Grenzen ertragen werden. Man schottet sich gegen das Leid anderer ab, um sich gegen die unerträgliche Überlastung, die eine Folge der Identifikation mit dem Leidenden sein könnte, zu schützen. Teamsupervisoren bei dem Pflegepersonal auf Krankenstationen mit Schwerkranken bekommen mit solchem Abschotten zu tun, aber auch mit den Zweifeln, ob man genug getan habe, und mit dem Ertragen eigener Ohnmacht, wie sie sich oft in hektischer organmedizinischer Aktivität ohne wirklichen Sinn verbirgt.

Immer wieder kann man über die Kaltherzigkeit erschrecken, mit der Menschen, die Kranke über ihr Schicksal aufzuklären haben, den leichtesten Weg gehen: Den der Vollständigkeit und absoluten Offenheit, die als Werte an die Stelle überlegter Mitmenschlichkeit treten.

Wenn die Psychoanalyse eine Ideologie hat, ist es eine aufklärerische Ideologie. Im Umgang mit chronisch Kranken und Kranken zum Tode kann die Liebe zur Wahrheit aber zur Grausamkeit werden, wenn sie bewirkt, daß dem Patienten keinerlei Hoffnung mehr gelassen wird, auch wenn die Hoffnung illusionäre Züge tragen müßte.

Wenn im Sprachgebrauch des christlichen Glaubens gesagt wird, daß "alles gut werden wird", heißt das nicht, ein schweres Schicksal werde erspart bleiben. Gemeint ist vielmehr, daß dieses Schicksal bewältigt werden kann und wird; zum Beispiel gehört hierher der Satz, daß jemand 'auch im Sterben nicht zuschanden werde' (vgl. KOCH 1989).

Gesunden Menschen, die mit chronisch Kranken arbeiten, geht es manchmal so wie Psychotherapeuten, die in Gefängnissen tätig sind. Sie sind frei von Krankheit und von der Notwendigkeit, sich mit dem eigenen nahenden Tod auseinanderzusetzen. Sie fürchten den Neid der Kranken, an deren Stelle sie nicht sein möchten. Manche behandeln die Kranken wie Kinder, was deren Schwäche entspricht, gleichzeitig aber überfordern sie die Kranken aus dieser Beziehungsform heraus, weil ihnen die Vorstellung ihre Arbeit erträglicher macht, die Patienten hätten viel mehr Möglichkeiten, sich zu entwickeln und den Umgang mit der Krankheit zu lernen. In der Kindrolle können sie die Patienten aber auch entmündigen, alles für sie übernehmen, ihnen nichts oder viel zu wenig zutrauen, ähnlich wie Eltern Kinder über- oder unterfordern können. Immer wieder ziehen sie sich auf eine Expertenposition zurück, auf die Position der Wissenden, die am besten sagen können, wie man mit Krankheit umgeht, auch wenn es ihnen nicht möglich ist, sich in die Kranken hineinzuversetzen. Medizinische Anordnungen, die bei jüngeren oder gesünderen Menschen sinnvoll wären, bei alten oder kranken Menschen aber ihren Sinn verloren haben, werden durchgesetzt; ein 80jähriger mit einem Herzinfarkt, für den das Essen eine wesentliche Lebensqualität darstellt, wird auf cholesterinarme Diät gesetzt, obwohl das an seiner Arteriosklerose kaum noch etwas ändern kann.

Manche Ärzte und Angehörige des Pflegepersonals versuchen, den Kranken durch solche Verbote zu vermitteln, daß sie ihnen wichtig seien. Es ist ein Kommunizieren mit ungeeigneten Mitteln, ähnlich wie die materielle Verwöhnung von Eltern, die keine Zeit für ihre Kinder haben und deshalb von einem schlechten Gewissen geplagt werden, oder die spüren, daß sie den Kindern emotional nicht das geben können, was für deren Wohlbefinden nötig wäre.

Ein weiteres Problem ist die Ungeduld der Jungen mit den Kranken und Alten. Kranke und Alte können sich nicht so schnell bewegen wie junge Menschen, alte Menschen fassen nicht so schnell auf wie junge, werden durch mehrere gleichzeitige Anforderungen verwirrt, die ein Jüngerer ohne weiteres sortieren und bewältigen könnte. Alten Menschen müssen Informationen oft löffelweise gegeben werden. Es gibt aber auch alte Menschen, die sich unterfordert fühlen und gekränkt reagieren, wenn man sie auf diese Weise füttert.

Je nach Primärpersönlichkeit versuchen alte und kranke Menschen, sich beim Pflegepersonal beliebt zu machen oder aber Aufmerksamkeit durch nörgelnde Kritik zu erreichen. Die Bewältigung von Krankheit und Alter hängt von der Primärpersönlichkeit ab, aber auch von den bestehenden Beziehungen. Oft muß das Pflegepersonal die Kinder ersetzen, nicht nur dann, wenn keine Kinder da sind, sondern auch, wenn diese sich nicht um die Kranken und Alten kümmern. Wie wenig Kinder dazu bereit sind, sich um ihre Eltern in Krankheit und Alter zu kümmern, ist oft erschreckend, andererseits aber auch wieder verständlich, weil die Beschäftigung mit Alten und Kranken in der Kleinfamilie nicht eingeplant wird und die Pflege kranker und alter Menschen eine solche Kleinfamilie oft vor unüberwindliche Probleme stellt. Sie würde bedeuten, daß der gesamte Lebenszuschnitt verändert und die gesamte Lebensweise umgekrempelt werden müßten. Man kann oft beobachten, daß das Pflegepersonal sich darüber entrüstet, daß die Kinder sich so wenig um ihre Eltern kümmern. Hier fehlt es gelegentlich am Willen zur Einfühlung, auch in die Kinder: Man möchte auf keinen Fall so sein wie die.

Das Personal von Intensivstationen entwickelt oft ein Elitebewußtsein, das mit der Beherrschung komplizierter Apparaturen, mit dem Ertragen von Belastungen und auch mit der Macht über die Kranken zusammenhängt, deren Lebensfunktionen in den Händen der Schwestern, Pfleger und Ärzte liegen. Dieses Elitebewußtsein gehört zu den Einstellungen, bei denen man sich gut überlegen muß, ob man sie in Frage stellen will; oft macht es die Stationsarbeit erst erträglich.

Vielleicht noch mehr als im Umgang mit neurotisch Kranken spielen *Dosierungsfragen* im Umgang mit chronisch körperlich Kranken und mit dem medizinischen Personal eine Rolle.

K. König hörte 1967 eine Vorlesung von GRODZICZKI, in der dieser von einem Handelsvertreter erzählte, der eine Depression hypomanisch abwehrte. Die hypomanische Abwehr der Depression war für seinen Beruf notwendig. Wäre sie in Frage gestellt worden, dann wäre die darunterliegende Depression an die Oberfläche gekommen. Dies hätte wahrscheinlich bedeutet, daß der Handelsvertreter seine Verträge mit den Firmen verloren hätte, mit denen er zusammenarbeitete; ob es dann gelungen wäre, in einer solchen Lebenssituation die Depression zu heilen, war offen. GRODZICZKI entschloß sich, die hypomanische Abwehr nicht anzugehen, obwohl sie sich in mancher Hinsicht für den Patienten nachteilig auswirkte. In einer ähnlichen Situation befindet sich oft auch der Psychoanalytiker, der mit chronisch Kranken und medizinischem Personal arbeitet. Daß ein Psychoanalytiker Indikationen stellen muß und daß er abzuwägen hat, ob die Nebenwirkungen einer Therapie nicht schlimmer sind als die Krankheit, gilt allgemein. Die Wahrheitsfindung und Wahrheitsübermittlung zu begrenzen, ist im Umgang mit chronisch und zum Tode Kranken, aber auch mit medizinischem Personal, eine besonders wichtige Aufgabe.

Zum Menschenbild in der psychoanalytischen Gruppentherapie

In einer therapeutischen Gruppe beobachtet der Psychotherapeut jeden Patienten nicht nur in der Interaktion mit ihm selbst, sondern auch in Interaktionen mit anderen Patienten. Seine Beobachtungsbasis ist also breiter als in einer Einzeltherapie. Die Verhaltensstichproben, die er beobachtet, sind aber nicht in jeder Hinsicht repräsentativ für das Alltagsverhalten.

Weil sich in Gruppen Regression rascher einstellt und sie schneller reversibel ist als in Einzeltherapien, kann der Gruppenpsychotherapeut verschiedene Stadien der Regression in rascher Abfolge und nach ihrem Rückgang beobachten. Er wird dann weniger als der Einzeltherapeut dazu neigen, sich seine Patienten wie Kinder vorzustellen, und mehr die erwachsenen Seiten seiner Patienten im Auge behalten können, die ihm auch immer wieder vorgeführt werden, und so am Ende ein zutreffenderes Bild von den sozialen Kompetenzen der Patienten gewinnen als der Einzeltherapeut.

Das Verhalten des Therapeuten in der Gruppe, aber auch schon seine Wahrnehmung, werden von den theoretischen Konzepten beeinflußt, die er anwendet.

Wie können sich Menschenbilder von Therapeuten, die Mehrpersonenkonzepte anwenden, von denen der Therapeuten unterscheiden, die dyadische Konzepte anwenden? Wer Mehrpersonenkonzepte anwendet, scheint sich mehr für das Verhalten von Menschen in vielfältigen sozialen Beziehungen zu interessieren. Sein Menschenbild könnte man als das eines homo politicus charakterisieren. Wer vereinheitlichende Konzepte anwendet, interessiert sich mehr für die Gruppenphantasien, und man könnte sein Menschenbild als das Bild eines homo ludens (HUIZINGA 1987) charakterisieren, hier eines homo ludens, der in seiner Phantasie spielt.

Selbstverständlich weiß ein Analytiker, der ein dyadisches Konzept anwendet, auch um die Wichtigkeit des Sozialen, und

Analytiker, die sozialpsychologisch orientierte psychoanalytische Konzepte anwenden, wissen auch um die Wichtigkeit der Phantasie. Die Akzente liegen aber verschieden.

Ein Therapeut, der mehr die gemeinsamen Phantasien aufgreift und weniger die vielfältigen Mehrpersonenbeziehungen in einer Gruppe, wird die Aufmerksamkeit der Patienten auf das Gemeinsame, besonders auf gemeinsame Phantasien lenken. Ein Therapeut, der die Mehr-Personen-Beziehungen verstärkt beachtet, wird die Aufmerksamkeit der Patienten auf ihre Beziehungen untereinander lenken, wobei das Verhalten gegenüber dem Phantasieren mehr Gewicht bekommt. Damit verändert der Therapeut, wenn er seine Konzepte im therapeutischen Handeln anwendet, das Beobachtungsfeld in einer Weise, die seinen Interessen entspricht und es seinem Menschenbild annähert.

Das Menschenbild eines Therapeuten drückt sich in seinen Behandlungszielen aus. Man kann ganz allgemein sagen: Jeder Psychotherapeut hat das Ziel, daß es seinen Patienten besser geht und daß sie gesünder werden. Wie aber soll ein gesunder Mensch sein? Wer Wert auf die Phantasietätigkeit legt, wird Kreativität betonen und die alltäglichen sozialen Kompetenzen seiner Patienten für weniger wichtig halten. Er wird es auch mehr als ein Therapeut, der ein sozialpsychologisches Konzept anwendet, dem Patienten überlassen, wie er seine Phantasien in Lebenspraxis umsetzt. Der sozialpsychologisch orientierte Psychoanalytiker wird diese Umsetzung besonders im Auge haben und den Transfer von der Gruppe in die Alltagspraxis dadurch fördern, daß er es etwa begrüßt, wenn Patienten über ihre Erfahrungen außerhalb der Gruppe berichten. Seine Gruppen werden weniger Gefahr laufen, zu einem Emotionsclub (BATTEGAY 1979) zu werden. Umgekehrt läuft dieser Therapeut vielleicht Gefahr, Phantasien in ihrer Bedeutung und therapeutischen Wirksamkeit nicht genügend ernst zu nehmen und zu früh auf ihre Anwendbarkeit und Transferierbarkeit abzuheben.

Zu einem Menschenbild gehört eine Vorstellung von Gesundheit. Wenn wir fragen, was gesund ist, müssen wir auch fragen, was normal ist. Vom Normalitätsbegriff ist der Gesundheitsbegriff nicht zu trennen. Man kann von einer statistischen oder einer idealen Norm ausgehen. Die Idealnorm, von der man ausgeht, wird von eigener Subjektivität stark beeinflußt.

Mehr als die Menschen zu FREUDS Zeiten müssen wir heute mit inneren Spannungen fertigwerden, die sich aus multiplen

Identifizierungen ergeben. Zu multiplen Identifizierungen kommt es, weil sich die sozialen Rollen rasch wandeln, so daß sich zum Beispiel die Vorstellung von der Rolle einer Frau im Beruf und Haushalt zwischen den Generationen stark unterscheidet (vgl. schon BROCHER 1967).

Die Identifikation mit den Personen der Primärfamilie geraten mit den Rollenerwartungen und -angeboten der Peers in Konflikt. Wer heute Therapeutin ist, hat nur in wenigen Fällen eine Mutter gehabt, die berufstätig war und vorlebte, wie man die Rolle der berufstätigen Frau, der Hausfrau und der Mutter miteinander verbinden und in Einklang bringen kann. Auch für die Männer ist es ein Problem, wie sie mit einer Frau zurechtkommen, die anders lebt, als sie es von ihren Müttern gewohnt waren. Die verschiedenen Rollenidentitäten wirken sich auf die Idealvorstellung aus, die ein Therapeut davon haben kann, wie Menschen sein sollten.

Als Patienten in einer Gruppe würden wir hoffen, daß unser Therapeut eine breitere Vorstellung von dem hat, was man als normal ansehen kann, als der Durchschnitt der Menschen. Das Ideale sollte er nicht in einem festgelegten Bild sehen, sondern er sollte verschiedene Bilder vom Menschen haben, die den verschiedenen möglichen Umwelten, Neigungen, Begabungen und Lebensformen entsprechen. Je mehr ein Psychotherapeut es mit unterschiedlichen, etwa mit jungen und alten Menschen und mit Menschen aus verschiedenen Gesellschaftsschichten zu tun bekommt, um so vielfältiger wird seine Vorstellung von Normalität sein. Wir würden es also begrüßen, wenn ein Psychotherapeut vielfältige Sozialerfahrungen gesammelt hätte und dauernd noch sammeln würde.

Andererseits würden wir aber auch hoffen, daß der Therapeut Krankheit und Leid nicht als normal und hinzunehmend ansieht. Die Grenze zwischen dem neurotischen Elend und dem Alltagsleid, dem ein Mensch nicht ausweichen kann, sollte er nicht so ziehen, daß er Therapierbares dem Alltagsleid zuordnet (vgl. LINDNER 1981, 1982).

Als Gruppenpsychotherapeut ist man in der Situation, Indikationen stellen zu müssen. Kein Therapeut wird sich ganz davon freimachen können, daß persönliche Sympathie in eine Indikationsstellung einfließt. Sie spielt sogar eine große Rolle (vgl. zum Beispiel RUDOLF et al. 1988). Wir sollten aber anstreben, mit möglichst vielen Menschen arbeiten zu können. Mit zunehmender Erfahrung eines Psychotherapeuten nimmt das Spektrum von Patienten zu, mit denen er arbeiten kann.

In der Frage, ob wir einem Patienten helfen können, liegt auch die Frage beschlossen, ob er mit uns arbeiten kann. Das ist unter anderem auch eine Frage nach Kompetenz: Ist der Patient in der Lage, in einer Gruppe zu arbeiten? Manche Therapeuten verlieren aus dem Blick, daß ein Patient in einer Gruppe eine qualifizierte Form von Arbeit leisten muß.

Welcher Art diese Arbeit sein soll, hängt nun wieder mit den theoretischen Konzepten des Therapeuten und seinem Menschenbild zusammen. Beide beeinflussen auch die konkreten Arbeitserfahrungen des Therapeuten mit seinen Patienten. Wenn ein Therapeut von einem Menschen mehr die Aspekte des homo ludens im Augen hat, muß er daneben nicht vergessen, daß letztendlich auch gespielt wird, um Kompetenzen zu erwerben. Ein Kind lernt ja auch durch Spielen.

Die Umsetzung von Erkenntnis in soziale Kompetenz stellt einen Prozeß aus Versuch und Irrtum dar; Erkenntnis schafft nicht auf magische Weise soziale Kompetenz. Zwischen dem Spiel in der Phantasie, der so gewonnenen Erkenntnis und dem kompetenten interpersonellen Umgang vermittelt ein Arbeitsprozeß. Umgekehrt ist es ein Spezifikum der analytischen Psychotherapie in Gruppen, das sie von verhaltenstherapeutischen Verfahren - einem Durchsetzungstraining zum Beispiel - unterscheidet, daß das Spiel in der Phantasie und die Interaktion in einer Gruppe auf der einen Seite und die Optimierung von Alltagsrealität auf der anderen Seite wichtig sind. Sie sollten aufeinander bezogen sein.

Literatur

AHRENS, S. (1987): Alexithymie und kein Ende? Versuch eines Resümees. Z. Psychosom. Med. 33: 201-220.

ARGELANDER, H. (1963): Die Analyse psychischer Prozesse in der Gruppe. Teil I und II. Psyche 17: 450-479 und 481-515.

ARGELANDER, H. (1972): Gruppenprozesse: Wege zur Anwendung der Psychoanalyse in Behandlung, Lehre und Forschung. Rowohlt, Reinbek.

ARGELANDER, H. (1979): Die kognitive Organisation psychischen Geschehens. Klett-Cotta, Stuttgart.

BATESON, G. (1972): Double bind. In: DERS., Ökologie des Geistes. Suhrkamp, Frankfurt a.M., S. 353-361.

BATTEGAY, R. (1975): Defective developments of therapeutic groups. In: UCHTENHAGEN, A.; BATTEGAY, R. u. FRIEDMANN, A. (Hrsg.), Gruppentherapie und soziale Umwelt. Huber, Bern/Stuttgart/Wien, S. 373-374.

BATTEGAY, R. (1979): Der Mensch in der Gruppe. Bd. 3. Huber, Bern.

BELLAK, L.; HURVICH, M. u. GEDIMAN, H.K. (1973): Ego functions in schizophrenics, neurotics and normals. John Wiley & Sons, New York.

BION, W.R. (1974): Erfahrungen in Gruppen und andere Schriften. Klett, Stuttgart [Engl.: Experiences in groups and other papers. Tavistock Publications, London 1961].

BISCHOF, N. (1985): Das Rätsel Ödipus. Piper, München.

BISKUP, J. (1991): Die Verarbeitung chronischer Krankheit unter psychoanalytischem Aspekt. Examensarbeit am Institut für Psychotherapie und Psychoanalyse. Göttingen.

BLANCK, R. u. BLANCK, G. (1978): Ehe und seelische Entwicklung. Klett, Stuttgart.

BRECHT, B. (1962): Geschichte von Herrn Keuner - wenn Herr Keuner einen Menschen liebte. In: Ein Lesebuch für unsere Zeit. Volksverlag, Weimar.

BROCHER, T. (1967): Gruppendynamik und Erwachsenenbildung. Georg Westermann, Braunschweig.

BROCHER, T. (1969): Anpassung und Aggression in Gruppen. In: MITSCHERLICH, A. (Hrsg.), Bis hierher und nicht weiter. Ist menschliche Aggression unbefriedbar? Piper, München, S. 152-206.

COHN, R. (1984): Themenzentrierte Interaktion. Ein Ansatz zum Sich-selbst- und Gruppenleiten. In: HEIGL-EVERS, A.; STREECK, U. (Hrsg.), Die Psychologie des 20. Jahrhunderts, Bd. 2: Sozialpsychologie. Beltz, Weinheim/Basel, S. 873-883.

DAVIES-OSTERKAMP, S.; HEIGL-EVERS, A.; BOSSE-STEUERNAGEL, G. u. ALBERTI, L. (1987): Zur Interventionstechnik in der psychoanalytisch-interaktionellen und tiefenpsychologisch fundierten Gruppentherapie - eine empirische Untersuchung. Gruppenpsychother. Gruppendyn. 23: 22-35.

DURKIN, H. (1965): The group in depth. Int. Univ. Press, New York.

EISSLER, K.R. (1953): The effect of the structure of the ego on psychoanalytic technique. J. Am. Psychoanal. Ass. 1: 102-221.

ERDHEIM, M. (1988): Die Psychoanalyse und das Unbewußte. Suhrkamp, Frankfurt a.M., S. 237-241.

ERMANN, M. (1985): Die Fixierung in der frühen Triangulierung. Forum Psychoanal. 1: 93-110.

EZRIEL, H. (1960/61): Übertragung und psychoanalytische Deutung in der Einzel- und Gruppenpsychotherapie. Psyche 14: 496-523.

FABER, F.R. u. HAARSTRICK, R. (1989): Kommentar Psychotherapie-Richtlinien. Jungjohann Verlagsgesellschaft, Neckarsulm/München.

FOULKES, S.H. (1986): Gruppenanalytische Psychotherapie. Fischer, Frankfurt a.M. [Engl.: Therapeutic group analysis. Int. Univ. Press. New York, 2. Aufl. 1977].

FOULKES, S.H. (1990a): Group-analytic psychotherapy. Text and three tapes dictated by the author. Joint Publications Committee of the Institute of Group Analysis and the Group-Analytic Society, London.

FOULKES, S.H. (1990b): Selected papers. Psychoanalysis and group analysis. Karnac Books, London.

FOULKES, S.H. u. ANTHONY, E.J. (1990): Group psychotherapy. The psychoanalytical approach. 2. Aufl., Karnac Books, London.

FRANK, K. (1986): Die Abstinenz und die Freiheit des Analytikers. Gruppenpsychother. Gruppendyn. 21: 181-193.

FREUD, S. (1904): Die Freudsche psychoanalytische Methode. G.W. V. Fischer, Frankfurt a.M. 4. Aufl. 1972.

FREUD, S. (1912): Ratschläge für den Arzt bei der psychoanalytischen Behandlung. G.W. VIII. Fischer, Frankfurt a.M., 4. Aufl. 1972.

FREUD, S. (1914): Erinnern, Wiederholen, Durcharbeiten. G.W. X. Fischer, Frankfurt a.M., 4. Aufl. 1972.

FREUD, S. (1927): Die Zukunft einer Illusion. G.W. XIV. Fischer, Frankfurt a.M., 4. Aufl. 1972.

FREUD, S. (1928): Neue Folge der Vorlesungen zur Einführung in die Psychoanalyse. G.W. XV. Fischer, Frankfurt a.M., 4. Aufl. 1972.

FREUD, S. (1937a): Die endliche und die unendliche Analyse. G.W. XVI. Fischer, Frankfurt a.M. 4. Aufl. 1972.

FREUD, S. (1937b): Konstruktionen in der Analyse. G.W. XVI. Fischer, Frankfurt a.M., 4. Aufl. 1972.

FÜRSTENAU, P. (1979): Zur Theorie psychoanalytischer Praxis. Psychoanalytisch-sozialwissenschaftliche Studien. Klett-Cotta, Stuttgart.

GARLAND, C. (1982): Group analysis: Taking the non-problem seriously. Group Analysis 15: 4-14.

GILL, M.M. (1963): Topography and systems in psychoanalytic theory. In: KLEIN, G.S. (Hrsg.), Psychological issues. Bd. III. Int. Univ. Press, New York.

GLOVER, E. (1955): The technique of psycho-analysis. Baillière, Tindall & Cox, London.

GREENSON, R.R. (1967): The technique and practice of psychoanalysis. Int. Univ. Press, New York [Dt.: Technik und Praxis der Psychoanalyse. Klett, Stuttgart 1975].

GROTJAHN, M. (1979): Analytische Gruppentherapie. Kunst und Technik. Kindler, München.

GROTJAHN, M. (1983): Group communication and group therapy with the aged. In: GROTJAHN, M.; KLINE, F.M. u. FRIEDMANN, C.T.H. (Hrsg.), Handbook of group psychotherapy. Van Nostrand Reinhold, New York.

HEIGL, F. (1969): Zum strukturellen Denken in der Psychoanalyse. In: SCHELKOPF, A. u. ELHARDT, S. (Hrsg.), Aspekte der Psychoanalyse. Vandenhoeck u. Ruprecht, Göttingen, S. 12-25.

HEIGL, F. (1987): Indikation und Prognose in Psychoanalyse und Psychotherapie. 3. Aufl., Vandenhoeck u. Ruprecht, Göttingen.

HEIGL, F. u. TRIEBEL, A. (1977): Lernvorgänge in psychoanalytischer Therapie. Huber, Bern/Stuttgart/Wien.

HEIGL-EVERS, A. (1978): Konzepte der analytischen Gruppentherapie. Vandenhoeck u. Ruprecht, Göttingen.

HEIGL-EVERS, A. u. HEIGL, F. (1968): Analytische Einzel- und Gruppenpsychotherapie. Gruppenpsychother. Gruppendyn. 2: 21-52.

HEIGL-EVERS, A. u. HEIGL, F. (1973): Gruppentherapie: interaktionell - tiefenpsychologisch fundiert (analytisch orientiert) - psychoanalytisch. Gruppenpsychother. Gruppendyn. 7: 132-157.

HEIGL-EVERS, A. u. HEIGL, F. (1977): Zum Konzept der unbewußten Phantasie in der psychoanalytischen Gruppentherapie des Göttinger Modells. Gruppenpsychother. Gruppendyn. 11: 6-22.

HEIGL-EVERS, A. u. HEIGL, F. (1979): Die psychosozialen Kompromißbildungen als Umschaltstellen innerseelischer und zwischenmenschlicher Beziehungen. Gruppenpsychother. Gruppendyn. 14: 310-325.

HEIGL-EVERS, A. u. HEIGL, F. (1983): Das interaktionelle Prinzip in der Einzel- und Gruppenpsychotherapie. Psychosom. Med. Psychoanal. 29: 1-14.

HEIGL-EVERS, A. u. HERING, A. (1970): Die Spiegelung einer Patientengruppe durch eine Therapeuten-Kontrollgruppe. Darstellung eines gruppendynamischen Prozesses. Gruppenpsychother. Gruppendyn. 4: 179-190.

HEIGL-EVERS, A. u. SCHULTE-HERBRÜGGEN, O.W. (1977): Zur normativen Verhaltensregulierung in Gruppen. Gruppenpsychother. Gruppendyn. 12: 226-241.

HEIGL-EVERS, A. u. STREECK, U. (1985): Psychoanalytisch-interaktionelle Therapie. Med. Psychol. 35: 176-182.

HERDIECKERHOFF, G. (1989): Funktionen nonverbaler Kommunikation. Gruppenpsychother. Gruppendyn. 25, 243-251.

HOFSTÄTTER, P.R. (1971): Gruppendynamik. Rowohlt, Reinbek.

HUIZINGA, J. (1987): Homo Ludens. Vom Ursprung der Kultur im Spiel. Rowohlt, Reinbek.

JACOBSON, E. (1973): Das Selbst und die Welt der Objekte. Suhrkamp, Frankfurt a.M.

KADIS, A.L.; KRASNER, J.D.; WEINER, M.F.; WINICK, CH. u. FOULKES, S.H. (1982): Praktikum der Gruppenpsychotherapie. Frommann-Holzboog, Stuttgart-Bad Cannstatt.

KENDON, A. (1973): The role of visible behaviour in the organization of social interaction. In: CRANACH, M. u. VINE, I. (Hrsg.), Social communication and movement. Academic Press, London (zit. n. HERDIECKERHOFF 1989).

KERNBERG, O.F. (1978): Borderline-Störungen und pathologischer Narzißmus. Suhrkamp, Frankfurt a.M.

KERNBERG, O.F.; SELZER, M.A.; KOENIGSBERG, H.W.; CARR, A.C. u. APFELBAUM, A.H. (1989): Psychodynamic psychotherapy of borderline patients. Basic Books, New York.

KIERKEGAARD, S. (1962): Die Krankheit zum Tode. Werke IV. Rowohlt, Hamburg.

KOCH, T. (1989): Mit Gott leben. J.C.B. Mohr (Paul Siebeck), Tübingen.

KÖNIG, K. (1973): Theoretisches Konzept und Interventionstechnik des Gruppentherapeuten unter Berücksichtigung seiner gruppendynamischen Position. Gruppenpsychother. Gruppendyn. 7: 158-179.

KÖNIG, K. (1974a): Die Risikobereitschaft des Patienten als prognostisches Kriterium. Psychosom. Med. Psychoanal. 21: 165-178.

KÖNIG, K. (1974b): Arbeitsbeziehung in der Gruppenpsychotherapie - Konzept und Technik. Gruppenpsychother. Gruppendyn. 8: 152-166.

KÖNIG, K. (1974c): Induzierte szenische Spontandarstellung (ISS) in therapeutischen Gruppen. Gruppenpsychother. Gruppendyn. 8: 15-21.

KÖNIG, K. (1974d): Analytische Gruppenpsychotherapie in einer Klinik. Gruppenpsychother. Gruppendyn. 8: 260-279.

KÖNIG, K. (1975b): Der Gebrauch von Rekonstruktionen in der analytischen Gruppe. Gruppenpsychother. Gruppendyn. 9: 26-31.

KÖNIG, K. (1975c): Der schweigende schizoide Patient in der analytischen Gruppe. Gruppenpsychother. Gruppendyn. 9: 185-190.

KÖNIG, K. (1976): Übertragungsauslöser - Übertragung - Regression in der analytischen Gruppe. Gruppenpsychother. Gruppendyn. 10: 220-232.

KÖNIG, K. (1977a): Der Therapeut als Beobachter, Interpret, Schrittmacher und Teilnehmer der Gruppe. Prax. Psychother. 12: 249-255.

KÖNIG, K. (1978): Gruppenarbeit und Arbeitsgruppe. Gruppenpsychother. Gruppendyn. 13: 354-363.

KÖNIG, K. (1979): Gruppentherapie. In: HAHN, P. (Hrsg.), Die Psychologie des 20. Jahrhunderts. Bd. 9: Ergebnisse für die Medizin (1). Kindler, Zürich, S. 900-910.

KÖNIG, K. (1982): Der interaktionelle Anteil der Übertragung in Einzelanalyse und analytischer Gruppenpsychotherapie. Gruppenpsychother. Gruppendyn. 18: 76-83.

KÖNIG, K. (1984): Unbewußte Manipulation in der Psychotherapie im Alltag. Georgia Augusta 40: 10-16.

KÖNIG, K. (1985): Basic assumption groups and working groups revisited. In: PINES, M. (Hrsg.), Bion and group psychoterapy, Routledge & Kegan Paul, London/Boston/Melbourne/Henley, S. 151-156.

KÖNIG, K. (1986a): Schweigen und Sprechen in psychoanalytischen Gruppen. Gruppenpsychother. Gruppendyn. 22: 9-21.

KÖNIG, K. (1986b): Angst und Persönlichkeit. Das Konzept vom steuernden Objekt und seine Anwendungen. Vandenhoeck u. Ruprecht, Göttingen, 3. Aufl. 1991.

KÖNIG, K. (1989): Das Menschenbild in der Gruppenpsychotherapie. Gruppenpsychother. Gruppendyn. 25: 22-27.

KÖNIG, K. (1990): Zur Vorbereitung und Einleitung einer analytischen Gruppenpsychotherapie. Gruppenpsychother. Gruppendyn. 26: 101-122.

KÖNIG, K. (1991a): Zur Entwicklung der psychoanalytischen Gruppentherapie. Prax. Psychother. Psychosom. 36: 24-31.

KÖNIG, K. (1991b): Praxis der psychoanalytischen Therapie. Vandenhoeck u. Ruprecht, Göttingen.

KÖNIG, K. (1991c): Group-analytic interpretations: Individual and group, descriptive and metaphoric. Group Analysis 12: 111-115.

KÖNIG, K. u. KREISCHE, R. (1991): Psychotherapeuten und Paare. Vandenhoeck u. Ruprecht, Göttingen.

KÖNIG, K. u. SACHSSE, U. (1981): Die zeitliche Limitierung in der klinischen Psychotherapie. In: HEIGL, F. u. NEUN, H. (Hrsg.), Psychotherapie im Krankenhaus. Vandenhoeck u. Ruprecht, Göttingen, S. 168-172.

KREISCHE, R. (1986): Die Behandlung von neurotischen Paarkonflikten mit paralleler analytischer Gruppentherapie für beide Partner. Gruppenpsychother. Gruppendyn. 21: 337-349.

KRIS, E. (1936): Psychoanalytic explorations in art. New York, International Universities [Repr. 1952].

KUTTER, P. (1971): Übertragung und Prozeß in der psychoanalytischen Gruppentherapie. Psyche 25: 856-873.

LICHTENBERG, J.D. (1987): Die Bedeutung der Säuglingsbeobachtung für die klinische Arbeit mit Erwachsenen. Z. Psychoanal. Theor. Prax. 2: 123-147.

LINDNER, W.-V. (1976): Zur Konzeption der Analytischen Gruppentherapie. Wirklichkeit und Wahrheit 2: 74-83.

LINDNER, W.-V. (1977): Gruppenarbeit im sozialen Feld Kirche - Abgrenzung zur Therapie. Gruppenpsychother. Gruppendyn. 12: 255-265.

LINDNER, W.-V. (1981): Existentieller und neurotischer Konflikt. In: BACH, H. (Hrsg.), Der Krankheitsbegriff in der Psychoanalyse. Vandenhoeck u. Ruprecht, Göttingen, S. 36-46.

LINDNER, W.-V. (1982): Existentielle und neurotische Angst. Prax. Psychother. Psychosom. 27: 33-40.

LINDNER, W.-V. (1987a): Überlegungen aus der Sicht des Praktikers. Gruppenpsychother. Gruppendyn. 23: 19-21.

LINDNER, W.-V. (1987b): Psychoanalytisch orientierte Suchtkrankentherapie. In: KOECHEL, R. u. OHLMEIER, D. (Hrsg.), Psychiatrie-Plenum. Springer, Berlin/Heidelberg/New York, S. 65-72.

LINDNER, W.-V. (1988): Von der Inszenierung innerseelischer Konflikte in der Gruppe. In: RITTER-RÖHR, D. v. (Hrsg.), Gruppenanalytische Exkurse. Springer, Berlin/Heidelberg/New York.

LINDNER, W.-V. (1989): Indikation und Ziele in der analytischen Gruppenpsychotherapie. Gruppenpsychother. Gruppendyn. 25: 35-39.

LINDNER, W.-V. (1990a): Die Beendigung einer psychoanalytisch geführten Gruppe. Gruppenpsychother. Gruppendyn. 26: 123-144.

LINDNER, W.-V. (1990b): Begegnung mit Fremden. Prax. Kinderpsychologie Kinderpsychiatrie 39: 210-214.

LINDNER, W.-V. (1991a): Was hat sich gewandelt in der Gruppenpsychotherapie? In: BUCHHEIM, P.; CIERPKA, M. u. SEIFERT, T., Psychotherapie im Wandel - Abhängigkeit. Springer, Berlin/Heidelberg/New York, S. 100-112.

LINDNER, W.-V. (1991b): Trennung, Abschied und Trauer. In: HEIGL-EVERS, A.; HELAS, I. u. VOLLMER, C.: Suchttherapie - psychoanalytisch, verhaltenstherapeutisch. Vandenhoeck u. Ruprecht, Göttingen, S. 181-189.

LUBORSKY, L.; MINTZ, J.; AUERBACH, A.; CHRISTOPH, P.; BACHRACH, H.; TODD, T.; JOHNSON, M.; COHEN, M. u. O'BRIEN, C.P. (1980): Predicting the outcomes of psychotherapy. Findings of the Penn psychotherapy project. Archiv. General Psychiat. 37: 471-481.

MAHL, G.F. (1970): Expressive behavior during the analytic process. Unveröff. Ms., Yale University (zit. n. Herdieckerhoff 1989).

MAHLER, M.S. (1972): Symbiose und Individuation I. Klett, Stuttgart.

MALAN, D.H. (1973): Therapeutic factors in analytically oriented brief psychotherapy. In: GOSLEY, R. (Hrsg.), Support, innovation and autonomy. Tavistock Publications, London.

MENNINGER, K.A. u. HOLZMANN, P.S. (1977): Theorie der psychoanalytischen Technik. Frommann-Holzboog, Stuttgart-Bad Cannstatt [Engl.: Theory of psychoanalytic technique. Basic Books, New York 1958].

MENTZOS, S. (1976): Interpersonale und institutionalisierte Abwehr. Suhrkamp, Frankfurt a.M.

OGDEN, T.H. (1982): Projective identification and psychotherapeutic technique. Jason Aronson, Northvale/London.

OGDEN, T.H. (1988): Die projektive Identifikation. Forum Psychoanal. 4: 1-21 [Engl.: On projective identification. Int. J. Psycho-Anal. 60: 1979, 357-373].

OHLMEIER, D. (1975): Gruppenpsychotherapie und psychoanalytische Theorie. In: UCHTENHAGEN, A.; BATTEGAY, R. u. FRIEDMANN, A. (Hrsg.), Gruppenpsychotherapie und soziale Umwelt. Huber, Bern.

OHLMEIER, D. (1976): Gruppeneigenschaften des psychischen Apparates. In: EICKE, D. (Hrsg.), Die Psychologie des 20. Jahrhunderts, Bd. 2: Tiefenpsychologie. Kindler, Zürich, S. 1133-1144.

OTT, J. (1991): Die psychoanalytisch-interaktionellen Vorgehensweisen in der psychoanalytisch orientierten Gruppentherapie. Vortrag auf den 41. Lindauer Psychotherapiewochen 1991.

PARIN, P. (1981): Das Ende der endlichen Analyse. In: EHEBALD, U. u. EICKHOFF, F. (Hrsg.), Humanität und Technik in der Psychoanalyse, Festschrift für G. Scheunert zum 75. Geburtstag. Bern, S. 179-198.

PINES, M. (1972): Basic principles, changes and trends. Group Analysis 5: 85-91.

RACKER, H. (1953): Contribution to the problem of countertransference. Int. J. of Psycho-Anal. 34: 313-324.

REIK, T. (1983): Hören mit dem dritten Ohr. Die innere Erfahrung eines Psychoanalytikers. Fischer, Frankfurt a.M. [Engl.: 1948].

ROHDE-DACHSER, CH. (1982): Diagnostische und behandlungstechnische Probleme im Bereich der sogenannten Ich-Störungen. Psychother. Psychosom. Med. Psychol. 32: 14.

ROTMANN, M. (1978): Über die Bedeutung des Vaters in der "Wiederannäherungsphase". Psyche 32: 1105-1147.

ROTMANN, M. (1985): Frühe Triangulierung und Vaterbeziehung. Forum Psychoanal. 1: 308-317.

RUDOLF, G.; GRANDE, T. u. PORSCH, U. (1988): Die Berliner Psychotherapiestudie. Z. Psychosom. Med. 34: 2-18.

SANDLER, J. (1960): The background of safety. Int. J. Psycho-Anal. 41: 352-356.

SANDLER, J. (1976): Countertransferences and role-responsiveness. Int. Rev. Psycho-Anal. 3: 43-47 [Dt.: Gegenübertragung und Bereitschaft zur Rollenübernahme. Psyche 30: 1976, 297-305].

SANDNER, D. (1990): Modelle der analytischen Gruppenpsychotherapie - Indikation und Kontraindikation. Gruppenpsychother. Gruppendyn. 26: 87-100.

SCHARFENBERG, J. (1968): Sigmund Freud und seine Religionskritik als Herausforderung für den christlichen Glauben. Vandenhoeck u. Ruprecht, Göttingen.

SCHEFLEN, A.E. (1964): The significance of posture in communication systems. Psychiatry 27: 316-321 (zit. n. HERDIECKERHOFF 1989).

SCHEIDLINGER, S. (1964): Identification, the sense of identity and of belonging in small groups. Int. J. Group Psychother. 14: 291-301.

SCHINDLER, R. (1957/58): Grundprinzipien der Psychodynamik in der Gruppe. Psyche 11: 308-314.

SCHINDLER, W. (1966): The role of the mother in group psychotherapy. Int. J. Group Psychother. 16: 189-200.

SCHINDLER, W. (1980): Die analytische Gruppenpsychotherapie nach dem Familienmodell. Reinhardt, München.

STERBA, R.F. (1934): The fate of the ego in analytic therapy. Int. J. Psycho-Anal. 15: 117-126.

STOCK-WHITAKER, D. u. LIEBERMANN, A. (1965): Psychotherapy through the group process. Tavistock Publications, London.

STOLTZENBERG, E. (1986): Wann ist eine Psychoanalyse beendet? Vom idealistisch-normativen zum systemischen Ansatz. Vandenhoeck u. Ruprecht, Göttingen.

STRACHEY, J. (1934): The nature of the therapeutic action of psychoanalysis. Int. J. Psycho-Anal. 15: 127-186.

STREECK, U. (1980): "Definition der Situation", soziale Normen und interaktionelle Gruppenpsychotherapie. Gruppenpsychother. Gruppendyn. 16: 209-221.

TICHO, E.A. (1971): Probleme des Abschlusses der psychoanalytischen Therapie. Psyche 25: 44-56.

WINNICOTT, D.W. (1956): Primary maternal preoccupation. In: DERS., Through Pediatrics to Psychoanalysis. The Hogarth Press, London 1975, S. 300-305.

WINNICOTT, D.W. (1958): The capacity to be alone. Int. J. Psychoanal. 39: 416-420 [Dt.: Über die Fähigkeit, allein zu sein. Psyche 12: 1958, 344-352].

WINNICOTT, D.W. (1974): Reifungsprozesse und fördernde Umwelt. Kindler, München.

WOLF, A. (1971): Psychoanalyse in Gruppen. In: DESCHILL, S. (Hrsg.), Psychoanalytische Therapie in Gruppen. Klett, Stuttgart, S. 145-149.
YALOM, I.D. (1974): Gruppenpsychotherapie. Grundlagen und Methoden. Ein Handbuch. Kindler, München.

Den folgenden Kapiteln bzw. Abschnitten wurden frühere Publikationen zugrunde gelegt:

Unterschiede zwischen einer therapeutischen Gruppe und einer Arbeitsgruppe des Alltagslebens (König 1977b).
Übertragungsauslöser und Gruppenverläufe (König 1976).
Arbeitsbeziehungen: Das Konzept und seine Anwendungen (König 1974b).
Zum Anteil des Therapeuten und des Patienten an der therapeutischen Arbeit (König 1977a).
Der Gebrauch von Rekonstruktionen (König 1975b).
Der Umgang mit szenischen Spontandarstellungen, die durch eine Erzählung induziert wurden (König 1974c).
Struktur- und übertragungsspezifisches Patienten- und Therapeutenverhalten (König 1986a).
Zur Vorbereitung und Einleitung einer psychoanalytischen Gruppenpsychotherapie (König 1990).
Zur Beendigung einer Gruppenpsychotherapie (Lindner 1990a).
Stationäre Psychotherapie unter dem Gruppenaspekt (König 1974d).
Gruppenpsychotherapie und Gruppendynamik (König 1977b).
Zum Menschenbild in der psychoanalytischen Gruppentherapie (König 1989).

Sachregister

Abbrüche 166f
Abhängigkeit 58
Abstinenz 45f, 81f
bezügl. Körperkontakte 159f
i. Gruppen 82
Abstraktionsebene 41f
Abwehr, brüchige, i. d. erst. Sitzungen 169
Adoleszenz 53
Affekt 36
-differenzierung 126, 128
Aggression
körperliche 82
verbale 82
Agierende Patienten 207
Ähnlichkeiten v. innerem u. äußerem Objekt 53f
AIDS 213
Akustischer Kanal 22
Alkoholkranke 207
Alltagsrealität u. Phantasie i. d. Therapie 225
Alpha 70, 97f
Alte Menschen, Ungeduld der Jungen 220
Alternatives System 145
Anale Phase 66
Analogieschlüsse 41f
Analytisch orientierte Gruppenpsychotherapie 33,120f
Analytische Gruppen i. d. Klinik 194
Analytische Gruppenpsychotherapie 120f
Anbehandlung 196
Anekdoten 90
Anführer der Gruppe, informeller 21f
Angst vor psychischer Ansteckung 156f
Antworten 22, 122
Arbeitsbeziehungen 78ff
u. "Arbeitsgruppe"
u. Deutungsbezug 84
u. Gruppenkonzepte 85
Minimalstärke 83f
Mißbrauch 84
Motivation dazu fördern 82
als Realbeziehungen 78
Unterschiede: Einzelanalyse u. Gruppe 80f
Arbeitsgruppe 21ff
Arbeitsgruppenleiter 24
Modellfunktion 25
Arbeitsvereinbarungen 79
Arbeitsverhalten 79
Artikulieren, undeutliches 42
Assoziation, freie 26
Aufklärung von Kranken 218f
Aufmerksamkeit, gleichschwebende 38
Ausdrucksverhalten 140
Ausfallhonorar 161f
Autonomie 66

Basic Assumptions 58
Beanspruchung
emotionale 72
kognitive 72
Beendigung
b. erfolglos beh. Pat. 189

u. Gegenübertrag. 184ff
i. geschloss. Gruppe 186f
u. Objektbeziehungen d. Therapeuten 185 o. 186
i. offen. Gruppe 187f
d. Therapie i. halboff. Gruppe 181f
u. Übertrag. von Kindimagines 185f
i. unterschiedl. Settings 179f
wann ansprechen? 182
als wiederkehrende Thematik 170
Begrenzung als allg. Thema 172
Beschreibung u. Metapher 104
Beta 70, 97f
Beziehungen
dyadische 55, 65
intime 150f
Beziehungsformen ohne Vorbild 81
Beziehungswünsche, präödipale 82
Bilanz-
gespräche 188
gruppensitzungen 174
Blickkontakt 49
Borderline 57
-Pat. i. analyt. Gruppen 204f
-Pat. u. Deutungen 206
Bundespräsident 23

Charakterentwicklung 138
Charakterneurosen 209
Compliance 217
Counter-Dependency 68

Dekodierungsschwäche 46, 51, 128
Dependenz 66, 68
Depersonalisation 138f
Derealisation 138f
Deutungen 22, 103
Dosierung 41
Double-bind 47
Drei-Personen-Beziehungen 69

Einzeltherapie
i. d. Gruppe 106
a. Gruppe vorbereitend 208
Elitebewußtsein auf Intensivstationen 220
Emotionale Verstärkerwirkung 73
Essen 22f

Fachmann, beratender (Beta) 168
Familiarität 53, 56f, 139f, 162
Feedback, übertragungsverzerrt 83
Fehlleistungen 36f
Flucht 58
Freiräume für Phantasie 53
Fremde 53
Fremdfinanzierung u. Zielvorstellungen 178

Gamma 70, 97
Gedächtnisinhalte 41
Gefolgschaft 22
Gefühle
antwortende 37
erleben und zeigen 46
Gegenübertragung 70ff
u. aktuelle Objektbez. d. Therapeuten 70
Einfluß d. Beziehungsfeldes d. Pat. 71
u. Empathie 73
u. Familienkonstellation d. Therapeuten 70
wenn Gesamtgruppe schweigt 147f
Intensität 71
komplementäre u. konkordante 73
u. projektive Identifikation 73f

Reagieren
a. projekt. Identif. 72
a. Realperson 70
a. Übertragung 71
b. Übertragung archaischer Objekte 72f
Übertragung a. Familie des Pat. 71
Übertragungen d. Therapeuten 71
Gegenübertragungsreaktionen u. Charakter 70
Geschlechtsidentität 177
Geschlechtsrolle 67f
Geschlechtsunterschied 66
Gestik 37, 46
der Arme 51
der Beine 51
einleitende 49
Globalobjekt 33, 37, 40, 55, 74, 162
Göttinger Modell 31ff
analytische Form 93
analytisch orientierte Form 93
psychoanalytisch interaktionelle Form 99
Großgruppen 62
Grundannahmen 38, 58, 121
Grundeinstellungen
Abhängigkeit 92
Abwehraspekt 92f
Kampf und Flucht 92
Paarbildung 92
Gruppen
geschlossene i. d. ambulanten Praxis 180f
geschlossene i. d. Klinik 179f
halboffene 167f
heterogen zusammengesetzte 88
m. körperl. Kranken 217ff
m. medizin. Personal 217ff
offene 68
regredierte: einheitlich reagierend 73
als regressionsinduzierende Mutter 62, 65
unter Schutz des Therapeuten 63
stationäre
geschlossene 195
Sitzungsfrequenz 194
therapeut. Potential 105
Gruppenangebote, unzweckmäßige 197
Gruppenassoziation, freie 19
Gruppendynamik
Funktion von Regression 216
Kontakte der Teilnehmer 216
Ziele von Trainern und Teilnehmern 216
Gruppenkulturen 93
Gruppenleiter, Macht 23
Gruppenlösungen
befähigende 93
restriktive 93
Gruppenmitglieder
als innere Objekte 80f
Koalitionen 48
miteinander sympathisierende 48
neue: Überintegration 91
neue: Widerstände auslösend 91
Schuldgefühle 167
Schutzbedürfnisse 56
Gruppenmodelle als Basis für Teamsupervision 198
Gruppenpsychotherapie
Beendigung 170ff
Fremdfinanzierung 171f
u. Gruppendynamik 215ff
Rahmenbedingungen 171f
Schwierigkeit 89
Gruppenteilnehmer
m. ambivalenter Bez. z. Therapeuten 49

Auseinandersetzung m. Ther. vorbereitend 49
n. Harmonie strebend 48
Hilfe erwartend 49
kompetent 86
Gruppentherapeutische Konzepte, Anwendung 130f
Gruppentherapie
halboffen 195
f. schwergestörte Patienten (ambulant) 204
stationäre u. and. therapeut. Einflüsse 194
Gruppenträume 117
Gruppenverhalten
v. Borderline-Patienten 136
depressiver Patienten 141f
Kontaktgestörter 141
narzißtischer Patienten 136
paranoider Patienten 137
phobischer Patienten 137f
schizoider Patienten 135, 144,152f
zwanghafter Patienten 140f, 144
Gruppenverläufe 61ff
Gruppenvorgespräch 155ff

Handlungsentwürfe u. Handlungsimpulse 45
Homo ludens 222
Homo politicus 222
Hören m. d. dritten Ohr 36
Hysterische Maske 107

Ich-Funktionen 79, 163
eingeschränkte 123ff
entwicklungsgestörte 124f
gelähmt, atrophiert oder unentwickelt 124f, 209f
Ich-Spaltung, therapeutische 78f
Ich-Stärke 92
Ich-Zustände, verschiedene nebeneinander 57

Idealisierung psychoanalyt. Therapieverf. 153f
Ideologien eines Teams 196
Indikation 203ff
f. analyt. Gruppenpsychotherapie 208f
f. analyt. Gruppentherapie: begrenzt Regression
tolerierende Pat. 209, 211
b. Angst vor dyadischer Beziehung 203
falsche 167
u. Frequenz 211f
geschlechtsabhängig 213
f. Langzeitverfahren 203
u. Lebensalter 212
Minderheitsposition 213
f. psychoanalyt. interaktionelle Gruppe 205ff
f. psychoanalyt. orient. Gruppentherapie 208f
u. Regressionstoleranz 204
u. Vorerfahrungen in Gruppen 213f
Informationen im Prozeßverlauf 61
Informationen üb. Gruppentherapie, explizite u. implizite 159
Informationsmangel, regressionsfördernd 66
Inhaltsdeutung, Dosierung 166f
Institution, Änderung 198
Interaktion
freie 19
verbale und nonverbale 22
Interaktionelle Anteile ansprechen 59
Interaktionsregel, freie 39
Interventionen 101ff
z. Beginn e. Gruppe 163f
deskriptive 104f
Form 102ff
frühzeitige 95

Gegenstand 102ff
gerichtet an Einzelne oder die Gruppe 105ff
Inhalt 102ff
klärende 88
konfrontierende 88
metaphorische 104f
"nach oben" 121
a. d. Oberfläche 103
unifizierende 103f
Introspektion 41
Inzesttabu 82
Inzestwünsche 81
Isolierung vom Affekt 45

Kalamität 108
Klärungen 22, 103
Kleingruppentechnik in Klinik 198f
Körperhaltung 46
gespannte 49
kongruente 48
Körperkontakt 81
Kommunikation
nonverbale 45ff, 50
optische 37
verbale 45ff
Kommunikationsnetz 55
Kompromißbildungen, psychosoziale 58
Konflikte
abgeleitete 33
innere 102
innere: Inszenierung 37
innerpsychische 57
interpersonelle 57, 102
unbewußte 35
Konfliktentlastung 57
durch projektive Identifikation 60
Konfrontationen 22, 102f
von Störungen der Ich-Funktion 122
Konstrukte
hypothetische 32
implizite 38
Kontakte
außerhalb der Gruppensitzungen 160
private 22
Kontinuum zwischen Deutung und Antwort 101f
Konventionen 27
Kostenträger als böse Mutter 172
Kranke, Neid auf Gesunde 219
Krankheitshomogene Gruppen b. stark agier. Pat. 207

Leiter, informeller 23
Leiterposition, traditionelle 23
Leugnung bei körperlich Kranken 217
Lösungen
ermöglichende 59
restriktive 59

Medizinisches Personal 219
Mehrpersonenbeziehung 37
Menschenbild 222ff
Merkmale, mütterliche 64
Metaphern 26, 104f
u. Beschreibung 104f
Mimik 37, 46
Motivation
z. Gruppentherapie 156ff
v. Patienten in der Klinik 194
z. Therapie, Stärke d.94
Mutter
Angstschutz 63
Basisobjekt d. Anlehnung 62
bergende 62
böse präödipale 62
lähmend umschließende 62
Mutter-Kind-Symbiose 62f

Narzißtisches Trauma, phantasiertes 167

Negative therapeutische
Reaktionen 96f
Neues kennenlernen 53
Neutralität, dynamisches
Konzept 76f
Normative Verhaltens-
regulierungen 126ff
Normen
ermöglichende u. restriktive
59
therapiefördernde 79f, 84
unbewußt determinierte 91f
Widerstandsfunktion 99f
zu progressive 99f

Oberfläche 39ff
Objekt
böses 47
spendendes 47
sympathiegebendes 47
Reinternalisierung 75
Objektbeziehung, archaische 34
Objektkonstanz 65, 177
Objektrepräsentanzen 52ff
Schichten 54
Objektspaltung 160
Ödipale Phase 66
Omega 70, 98
Optischer Kanal 22

Pairing 58
Parameter 32
Party 19f
Patienten
aus d. Gruppe nehmen 153
agierende i. ambulant. u.
station. Gruppen 205
Entwicklung n. Beendigung
d. Gruppentherapie 191
Hilfe zurückweisende 152
homosexuelle 213
ihre Ziele u. d. Ziele d.
Therapeuten 173f
kastrierende 149f
monopolisierende 151f
schwierige 149ff
Toleranzgrenze 56
Pflegepersonal als Kindersatz
220
Phantasie u. Alltagsrealität i. d.
Therapie 225
Phantasien
nonverbal kommunizierte
145f
präverbale 145f
triebgeladene 45
unbewußte 24, 50
Private Kostenübernahme 173
Projektion 41
Projektive Identifizierung 47f,
52ff, 56ff
interaktioneller Anteil 38
kommunikativer Typ 56f, 60
Konfliktentlastungstyp 56f
Psychoanalytisch interaktionelle
Form des Göttinger
Modells 33f, 193f
Psychoanalytisch interaktionelle
Gruppe 84, 121ff
Elemente auch in analyti-
schen Gruppen 210
u. primäre Kontaktstörung
207
u. psychosomat. Pat. 206f
u. schizoide Patienten 206
stationär: ambulante
Weiterführung 210f
unterschiedl. Indikat. i. Klin.
u. Ambulanz 205f
Psychoanalytisch orientierte
Gruppen
i. d. Klinik 194
b. begrenztem Behand-
lungsziel 208
b. abgegrenzten Konflikten
208
Psychologie, humanistische 45

Psychosexuelle Entwicklung im Prozeßverlauf 69
Psychosoziale Kompromißbildungen 56, 59, 90ff, 97, 99, 126, 208
Psychosoziale Normen 91
Psychotherapie, station. unt. d. Gruppenaspekt 192ff

Rauchen 22f
Realbeziehung 78
Regression 61, 64, 120f
  induziert d. Hilflosigkeit 165f
  Schnelligkeit 61
  tiefe 62
  tiefe i. d. erst. Gruppensitzung 165
Regressionsfahrstuhl 106
Regressionsniveau, Beeinflussung 120f
Regressionsstadien, schnell erreichte u. schnell verlassene 65
Rekonstruktion 107ff
  u. unbewußte Phantasie 109
Rolle und Toleranzgrenze 95f
Rollenasymmetrie 20
Rollenposition, starres Festhalten 97

Schichtenmodell 34
Schlußbildung, rationale 38
Schweigen 139, 166
  charakterbedingt 138
  depressives 146
  d. Gesamtgruppe ansprechen 147f
  e. Gruppe 145ff
  initiales 145f
  e. Patienten (strukturspezifisch) 135f
  einz. Patienten, Hypothesenbildung 140
  lassen, konzeptbezogen 146f
  lassen, prozeßbezogen 147
  d. Therapeuten 147f
  übertragungsabhängiges 137
  verschiedene Qualitäten 137
Selbstanteile, Reinternalisierung 75
Selbsterfahrung 24f
Setting 32, 45
  stationäres unter dem Gruppenaspekt 192ff
Sexuelle Bedürfnisse 82
Signale
  diskrepante 46f
  nonverbale 46f, 49
Small talk 26
Soziodynamische Funktionsverteil. u. Widerstand 97f
Spiegelmetapher 77
Spontandarstellung, szenische 68
Stationäre Psychotherapie
  Übertragung a. d. Institution Klinik 200
  Übergang i. ambulante 194f
Stationsdynamik 196
Stationsgruppen 192f
Stimmungen
  aggressive, depressive 49
  Stimmungswechsel 49
Strukturmangel, dosierter 164
Sublimierungen 177
Sündenbock 58f, 92, 168
Symbiose 64ff
Szenische Spontandarstellung 112ff

Tätlichkeiten 22
Teamsupervision 197f
Themenzentrierte Interaktion 23, 193
Therapeut
  u. abgewehrter Neid 143
  aktuelle Objektbeziehungen des 143f

als Alpha, Beta, Gamma, Omega 70
Anwalt d. Schutzfunkt. v. Widerständen 100
Arbeitsweise i. psychoanalytisch interaktioneller Gruppentherapie 121ff
begrenzende Funktion 64
als "Blitzableiter" 65f
bremst 93
depressiver 87
Depression hypomanisch abwehrend 142
Einschätzung der sozialen Kompetenzen der Patienten 222
festgelegter 50
f. Grenzen verantwortlich 62
Hilfs-Ich-Funktion 122ff
hysterischer 87
u. Therapiebeend. 185
inkompetenter 24
als inneres Objekt 80
kontraphobischer 143
als "Meister"88
Menschenbild und Behandlungsziele des 223
Menschenbild des - u. soz. Veränderungen 223f
Modellfunktion 25f, 74
als Mutter 67
narzißtischer 87
u. Therapiebeend. 185
narzißtischer Anspruch des 42
nicht verstehender 41ff
nonverbale Signale des 146
normenverändernder 127f
Perfektionismus des 42
phobischer 87
u. Therapiebeend. 185
Realverhalten 80
schizoider 41f, 87, 142
u. Therapiebeend. 185
als "Schrittmacher" 88
Selbsterfahrungsgruppe 74
Schutzfunktion des 158
als "Springer" 88
Therapiekonzeptabhängigkeit s. Menschenbild 222f
Transparenz des 31, 35
Übertragung
a. Gesamtgruppe 71f
a. Globalobjekt 74
a. Institutionen 71
als Vater 65ff
Verläßlichkeit des 201
vielfält. Vorstell. v. Normalität erwünscht 224
als Vorbild 82f
Wahrnehmung des 31
Zielvorstellungen des 175ff
zwanghafter 42, 87
u. Therapiebeend. 185
zwanghaftes Kontrollbedürfnis 42
Ziele des - und die Ziele der Patienten 173f
Therapeutenvariable 31ff
Therapeutenverhalten
reduktionistisches 69
regressionsförderndes 32f
wenig regressionsförderndes 33
Therapeutenwechsel i. Klinik 199f
b. Suchtproblematik d. Pat. 202
i. versch. Phasen e. Gruppe 200f
Therapeutische Arbeit, Ant. v. Therapeut u. Pat. 31, 86ff
Therapeutische Kontakte, Begrenzung i. d. Klinik 196f
Therapeutisches Handeln, strukturierendes 31
Therapieabbruch 164, 167, 189ff

Tiefenpsychologisch fundierte Gruppenpsychotherapie (s. a. analyt. orientierte) 33
Timing 41
Tod
  Auseinandersetzung mit 217f
  u. Sterben: Erträglichkeit d. Konfrontation 218f
Toleranzgrenze
  Einschätzung durch Gruppenmitglieder 96
  d. Patienten 93f
  u. Rolle 95f
Topisches Modell 34
Träume 116ff
  Beschäftigung mit - regressionsfördernd 120
  bez. a. d. Gruppe 119
  bez. a. Erzählungen 119
  als Widerstand 116ff
Traumerzählung als Widerstand 91
Trennung, produktive Auswirkungen 183
Triangulierungsprozesse 69
Trinken 22f
Turn-taking 40, 92, 165

Über-Ich, Veränderungen in der Therapie 177
Übertragung 52ff
  i. Gruppen 55ff
  Intensität 71
  interaktioneller Anteil 47, 52f, 56
  konkordante und komplementäre 73
  Korrektur durch
    Informationen 83, 102
    Interventionen 102
    Therapeutentransparenz 122
  milde positive 78
  u. Realverhalten 80
  d. Therapeuten 70ff
Übertragungsauslöser 37, 50, 54f, 61ff, 69, 162
  Definition 62
  verändert d. Informationszuwachs 61
Übertragungsbedürfnisse 61
Übertragungsdeutungen, Timing 84
Übertragungswiderstand 91
Unbewußte Phantasie, gemeinsame 50
Unbewußtes 34

Vater
  erster Schutz 63
  realer 63
  traditioneller 63
Verhalten, nonverbales: Konfrontieren 51
Vertrauensvorschuß 158
  an Gruppenmitglieder 81
  an Therapeuten 24, 81
Vertrautes 53
Vorstellungen, antwortende 37

Wahrheitsübermittlung, Begrenzung 221
Wahrnehmungseinstellungen 37
  psychoanalytische 36
Widerstand 79, 87, 90ff
  adaptive Funktion 93
  gegen Beendigung der Therapie 183f
  als dosierbare Bremse 93
  erkennen 94f
  Funktionen 95
  Gruppentherapie/Einzeltherapie 90f
  prägnante Gestalt 95
  im Sprachverhalten 97
  Schutzfunktion 95
  wechselnde Funktion 95

Widerstandsbearbeitung, Timing der Interventionen 98f
Widerstandsdeutungen, Dosierung 166f
Widerstandsformen
zu Beginn und später 166
differenzierte 92f
weniger differenzierte 92f
Widerstandskulturen, homogene 97
Widerstandsniveau
optimales 99
Regulierung 166
Widerstandszwecke, laissez-faire 87
Witze 90
Wortmeldungen 20

Zeiterwartung 61
Zielvorstellung, idealistisch-normative 174f